飯野秋成
Akinaru Iino

図とキーワードで学ぶ建築環境工学

学芸出版社

はじめに

　建築環境工学に関する卒業論文や修士論文を手がけようとするとき、学生たちは往々にして、学部における講義内容と、論文執筆で扱う先端的内容との間に、大きなギャップがあることに気づく。建築環境工学に本気で取り組もうとする学生諸氏に向けて、いわゆる環境工学のメインストリームの内容を漏らさず扱いながら、なおかつ、関連する周辺の、そして最先端の知識をも取り込んで、常にガイドとして活用できるようなテキストを作れないか。本書は、そのような考え方のもとに編さんを試みたものである。

　建築環境工学は、建築士試験の突破を標榜し、ミニマムの内容で体系づけるとすれば、一般には「日照・日射」、「採光・照明」、「断熱・結露」、「換気・通風」、「騒音・音響」、の5組10個のキーワードで記述される。そして、「人体温冷感」、「都市・地球環境」の話題が必要に応じてカバーされる。本書では、これらの内容を網羅することはもちろんであるが、さらに高度な内容への橋渡しをすべく〈Advanced〉の表示を付けて、以下の内容についても織り込んだ。

① 「断熱・結露」に関しては、非定常伝熱の取扱いの手法を詳述した内容を盛り込み、また「換気・通風」に関しては乱流の基本的な考え方に関する記述を加えて、コンピュータによる数値解析を志す学生の入門に資することとした。

② 「騒音・音響」に関しては、音楽や環境音の積極的創造に関する今日的話題を、また「日照・日射」に関して、建築の歴史的視点からの話題を追加し、アラウンドの知識との連携や境界領域への洞察を促した。

③ 「都市・地球環境」に関しては、わが国の気象の特徴を記述するとともに、高層天気図やエマグラムなどの気象学の知識にも触れ、またリモートセンシング画像の画像処理技術についても紹介した。

④ 実測調査やシミュレーションの手法を学ぶ上で知っておきたい導入的知識は、演習等の具体例を積極的に取り上げて説明した。

　建築環境工学の習得には、数値や単位に精通し、計算演習を多くこなすことが必要となろうが、そればかりでなく、建築空間、都市空間の現場に出て、それらの数値がもつ意味を自身で体得することこそ、求められるところである。本書が、快適な空間を創造する力を養うための一助となるならば、幸いである。

2013年3月　　飯野 秋成

注1) 本文中の **チェックテスト** に掲載した問題には、資格試験名と出題年度を以下の記号で記した。
例　建 H23：一級建築士学科試験、平成23年度の問題
　　設 H23：建築設備士学科試験、平成23年度の問題
　　工設 H23：空気調和・衛生工学会設備士試験、平成23年度の問題
　　IP H23：インテリアプランナー試験、平成23年度の問題
　　気 H23：気象予報士試験、平成23年度の問題
　　エネ H23：エネルギー管理士試験、平成23年度の問題

注2) 「チェックテスト」の解答・解説は、いずれも青で記した。市販の青フィルムなどを利用しながら、知識の定着をはかっていただければと思う。

注3) 必要と思われる箇所には、本文脇に「**補足**（本文理解のための補助的な知識）」、「**関連**（やや発展した周辺知識）」、「**ジャンプ**（他ページ参照）」、「**用語**（定義、意味等の解説）」を付記した。

もくじ

1章　日照・日射 — 7

1-1　太陽位置と日影 — 8
(1) 太陽高度・太陽方位角
(2) 日影曲線

1-2　日射と放射 — 12
(1) 日射量の時刻変化と年変化
(2) 直達日射・天空日射・夜間放射

1-3　日射による建物の熱取得 — 16
(1) 日射熱取得率・日射遮へい係数
(2) 日照・日射の対策
(3) 高機能ガラスによる日照・日射のコントロール

1-4　*Advanced*　直散分離の手法・大気放射量の推算 — 22

コラム1　建築と太陽信仰　24

2章　採光・照明 — 25

2-1　ヒトの目の特性 — 26
2-2　光の単位 — 28
2-3　人工光源 — 30
(1) ランプの種類
(2) 色温度と演色性

2-4　照明設計 — 34
(1) 照明器具の台数算定
(2) 照度基準・均斉度

2-5　昼光の利用 — 38
(1) 昼光率
(2) 採光の手法

コラム2　光の波長と散乱、そして目との関係　42

3章　色彩 — 43

3-1　色の三属性と波長 — 44
3-2　ＣＩＥ表色系とカラーオーダーシステム — 46
3-3　色の心理的効果 — 48
3-4　色彩計画 — 50
3-5　*Advanced*　配色の手法と色の見え — 52

コラム3　共感覚を多用してみる　54

4章　断熱・結露 —— 55

- 4-1 　**建物の熱取得と熱損失** …… 56
  - (1) 熱損失係数と熱貫流率
  - (2) 冷暖房負荷・省エネルギー基準
- 4-2 　**熱貫流率の算定** …… 60
  - (1) 熱伝導率と熱伝達率
  - (2) 複合材料の計算
- 4-3 　**結露** …… 64
  - (1) 発生のメカニズム
  - (2) 湿り空気線図の活用
  - (3) 内部結露の防止・結露判定
- 4-4 　*Advanced*　**温湿度の測定** …… 70
- 4-5 　*Advanced*　**非定常伝熱の数値計算法** …… 72
  - (1) 壁体の時定数
  - (2) 室内外の温度変動の影響
  - (3) 地表面熱収支
  - (4) 理論的背景～差分式の定式化
  - (5) 理論的背景～境界条件
  - (6) 理論的背景～前進差分の安定条件
- 4-6 　*Advanced*　**熱・水分の複合移動** …… 92

　　　コラム4　数値流体力学 (CFD) へのいざない　94

5章　人体の温冷感 —— 95

- 5-1 　**温熱環境の6要素** …… 96
- 5-2 　**温熱環境の評価指標** …… 98
  - (1) PMV・SET*・OT
  - (2) WBGT・DI・局所温冷感
- 5-3 　*Advanced*　**人体熱収支の計算** …… 102

　　　コラム5　環境への共感。そのためのアンテナ。　104

6章　換気・通風 —— 105

- 6-1 　**換気の種類** …… 106
- 6-2 　**必要換気量の算定** …… 108
  - (1) ザイデル式・換気回数
  - (2) 風力換気・温度差換気
- 6-3 　**必要換気量に関する演習** …… 112
  - (1) ザイデル式応用のバリエーション
  - (2) 風力換気・温度差換気の式の活用
- 6-4 　**汚染物質の許容濃度** …… 116
- 6-5 　*Advanced*　**換気量と空気質の測定** …… 118

6-6	圧力損失	120
6-7	*Advanced* 乱流の計算	122

　　　　コラム6　地球規模の大気の挙動　124

7章　音響・騒音・振動 — 125

7-1	音の物理量	126
7-2	音の感覚	128

　　　　(1) ラウドネスレベル・サウンドスケープ
　　　　(2) マスキング効果・カクテルパーティ効果・フラッターエコー

7-3	音響設計	132

　　　　(1) 遮音
　　　　(2) 吸音
　　　　(3) 残響

7-4	音の合成と距離減衰	138
7-5	騒音・振動の基準	140

　　　　コラム7　「わが国の音楽」を、少しだけ紐解いてみる　142

8章　都市・地球環境 — 143

8-1	日本の気象	144

　　　　(1) 日本海低気圧・南岸低気圧
　　　　(2) 梅雨・北東気流・台風

8-2	*Advanced* 大気の水平・鉛直構造	148
8-3	*Advanced* 気象資料	150

　　　　(1) 地上天気図・高層天気図
　　　　(2) 気象データ

8-4	都市の気象	154
8-5	*Advanced* リモートセンシング	156

　　　　(1) 衛星センサー・航空機センサー
　　　　(2) 定型の画像処理
　　　　(3) 画像処理プログラミングの基礎

8-6	地球環境	162

　　　　(1) エルニーニョ・ラニーニャ
　　　　(2) 環境負荷を考える

　　　　コラム8　気象をゲームで学ぶ　166

　　湿り空気線図　167
　　索引　168
　　参考・引用文献　174

1章

日照・日射

1-1 太陽位置と日影
(1) 太陽高度・太陽方位角

太陽の物理を学ぶ意義

　地球は、太陽を焦点とした楕円軌道上を、1年の時間をかけて公転している。また、地球には地軸が存在しており、地球は地軸を中心として、1日に1回転、自転している。このことを模式的に表せば、図1(a)のようになる。

　天文学的な記述は、先に述べた通りになるが、建築のあり方を学ぶ我々は、太陽の恵みを適切に享受するための、基本的な知識をもたなければならない。我々は地球に関する知識を、建築物を永く、快適に使い続ける、という立場から、整理し、使いこなすことのできる技術を持つ必要がある。

　そのためには、図1(b)のように、便宜的ではあるが、地上のある点を中心として、そのまわりを太陽が回っているという、天動説の考え方をすることも、実用上は重要となる。以下で、詳しく紐解いてみよう。

太陽の位置の特徴

　図2のように、**夏至**の日は、太陽は真東よりやや北寄りの方角から昇り、天頂よりやや南に傾いた点を通過して、真西よりやや北寄りの方角に沈む。**春分・秋分**の日は、真東から昇り、真西に沈む。**冬至**の日には、真東よりやや南寄りに昇り、真西よりやや南寄りに沈む。

　太陽の位置は、時々刻々変化する。その位置は、図3のように、**太陽高度**と**太陽方位角**によって表せる。また、南中時刻における太陽高度（南中高度という）は、毎日変化しており、春分・秋分の南中高度を基準にすると、夏至の日には、約＋23.5°、冬至の日には約－23.5°で計算できる。春分・秋分の日の南中時刻における太陽高度と、各日の南中時刻における太陽高度との差は、**赤緯**とよばれる。

均時差

　ある日における南中時刻から、翌日の南中時刻までを「24時間」と定義した時刻の大系を**真太陽時**という。真太陽時は、季節によって「24時間」の長さが異なる。このため、年間にわたって「24時間」の平均を割り出して時刻の大系としているものを**平均太陽時**という。真太陽時と平均太陽時との差が**均時差**である。均時差は1年の間で規則的に変動し、最大±15分ほどになる。

日照時間と日照率

　図4に示すように、日の出から日没までの時間を**可照時間**といい、そのうち、実際に日の照っていた時間を**日照時間**という。可照時間に対する日照時間の割合は**日照率**である。なお、建築物の熱負荷削減の観点からは、快晴日において、建物各面に直達日射があたっている時間（建物各面の可照時間、表1）を把握することも重要である。

> **補足**
> 太陽の南中高度は次式で概算できる。
> 夏至：90－北緯＋23.5（°）
> 冬至：90－北緯－23.5（°）
> 春秋分：90－北緯（°）

> **補足**
> 図1中の「23°27'」は、「23度27分」とよむ。「分」は60進法であるので、10進法表記では「23.5°」である。

> **関連**
> わが国では、東経135度（兵庫県明石市）の子午線を基準とした**中央標準時**を用いている。これに、経度の差を考慮して地方の平均太陽時が求められ、さらに均時差を加えて地方の真太陽時が求められる。詳細な計算のプロセスについては、1-3(4)を参照のこと。

チェックテスト

(1) 北緯35°の地点において、南中時刻の太陽高度が60°となった日には、日の出・日没の太陽位置は、春分・秋分の日に比べて南側となる。（建H22）

(2) 日照・日影の検討にあたっては、一般に、真太陽時を用いる。（設H11）

(3) 日照時間とは、ある点において全ての障害物がないものと仮定した場合に、日照を受ける時間である。（建H21）

解答

(1) × 北緯35°の地点では、春分・秋分の日の南中高度は、90－35＝55°である。太陽高度60°の日ならば、より夏至に近い日ということになり、日の出・日没の方位は、いずれもやや北寄りとなる。

(2) ○ 記述のとおり。

(3) × これは、可照時間の定義である。

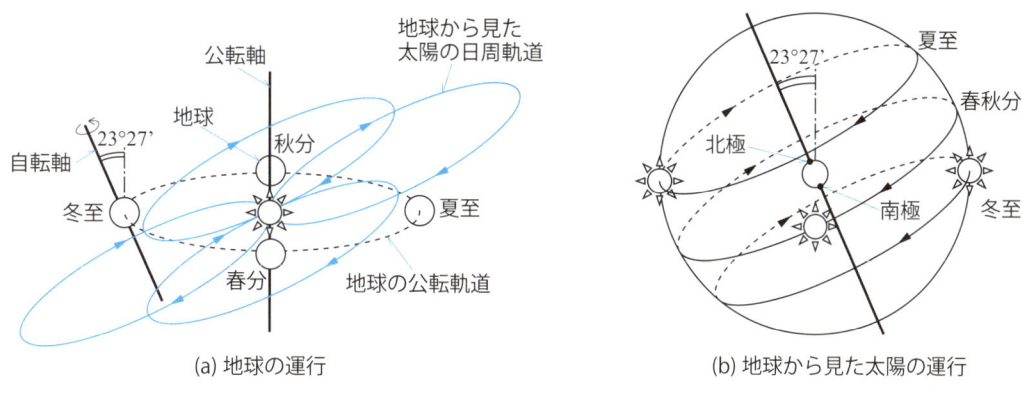

図1　地球と太陽の運行
(a) 地球の運行
(b) 地球から見た太陽の運行

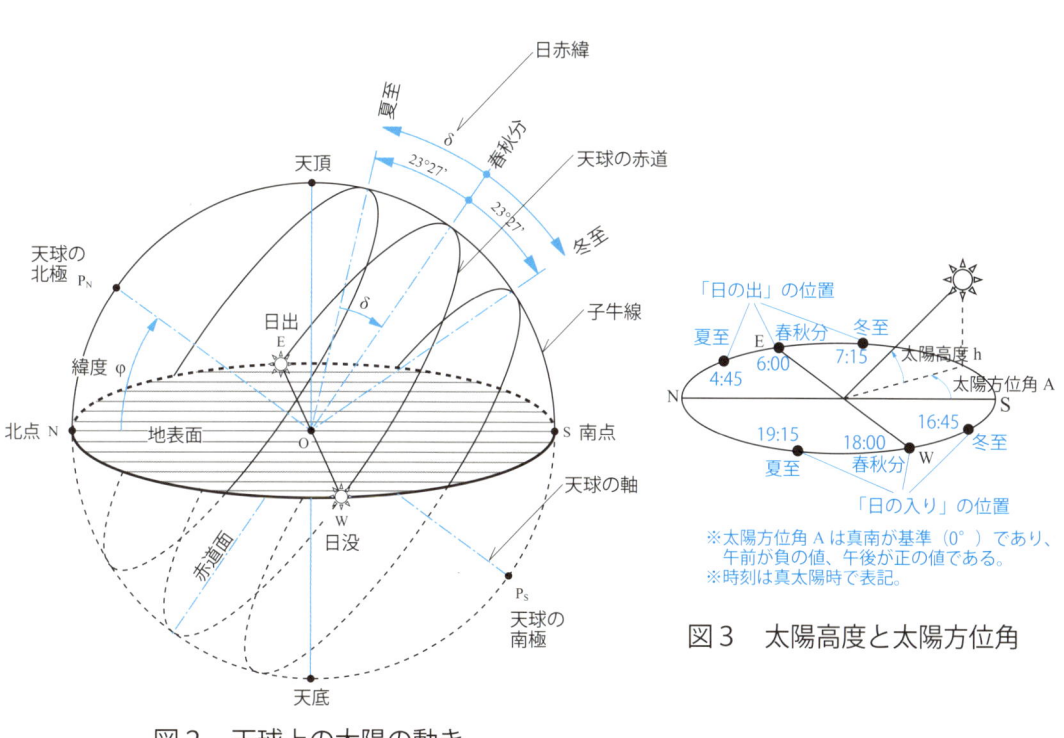

図2　天球上の太陽の動き

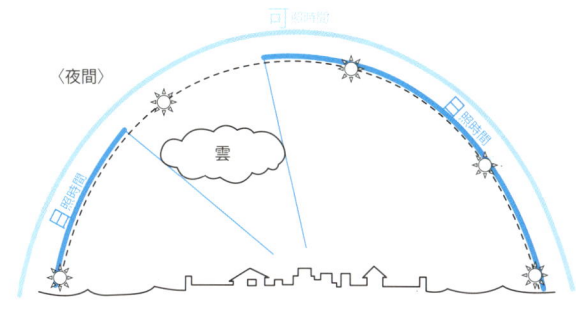

図3　太陽高度と太陽方位角

※太陽方位角Aは真南が基準（0°）であり、午前が負の値、午後が正の値である。
※時刻は真太陽時で表記。

図4　可照時間と日照時間

表1　各方位の壁面と可照時間（北緯35°の場合）

壁面方位	夏　　至	春分・秋分	冬　　至
南　面	6時間54分	12時間0分	9時間38分
東西面	7時間11分	6時間0分	4時間49分
北　面	7時間28分	0時間0分	0時間0分

1-1 太陽位置と日影
(2) 日影曲線

日影曲線とは
　図1を見てみよう。点Oに、長さ1の棒が、地上に鉛直に立っている。棒の影の先端は、時刻の経過とともに徐々に動く。このときの、棒の影の先端の軌跡を図化したものが、**日影曲線（ひかげきょくせん）**である。

建物の日影の動き
　夏至、春分・秋分、冬至では、太陽の軌道は大きく異なる。すると、日影曲線の様子も大きく変わる。図2に、夏至、春分・秋分、冬至の日における、同じ建物の日影の動きを示した。夏至では、太陽がやや北寄りの東から昇り始めると、影はやや南寄りの西に伸びる。春分・秋分では、建物の影の先端は直線上を東西方向に動く。冬至では、太陽がやや南寄りの東から昇り始めるため、影はやや北よりの西に伸びることになる。

　ある時刻における、建築物の日影を作図する方法を、もう少し詳しく見てみよう。建物の鉛直高さを基準高さとする。このとき、図3のように、建物の1つの角を点Oに合わせれば、例えば14:00の「**影の方向**」と「**影の長さ**」が、1本だけ作図できる。さらに、建物の他の角の鉛直線の影は、既に作図した1本の影を、平行移動していけばよい。そして、作図した4本の影の先端を結ぶと、建物の屋上面が形成する長方形の影が作図できる。最後に、建物のフットプリント(地上位置)と適宜結ぶことにより、影の形状が完成する。

終日日影と永久日影
　図2の冬至の図を見よう。1時間ごとの建物の影が描かれている。このとき、8時の影と10時の影の交点は、8時に影にさしかかり、10時に影が抜けた点である。すなわち、1日のうち2時間日影であったことを示す。同様に、9時と11時の交点などを見つけて、その全てを結んだとき、その線上の点は1日のうち2時間日影であったことになる。これを2時間日影線という。同様に、任意の**等時間日影線**を自由に作図することができる。特に、周辺建物の日照権などを議論するときには、一般に、4時間日影線を用いることが多い。

　日の出直後の日影と、日の入り直前の日影の交点と、建物のフットプリントで形成されるエリアは、一日中日影であったことになる。これは、**終日日影**とよばれる。また、夏至の日の終日日影は、1年を通じて日照がない。これは、**永久日影**とよばれる。

> **補足**
> 「にちえいきょくせん」と読ませることもある。

> **関連**
> **島日影**
> 複数の建物が東西に並んだとき、2棟の日影が重なり、建物から離れた部分に日影が長時間形成されること。

> **関連**
> **隣棟間隔係数**
> 図4縦軸のd/hのこと。同じ時間、北側の建物の日照を確保するには、北ほど隣棟間隔係数を大きくしなければならないことがわかる。

> **関連**
> **日照図表**
> 地表面のある1点における日影時間を読み取るための線図。図5参照。

チェックテスト

(1) 日影図において日影時間の等しい点を結んだものを、等時間日影線という。(建H20)

(2) 夏至の日に終日日影となる部分を、永久日影という。(建H20)

(3) 夏至の日に終日日影となる部分は、一年中日影であり直接光が射すことはない。(建H23)

(4) 東西に2つの建築物が並んだ場合、それらの建築物から離れたところに島日影ができることがある。(建H20)

解答

(1) ○ 記述のとおり。

(2) ○ 永久日影の定義である。

(3) ○ 前問と同じ。単に表現を変えたもの。

(4) ○ 東西に並んだ建物があると、島日影が形成されやすい。

(a) 日影曲線（描き方）

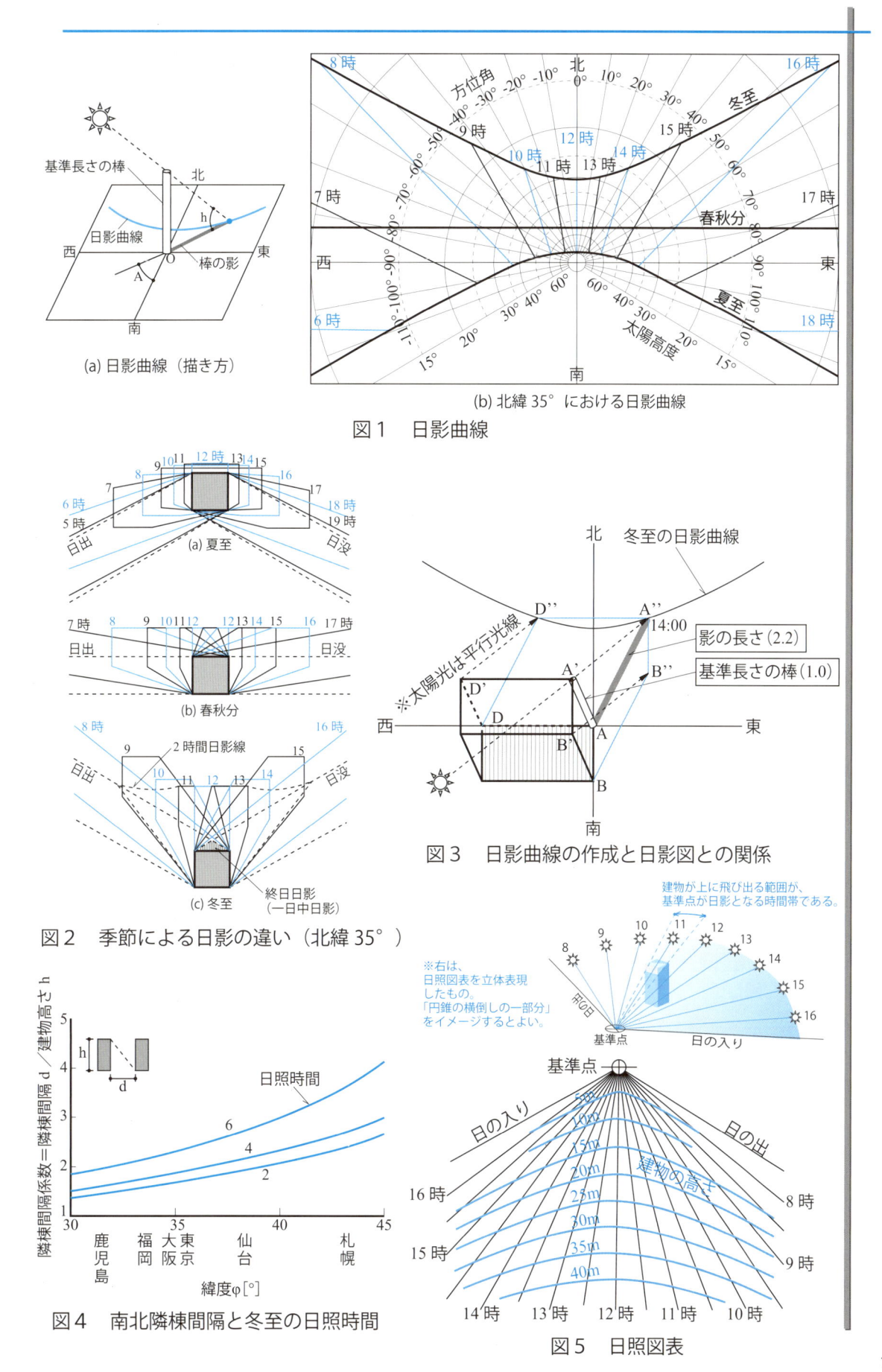

(b) 北緯35°における日影曲線

図1　日影曲線

(a) 夏至
(b) 春秋分
(c) 冬至

図2　季節による日影の違い（北緯35°）

図3　日影曲線の作成と日影図との関係

図4　南北隣棟間隔と冬至の日照時間

図5　日照図表

1-2 日射と放射
(1) 日射量の時刻変化と年変化

日射を考える意義

日照は、太陽光による建築物の内外の明るさを、主に期待する概念であった。一方、日射は、太陽から地表に到達する太陽放射エネルギーのことであり、建築物内を暖める**熱的な効果**や、**保健衛生的な効果**などを期待する概念である。過度の日射が建物室内に侵入すると、快適性を損なったり、強い冷房運転を促したりすることもある。日射の適切なコントロールは、古今東西を問わず、建築物の設計における最重要課題の1つとなっている。

建築物の受ける日射量の1日の時刻変化

図1は、太陽と建物との位置関係を模式的に示している。太陽高度の高い夏季の正午頃では、建物の屋根面で、ほぼ真正面から日射を受ける。ただし、建物の壁面には斜めからの弱い日射となる。一方、冬季の昼間では、太陽高度が低いために、太陽に面する側の壁面においてほぼ正面から日射を受けるが、屋根面や他の壁面では、強い日射はない。1日の中で、正面からの日射を長時間受ける面ほど、累積の日射受熱量は大きくなる。

夏至の日、春分・秋分の日、冬至の日における、建物の壁面と屋根面（水平面）の日射受熱量を、図2に時刻ごとに表した。夏至では、正午頃に水平面の受熱量が最も大きく、900W/m²に達する。東西を向く建物壁面もそれぞれ、午前、午後に、ピークで600W/m²と大きい。また、南向きの壁面は、夏季では全ての時間帯で斜めからの日射受熱となるため、相対的に、1日にわたって値が小さいが、冬季では他の面に比較して大きくなり、ピークで600W/m²に達している。

建築物の受ける日射量の年変化

建築物の屋根面と（水平面）と各方位の壁面における、1日の日射受熱量（**終日日射量**とよばれる）を累積し、1年の変化として表したものが、図3である。夏至では、屋根面が最も大きく約26MJ/(m²日)を示すが、南向き壁面についてはその約1割ほどである。冬至では、この関係が逆転し、南向き壁面が約12MJ/(m²日)程度であるのに対し、屋根面はそのおよそ半分となっている。また、1年間のうち、夏至を中心に3〜4ヶ月の間は、北向き壁面にも日射受熱がある。

> 🦌 **ジャンプ**
> 大気放射の量は、地表付近の気温と湿度、雲量から推算する式（Brunt-Phillips式など）が提案されている →1-3(4)

チェックテスト

(1) 北緯35度のある地点において、イ〜ニに示す各面の終日日射量の大小関係は、どうなるか。(建H19)
 イ．夏至の南向き壁面　ロ．夏至の西向き壁面
 ハ．冬至の南向き壁面　ニ．冬至の水平面

(2) 夏至の日の終日日射量は、南向き鉛直面に比べて、東向き鉛直面の方が大きい。(建H14)

(3) 北緯35度の地点において、南中時に太陽高度が60度となる日においては、終日日射量は、水平面が他の鉛直壁面より大きい。(建H22)

解答

(1) ハ＞ロ＞ニ＞イ となる。このような問題に対処するためには、図3における、夏至、春分・秋分、冬至のときの数字を、全て暗記しておく（すなわち、見ないで描ける）ことが必要である。

(2) ○ 図3から、南向き鉛直面は約3MJ/(m²・年)、東向き鉛直面は約9MJ/(m²・年)。

(3) ○ 春分・秋分の日の太陽高度は、90−35＝55°である。とすると、太陽高度が60°となるのは、夏至に近い日である。あとは、図3を覚えていれば、水平面が最も大きいであろうことが推察される。

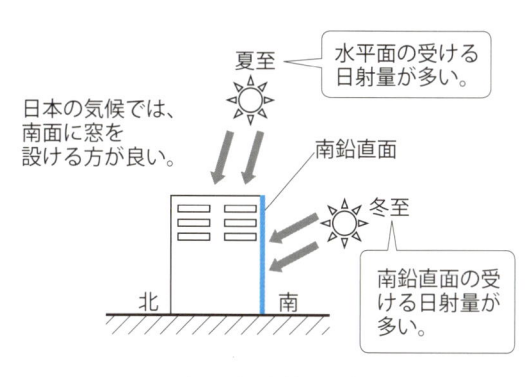

図1 太陽と建物の位置関係

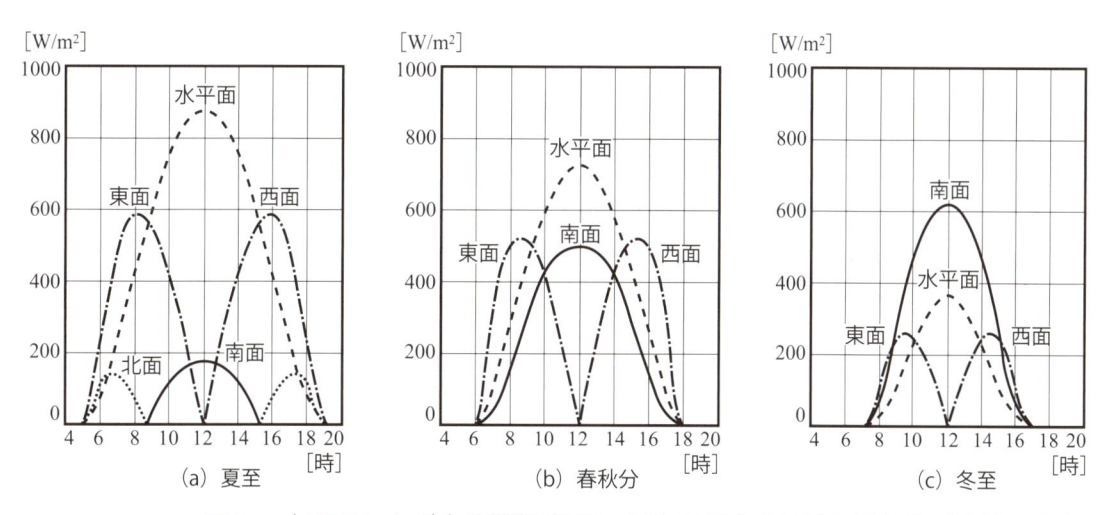

図2 水平面および方位別鉛直面における直達日射量の日変化（北緯35°）

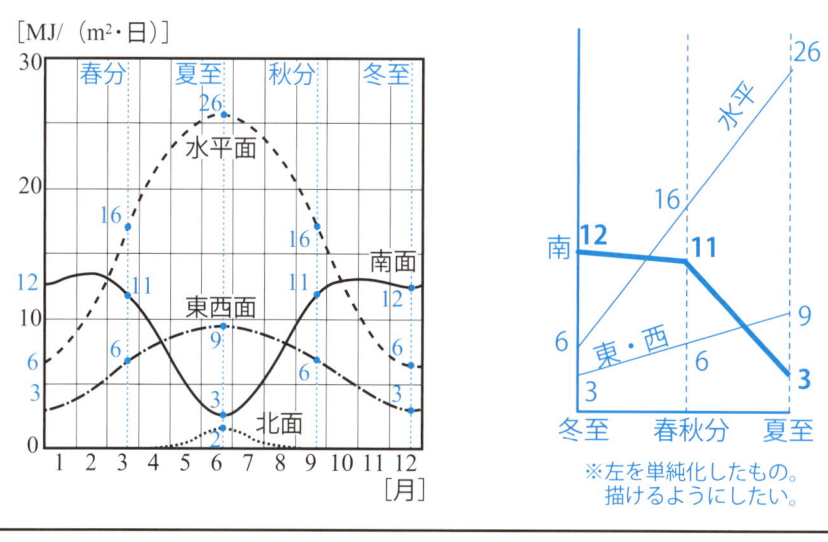

(a) 夏至　(b) 春秋分　(c) 冬至

※左を単純化したもの。描けるようにしたい。

終日日射量の大小………　冬至： 南面 ＞ 水平面 ＞ 東・西面（北面はなし）
　　　　　　　　　　　　　夏至： 水平面 ＞ 東・西面 ＞ 南面 ＞北面

図3 日積算日射量の年変化（北緯35°）

1-2 日射と放射
(2) 直達日射・天空日射・夜間放射

日射の成分

日射とは、太陽から直接、または間接に我々の住む空間に降り注ぐ、太陽放射エネルギーである。図1のように、紫外線、可視光線、および赤外線によって構成される。日射エネルギーの総量は、大気圏外で約 $1.37 kW/m^2$ 程度であるが、大気を通過する際にやや減衰して地上に到達する。

地表面には、大洋から直接届く**直達日射**と、大気中の水蒸気や塵埃などによって散乱されて天空の全面から届く**天空日射**がある。両方を合計したものは、**全天日射**とよばれる。周辺に建物や樹木などの地物がある場合は、それらの表面で反射した日射も、わずかではあるが地表面に届く。これは、**反射日射**とよばれる。

放射の成分

放射は、物体表面から発せられる赤外線エネルギーのことである。一般に、表面の温度が高いほど強い放射となるが、物体の材質や表面の粗さなどによっても異なる。

地表面には、大気からの赤外線放射が届く。この**大気放射**は、大気の温度や湿度が高い場合、あるいは雲量が大きい場合に大きくなる。一方、地表面自体も、これを取り巻く周辺の地物（建物や樹木など）に向かって、また大気や宇宙空間に向かって、赤外線を放射している。これは、**地表面放射**とよばれる。（地表面放射－大気放射）によって計算される値は、**夜間放射**（または**実効放射**）とよばれる。

これらの関係を図示すると、図2のようになる。

大気透過率

大気は、地域や季節、あるいは高度によっても、その透明度は大きく異なる。地表面や建築物表面の日射による受熱量を推算する場合、大気圏外日射に対する、地表面に到達する直達日射の割合が重要となる。特に、地表面に鉛直な直達日射の到達割合については、**大気透過率**とよばれる。

大気透過率は、大気中の水蒸気量や、塵埃の量などの影響を大きく受ける。すなわち、一般には、夏季より冬季の方が大気透過率は大きく、また、都市部より、郊外の方が大きい傾向がみられる。

補足

水平面、あるいは鉛直面に入射する直達日射は、それぞれ**水平面直達日射、鉛直面直達日射**という。
また、直達日射に正対する面への直達日射を**法線面直達日射**という。

ジャンプ

大気放射量の推算については、1-3(4)を参照のこと。

関連

夜間放射が大きい状態を、**放射冷却現象**とよぶこともある。

チェックテスト

(1) 大気透過率は、「太陽が天頂にあるときの地表に到達する直達日射量」の「太陽定数」に対する割合として表される。（建H12）

(2) 夜間放射（実行放射）とは、地表における、上向きの地表面放射と下向きの大気放射との差のことである。（建H13）

(3) 曇天時においては、雲量が多いほど、また雲高が低いほど、夜間放射量は少なくなる。（建H15）

(4) 北緯35度の地点において、南中時に太陽高度が60°ととなるとき、南向き鉛直面直達日射量は、水平面直達日射量の $1/\sqrt{3}$ となる。（建H22）

解答

(1) ○ 記述のとおり。

(2) ○ 記述のとおり。正味の地表面からの放射による熱の「逃げ」を表している。

(3) ○ 記述のとおり。雲量が多い場合は、絶対零度に近い宇宙空間への「逃げ」を遮る。また、雲高が低い雲は、雲高が高い場合より、雲の温度が高い。

(4) ○ 南中時の法線面直達日射量を I とすれば、水平面は $I \times \cos30°$、南向き鉛直面は $I \times \cos60°$ となる。両者の比を取れば $1/\sqrt{3}$。

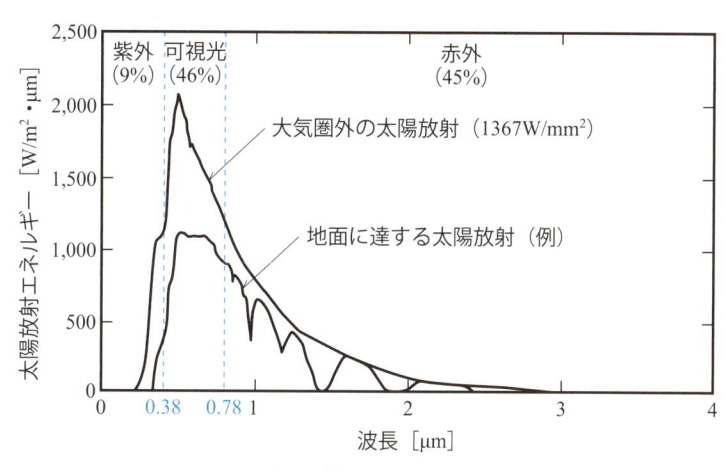

図1　太陽放射のエネルギー分布

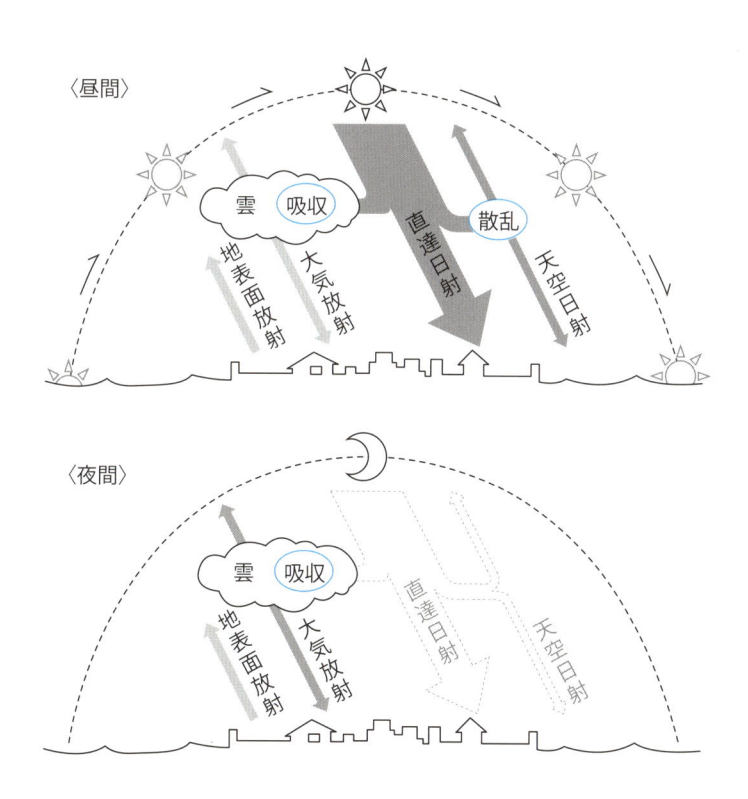

図2　日射と放射の成分

全天日射量＝直達日射量＋天空日射量

実効放射量（夜間放射量）＝地表面放射－大気放射量

直達日射：太陽から直接、地表まで到達する日射エネルギーのことをいう。

天空日射：大気中の空気・塵の分子等によって散乱された後に、地表に到達する日射エネルギーのことをいう。

大気放射　：太陽からのエネルギーを、大気中の水蒸気や二酸化炭素・塵・雲などが吸収し、大気温度が上昇する。これにより、大気から地表に向かって放射する赤外線放射のこと。

地表面放射：地表面から天空に向かって放射する、赤外線放射のこと。

1-3 日射による建物の熱取得
(1) 日射熱取得率・日射遮へい係数

日射熱取得率

日射が窓ガラスに当たると、図1に示すように、大部分は透過して室内に侵入する。また、一部はガラスの表面で反射され、一部はガラスに吸収されてガラスの温度を上げる。すなわち、建物の室内側に侵入する日射のエネルギーは、①窓を透過する日射、②窓の温度上昇による室内側への再放射、そして、③窓表面における対流による熱伝達分、ということになる。

日射熱取得率は、窓に入射した日射の総量に対する、上記①と②の合計(すなわち、日射と放射により室内に進入する熱量)の割合として定義される。ガラスの透明度や厚さだけで定義されるものではなく、カーテンやブラインドの有無なども含めて、建築物の窓の性能を検討する場合に使用される指標である。

例えば、透明ガラス(厚さ3mm)の日射熱取得率は、太陽光の入射角度にも依存するが、おおよそ0.8〜0.9の値が実用値として用いられる。

日射遮へい係数

近年は、Low-Eガラスなどの特殊ガラスや、遮へい性の高いカーテンなどが多く開発されているが、これらを組み合わせて用いた場合の建築物の窓について、日射の遮へい性能を求めることは、容易ではない。

このため、広く一般に用いられている透明ガラス(厚さ3mm)の日射熱取得率に対して、おおよそ何倍の日射熱取得率を有しているか、を示す指標が、実用上は良く用いられる。これを日射遮へい係数(SC値)と定義している。

$$対象材料の日射遮へい係数 = \frac{対象材料の日射熱取得量}{標準ガラス(透明3mm)の日射熱取得量}$$

上式の日射熱取得量については、入射に正対した状態(法線面)で評価する。この式によれば、日射遮へい係数は、一般に、1より小さい値となる。また、値が小さいほど、遮へい性が高いことを表す。

チェックテスト

(1) 窓ガラスの日射熱取得率(日射侵入率)は、ガラスに入射した日射量に対する、ガラスを透過した日射量の割合で表される。(建H20)

(2) 日射遮へい係数は、3mm厚の普通透明ガラスの日射遮へい性能を基準として表した係数であり、その値が大きいほど、日射熱取得が小さくなる。(建H22)

(3) 窓面における日射の遮へい性能を示す日射遮へい係数は、その値が大きいほど遮へい効果が小さくなる。(建H14)

解答

(1) × 日射熱取得率の分子は、ガラスを透過した日射量だけではない。ガラスに日射の一部が吸収されてガラスは温度上昇しており、ガラスからの再放射も無視できない。そのため、これも分子側に加算する定義となっている。

(2) × その値が大きいほど、日射熱取得は大きい。「遮へい係数」と名がついているが、その表す意味は、「日射取得」の量の大小である。出題側からみれば、引っかけ問題を作りやすいところである。

(3) ○ 前問の類題である。

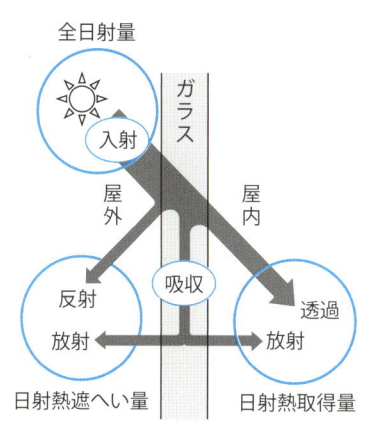

図1 ガラスにおける日射エネルギーの反射、吸収、透過

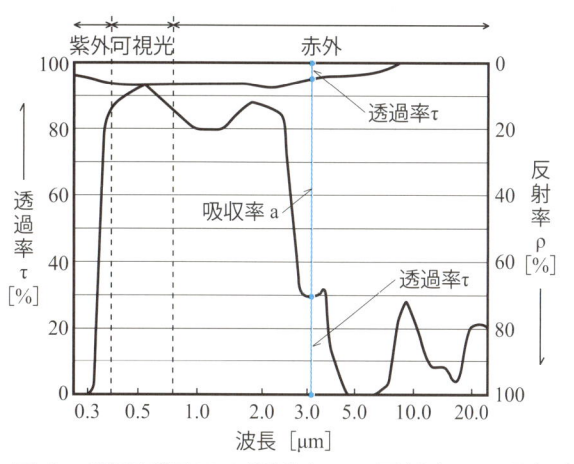

図2 透明ガラスの透過率τ、反射率ρ、吸収率a

日射熱取得率：窓面にあたる日射量（全日射量）のうち、室内に流れ込むものの割合

$$日射熱取得率 = 日射透過率 + \frac{室内側表面熱伝達率}{室内側表面熱伝達率 + 屋外側表面熱伝達率} \times 日射吸収率$$

※室内側への再放射分である。

ガラスに入射する日射量のうち、ガラスに吸収される日射量の割合

日射遮へい係数：3mm厚の普通透明ガラスの日射熱取得率（約0.88）を基準とした日射遮へい性能の指標

$$日射遮へい係数 = \frac{実際に使用するガラスの日射熱取得率}{3mm厚の普通透明ガラスの日射熱取得率（約0.88）}$$

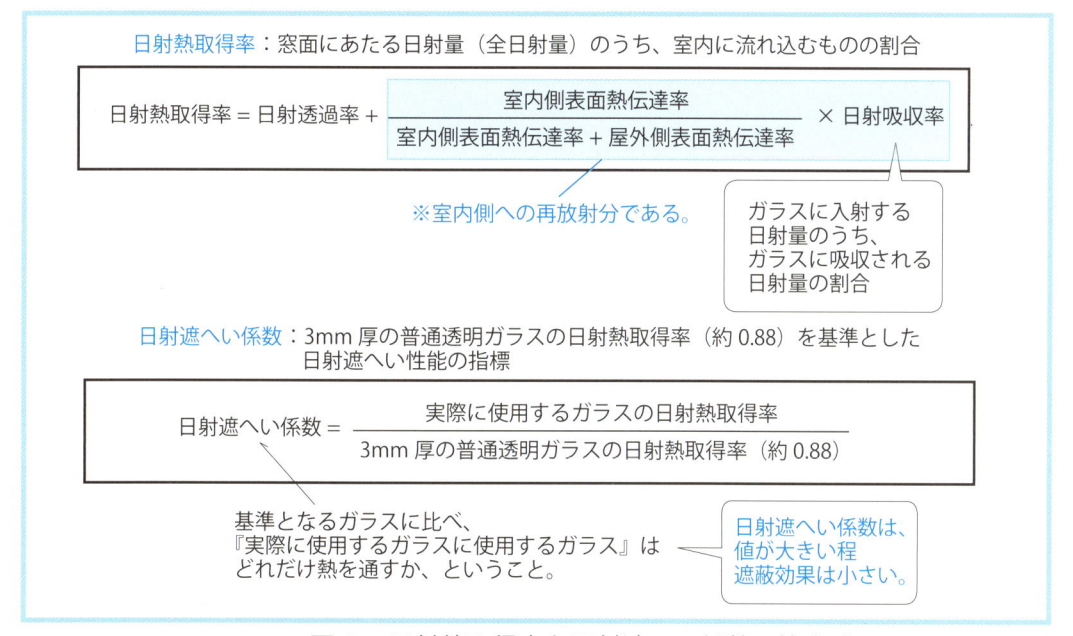

基準となるガラスに比べ、『実際に使用するガラスに使用するガラス』はどれだけ熱を通すか、ということ。

日射遮へい係数は、値が大きい程遮蔽効果は小さい。

図3 日射熱取得率と日射遮へい係数の算出式

6mmの透明ガラス
日射熱取得率：81%

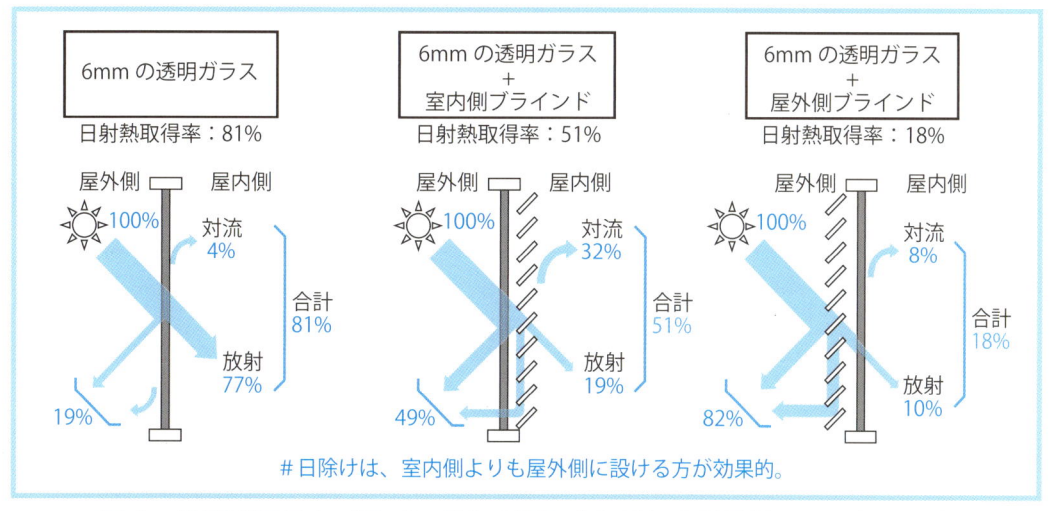

6mmの透明ガラス ＋ 室内側ブラインド
日射熱取得率：51%

6mmの透明ガラス ＋ 屋外側ブラインド
日射熱取得率：18%

#日除けは、室内側よりも屋外側に設ける方が効果的。

図4 透明ガラスとブラインドとの組み合わせによる日射のコントロール

1-3 日射による建物の熱取得
（2）日照・日射の対策

屋外側の日照・日射対策

―庇（ひさし）・ルーバー―

夏季の窓からの強烈な日射を、建築的に防ぐ方法として最もポピュラーなものに、**庇（ひさし）とルーバー**がある。図1のa.とb.の庇は、窓に見える景色を妨げないが、窓全体を日影にするためには、より大きく張り出す必要が生じる。同図d.～f.のルーバーは、取り付けが容易であり、また建物を表情のあるファサードにする効果もある。

―オーニング―

同図g.のように、建物の外壁から、布製あるいはビニール製のシートを張り出させて、開口部に日影を形成する。デザイン性、シンボル製にも優れており、ショップのファサードにも良く用いられる。一般に、手動や自動で折りたたみが可能であるが、強風などによる故障の防止に配慮する必要がある。

―植栽・すだれ―

建物の外壁近くへの落葉樹の植樹は、夏の日射遮へいと冬の日射の確保を両立させる手法として、伝統的に良く用いられる。学校などでは、校舎の熱負荷削減だけでなく、教育的な効果も期待でき、**みどりのカーテン**として親しまれている。

すだれも、しばしば用いられる伝統的な手法である。建物の開口部のほか、エアコンの室外機に斜め掛けしたシェーディングも効果が高い。

室内側の日照・日射対策

―ブラインド―

一般に、開口部の室内側に設置するもので、日照・日射のコントロールをこまめに行うことができるものである。同図j.は、スラット（羽根）の昇降機能や角度調整機能がある。同図k.は、細長い羽根（ルーバーと呼ばれる）をつり下げたもので、角度調整と左右開閉ができる。いずれも、直射光を防ぎながら、羽根面での拡散光を導き入れ、柔らかな光空間を演出できる。

―カーテン・シェード・スクリーン―

カーテンは、布を横引きして開閉し、また**シェード**は、布を折りたたみながら引き上げる機能をもつ。例えば、ローマンシェードでは、ボトムが直線的な**フラット、シャープ、プリーツ**や、ボトムの形に特徴のある**バルーン、ムース、ピーコック**などの伝統的なデザインも人気がある。スクリーンは、ローラーパイプによって布製のスクリーンを巻き取る**ロールスクリーン**が一般的である。

> **用語**
>
> **ブリーズソレイユ**
> 建築的に日照・日射をコントロールするものを、ブリーズソレイユとよぶこともある。

> **用語**
>
> **エアフローウィンドウ（AFW）**
> 窓を二重ガラスで構成し、2枚のガラスの間にブラインドを内蔵させて、日射の「透過」をコントロールする。
> あわせて、2枚のガラスの間を通気させ、ブラインドやガラスの熱を屋外に捨てる（冬季には積極的に室内に還流させる）機能ももたせる。

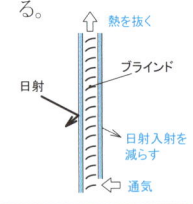

チェックテスト

(1) 日射の温熱環境への影響を調整するために、建築物の西側に落葉樹を植えることは、一般に、夏季の日射遮へいに効果的である。（建H19）

(2) 西向き窓面に設置する縦型ルーバーは、一般に、日照・日射調整に有効である。（建H18）

(3) 南向き窓面に水平ルーバーを設けることは、一般に、日射・日照調整に有効である。（建H21）

(4) ベネシャンブラインドは、障子に比べて断熱性に優れている。（IP H20）

解答

(1) ○ 記述のとおり。落葉樹は、夏季の日射を遮へいするが、冬季は葉が落ちるので日射を遮へいしない。ブラインド、ルーバーの役割を果たすものとして、窓近くのエクステリアデザインに、しばしば用いられる。

(2)(3) いずれも○。遮へいしようとする日射の季節と時刻を、まずはよく考える。そして、そのときの太陽高度から、縦型か水平か、を選択する。

(4) × 障子は、窓のガラス面との間の空気層による断熱効果が期待できる。ブラインドは、空気の密閉度が低い。

a. ひさし　　b. ルーバーひさし　　c. ひさし＋バルコニー

バルコニーは、下階の窓の庇としても機能する。
ただし、バルコニー表面の照り返しの配慮も求められる。

d. 水平ルーバー　　e. 垂直ルーバー　　f. 格子ルーバー

g. オーニング　　h. 植栽　　i. すだれ

図1　屋外側の日照・日射対策の例

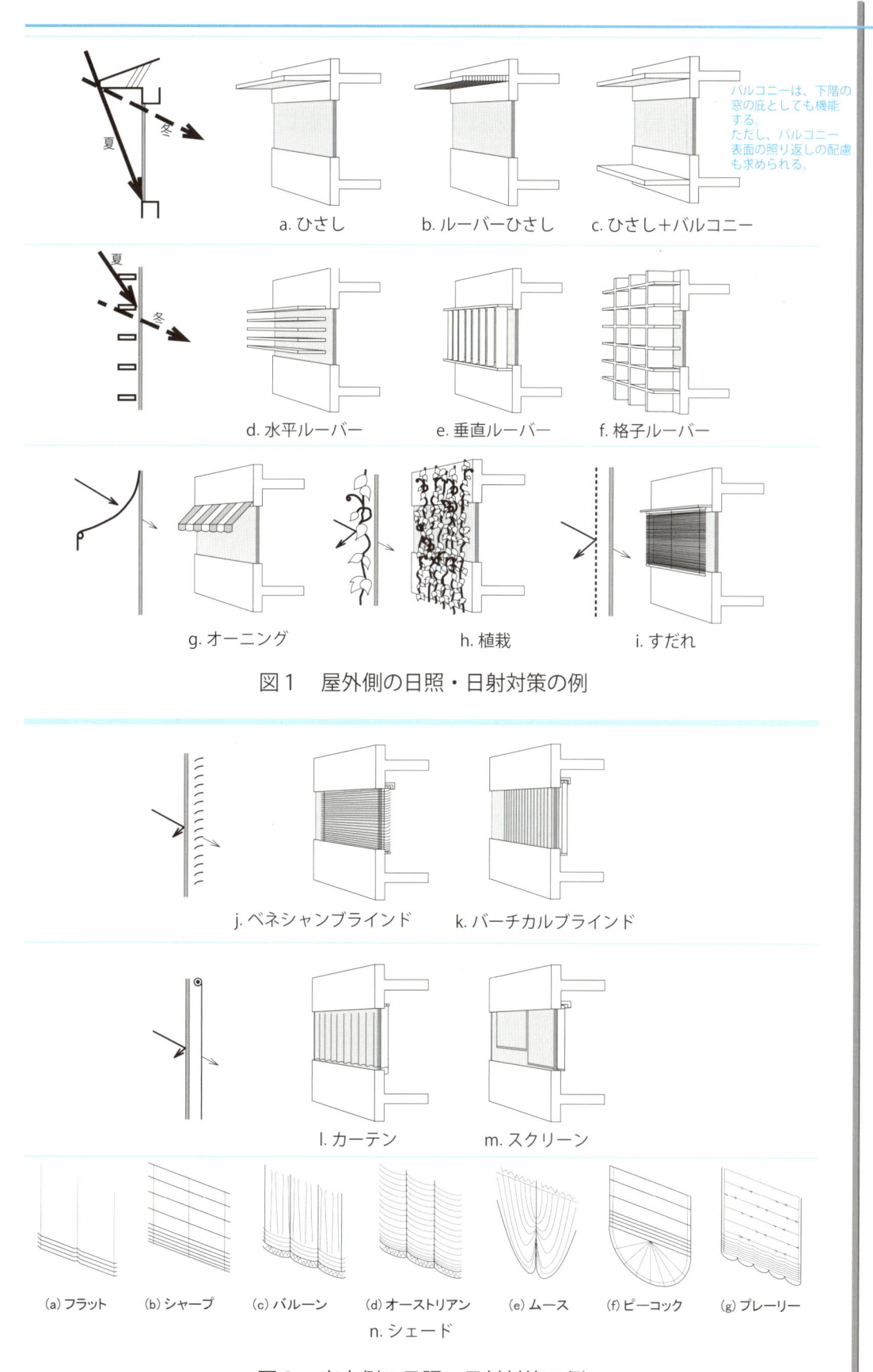

j. ベネシャンブラインド　　k. バーチカルブラインド

l. カーテン　　m. スクリーン

(a) フラット　(b) シャープ　(c) バルーン　(d) オーストリアン　(e) ムース　(f) ピーコック　(g) プレーリー

n. シェード

図2　室内側の日照・日射対策の例

1章　3 日射による建物の熱取得

1-3 日射による建物の熱取得
(3) 高機能ガラスによる日照・日射のコントロール

熱線吸収ガラス

コバルト、鉄、セレンなどの金属を微量添加して、ブルー、グレー、ブロンズなどに着色した透明ガラスである。近赤外域の吸収率を高めることによって、室内への日射エネルギーの透過量を抑えるものである。ただし、日射吸収率が熱線反射ガラスより高いため、ガラスの温度上昇が顕著となり、ガラスの表面から室内に長波長放射による熱エネルギーの侵入（再放射）がおこる。また、熱応力が集中して破損（熱割れ）することもあるので、強い日射に長時間暴露する環境下では注意を要する。一般建築の外装やカーテンウォールなどに用いられる。

熱線反射ガラス

熱線反射ガラスは、表面に、金属酸化物の薄膜を焼き付けたもので、可視光の透過性（すなわち視界）をほぼ確保しながら、近赤外域の反射率を大幅に高めることによって、室内への日射エネルギーの侵入を抑えるものである。一般建築の外装やカーテンウォールなどに用いられる。

図1のように、熱線反射ガラスは、熱線吸収ガラスと比較しても、日射熱取得率を大きく減少させるものであることがわかる。

Low-Eガラス

ガラスの表面に、銀や亜鉛などの特殊金属膜を何層にもコーティングすることによって、近赤外域および長波長域の反射率を大幅に高めた薄膜付きのガラスである。薄膜は傷つきやすいことから、一般には、普通ガラスとペアにして、薄膜を内側に向けて構成して用いる。特に、寒冷地の住宅を中心に、導入例が増えている。

Low-Eガラスにおける日射の反射、吸収、透過の特性を、透明板ガラスと比較したものが図2である。視界を確保するため、可視光線の透過率は高いままであるが、1.0μm以上の赤外域の反射率が高いことがわかる。

図3に示すように、薄膜付きのガラスを、室内側に用いた場合には、主に、室内側の熱損失を小さくする効果（断熱性）が期待される。屋外側に用いた場合には、主に、日射の室内への侵入を防ぐ効果（遮熱性）が期待される。なお、複層ガラスとする場合には、乾燥空気を封入することにより、断熱性を高めている。

チェックテスト

(1) 耐風圧性能の優れた複層ガラスとするために、ガラス表面に金属膜をコーティングしたLow-Eガラスを採用した。（建H19）

(2) Low-Eガラスを用いる複層ガラスは、低放射膜をコーティングした面が複層ガラスの中空層の内側に位置するように設置することにより、断熱性能を高めるものである。（建H18）

(3) 熱線吸収ガラスは、一般に、可視光線透過率が低下するものが多い。（建H12）

(4) 複層ガラスは、2枚の板ガラスをスペーサーを用いて一定の間隔に保ち、その内部を真空にしたものである。（設H12）

解答

(1) × Low-Eガラスは、赤外線の透過率を大幅にカットしたものである。Low-Eの複層は、遮熱性や断熱性は高いが、耐風圧性能が高いわけではない。

(2) ○ 記述のとおり。冬季の暖房の熱損失を低減する効果が期待される。逆に、屋外側に位置するように設置すると、日射の遮熱性が高まるため、夏季に有利となる。

(3) ○ 記述のとおり。主に、近赤外線の吸収率を高めるガラスであるが、若干の可視光線の吸収もあるため、結果として可視光の透過率はおおむね1割程度小さくなる。

(4) × 乾燥空気を封入することが一般的である。

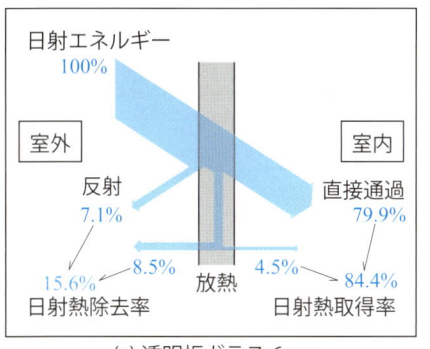

図1 各種ガラスの日射熱透過（日本板硝子提供）

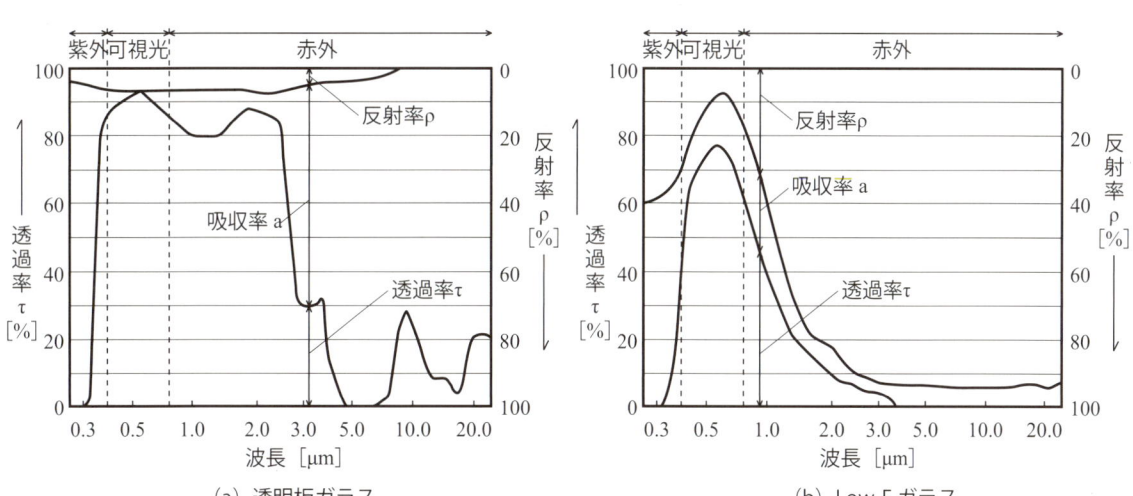

(a) 透明板ガラス 6mm
(b) 熱線吸収ガラス 6mm
(c) 熱線反射ガラス

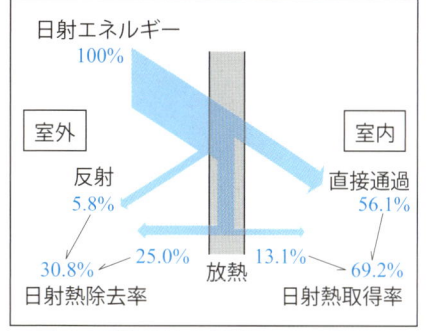

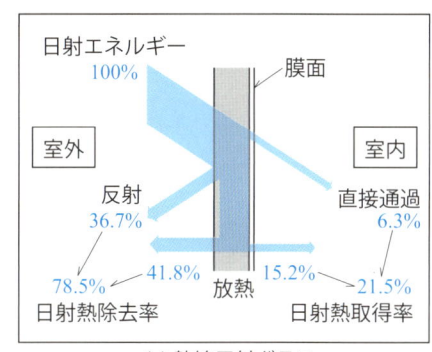

図2 ガラスの透過率τ、反射率ρ、吸収率a

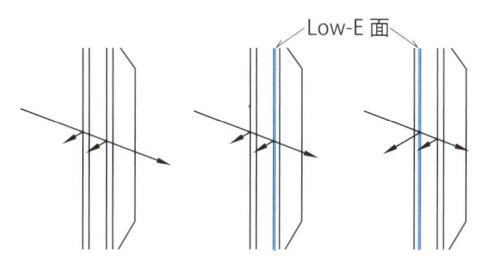

(a) 透明板ガラス
(b) Low-E ガラス

図3 断熱型／遮熱型 Low-E ガラス

Advanced

1-4 直散分離の手法・大気放射量の推算

直散分離の手法

　一般に、入手できる日射量のデータは、水平面全天日射量である。このため、建物に囲まれた地表面、あるいは建物外皮における日射受熱量などを精緻に求めたい場合には、ある時刻の水平面全天日射量に**直散分離の手法**を適用して、法線面直達日射量と水平面天空日射量を割り出す。そして、①対象となる面の法線ベクトルと、法線面直達日射のベクトルとのなす角の余弦(cos)から、直達日射による入射日射量(W/m^2)を求める。また、②対象となる面の天空率と、水平面天空日射量との積によって、天空日射による入射日射量(W/m^2)を求める。そして、①と②を合計することにより、対象となる面への入射日射量を求めることになる。

　直散分離のための計算方法についてはいくつかの提案がある。ここでは、良く用いられている方法として、図2の手法を紹介しておこう。

―太陽高度と太陽方位角の算出プロセス―

　水平面全天日射量のデータを直散分離する場合、時系列の太陽高度の情報が必要となる。既に1-1で概念を説明したとおり、対象地点の経緯度、および日付と時刻が与えられれば、そのときの太陽高度と太陽方位角を精緻に求めることが可能である。その算出プロセスを、図1に紹介しておく。

　線形式の組み合わせで成り立っているので、表計算ソフトなどを利用して比較的簡単に求められる。また、実務的には、太陽高度の計算を行ってくれるWebサイトなども、利用価値が高い。

―日照・日射の測定―

　ここで関連して、日照・日射の測定方法についても言及しておこう。測定には、日照計や日射計を用いることになるが、周辺建物の影や反射日射、あるいは粉じん、ばい煙などの影響を受けないことが必須条件である。一般には高層建物の屋上や鉄塔などの高所に取り付ける。

　日照計は、ガラス円筒の中で回転する反射鏡からの光をセンサーが感知する。そして、$0.12kW/m^2$以上の直達光を感知すると、「日照あり」のパルスを出力する。

　日射計は、熱電堆(サーモパイル)による起電力から日射量を演算する電気式日射計が一般的である。白と黒の受光面の温度差、または黒塗装面と金属面との温度差によって起電力を生じる。起電力は、$1kW/m^2$あたりで概ね7mV程度のものが多い。全天日射測定用のほかに、太陽追尾システムを搭載した直達日射測定用も開発されている。

大気放射量の推算方法

　水平面における、全天からの大気放射量(W/m^2)は、図3に記述した数式によって推算できる。入力パラメータとして、地表付近の気温(℃)、相対湿度(%)、および雲量(10段階)を用いる。

　また、建物などで囲まれた面の大気放射量を推算するときは、全天の大気放射量に天空率を乗じればよい。

用語

拡張アメダス気象データ

リアルタイム防災情報システムとしてつくられた気象庁アメダスは、建築・都市環境解析の応用にあたっては制限が大きい。このため、過去数十年分のアメダスデータに基づいて、各測定地点の年間の気象変化をデータベース化し、さらに、日射量などの情報を付加して利用しやすくしたものである。DVD-ROMで市販されている。

関連

アメダスは、国内各地に配置された無人の観測システムである。降水量を約1300箇所、気温・風速・風向・日照時間を約850箇所にて、ほぼリアルタイムで観測している。アメダスの日照時間は、日照計で測定される直達日射量が$0.12kW/m^2$以上となる時間、と定義している。2分単位で計測・記録され、0.1時間刻みで発表されている。

| 入力 | 元旦からの日数 n（日） ※1月1日を1日目とする。
北緯 NL（°） 東経 EL（°） | 出力 | 太陽高度 h（°）
太陽方位角 A（°） |

1 平均近点離角 x（°）を求める
※平均近点離角は、元日を起点とした公転軌道上の地球の移動角度のことである。
$$x(°) = 360 \times n / 365.2596$$

2 太陽赤緯 δ（°）を求める
$$\delta = 0.33281 - 22.984 \cos x - 0.3499 \cos 2x - 0.1398 \cos 3x$$
$$+ 3.7872 \sin x + 0.03255 \sin 2x + 0.07187 \sin 3x$$

3 均時差 ε（分）を求める
$$\varepsilon = 60 \times (0.0072 \cos x - 0.0528 \cos 2x - 0.0012 \cos 3x$$
$$- 0.1229 \sin x - 0.1565 \sin 2x - 0.0041 \sin 3x)$$

4 時刻ごとの太陽高度 h（°）と太陽方位角 A（°）を求める
①まず、中央標準時 H（時）における真太陽時 H_R（時）と時角 ω（°）を計算する。
$$H_R = H + (EL - 135) / 15 + \varepsilon / 60$$
$$\omega = 15 \times H_R - 180$$
②これらを用いて、以下により h と A を求める。
$$h = \arcsin (\sin NL \sin \delta + \cos NL \cos \delta \cos \omega)$$
$$A = \arccos \{(\sin h \sin NL - \sin \delta) / (\cos h \cos NL)\}$$

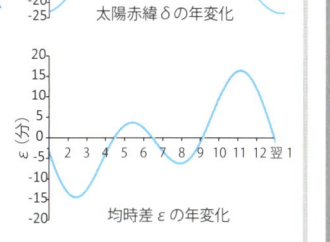

※Microsoft Excel などを利用する際は、三角関数にラジアンを使う。注意のこと。

太陽赤緯 δ の年変化

均時差 ε の年変化

図1　時系列の太陽高度と太陽方位角の計算プロセス

| 入力 | 水平面全天日射量の計測値 TH（W/m²）
太陽高度 h（°） 元旦からの日数 n（日） | 出力 | 法線面直達日射量 DN（W/m²）
水平面天空日射量 SH（W/m²） |

1 大気圏外日射量 I_0 を求める
$$I_0 = 1370 \times (1 + 0.033 \cos (2\pi n/365))$$

2 大気外縁における水平面日射量 IH_0（W/m²）を求める
$$IH_0 = I_0 \times \sin h$$

3 法線面直達日射量 DN（W/m²）を求める
①後述の2式の結節点となる値 K_c を求める
$$K_c = (0.5163 + 0.333 \sin h + 0.00803 \sin^2 h) IH_0$$
②-1 TH＜Kc ならば、
$$DN = I_0 \times (2.277 - 1.258 \sin h + 0.2396 \sin^2 h)(TH/IH_0)^3$$
②-2 TH≧Kc ならば、
$$DN = I_0 \times \{-0.43 + 1.43 (TH / IH_0)\}$$

4 水平面天空日射量 SH（W/m²）を求める
$$SH = TH - DN \sin h$$

※DN sin h は水平面直達日射量である。

図2　直散分離のプロセス

| 入力 | 地上付近の気温 T_a（℃） 地表面温度 T_e（℃）
地上付近の相対湿度 RH（％） 雲量 CC（10 段階） | 出力 | 大気放射量 Q_a（W/m²） |

1 大気の水蒸気分圧の算出
①飽和水蒸気圧 P_s（hPa）を求める
※以下は、Wexler-Hyland 式（1983）。他に Goff-Gratch 式（1946）や Tetens 式（1930）などを用いてもよい。
$$P_s = 0.01 \exp(-0.58002206 \times 10^4 / (T_a + 273.15)$$
$$+ 0.13914993 \times 10^1$$
$$- 0.48640239 \times 10^{-1} \times (T_a + 273.15)$$
$$+ 0.41764768 \times 10^{-4} \times (T_a + 273.15)^2$$
$$- 0.14452093 \times 10^{-7} \times (T_a + 273.15)^3$$
$$+ 0.65459673 \times 10^1 \times \ln (T_a + 273.15))$$
②水蒸気分圧を求める P（hPa）を求める
$$P = P_s \times RH / 100$$

2 射出率 Br の算出
射出率は、「天空からの放射量」と「外気温（地上付近）」相当の黒体放射との比である。Brunt らにより実験的に以下の式が提案されている。
$$Br = 0.51 + 0.066 \sqrt{P}$$ ※Pの単位は［hPa］であることに注意。

3 大気放射量 Q_a（W/m²）の算出
Phillips により、雲のある場合の大気放射量推算式が提案されている。
$$Q_a = (1 - K \times CC/10)$$
$$\times \sigma (T_a + 273.15)^4 \times Br$$
$$+ (K \times CC/10)$$
$$\times \sigma (T_e + 273.15)^4$$

※K は、雲高により以下のいずれかを与える。
上層雲 0.45、中層雲 0.62、下層雲 0.83
※T_e は広域地表面の平均的な温度である。T_a で代表させることもしばしば行われる。
※Q_a は、水平面全天の大気放射量である。建物などに囲まれた面の大気放射量は、Q_a に天空率（天空の形態係数）を乗じて求める。

図3　大気放射量の推算プロセス

コラム 1

建築と太陽信仰

　地球が丸いこと、そして自転をしながら太陽の周りを公転していることを、我々は小学校で既に学んでいるし、かけらも疑ってはいない。

　では、シャトルはおろか、天体望遠鏡も持たず、天動説か地動説かの論争をし、海の果てが怖くて航海に出られなかった中世以前の人々は、太陽にどう向き合い、そして建築にどう向き合っていたのだろう。少しだけ、歴史的な視点から、太陽と建築との関係をうかがってみよう。

■地母信仰から太陽信仰へ

　日本の縄文文化に代表される狩猟経済の時代には、人類のエネルギー源は、自然にある森や動物であった。これらは母なる大地が育てる、という地母信仰が長く続いたらしい。のちに、米や麦、あるいは畜産物を、育てて食する生産経済への移行が始まると、生産物を直接的に育むのは太陽であることに、やがて人類は気づきはじめる。そうしてまもなく、人類そのものも、太陽である神から命を授かり、息絶えると神のもとに戻る、と考えるようになる。

　実際のところ、古代エジプトのラー、ギリシャ神話のアポロン、そして日本のアマテラスなど、太陽を「神」と崇める太陽信仰の文化は多い。太陽に生贄（いけにえ）をささげ続けることで民族の永久（とわ）を祈った、アステカなどの例もある。太陽は、全てを照らし出すことで心を見透かし、日暮れにはこの世の終わりをも感じさせる。人類は古代から、長く太陽に翻弄され続けながら、太陽の存在理由について、長く模索させられてきた。

■ストーンサークル

　やがて、人々は、より太陽に近づくために、高い建造物を造り始めた。例えば、カラニッシュのストーンサークル（スコットランド）は、岩を柱のように立っており、岩の根元には墓室をつくって、王者の遺体を安置した。こうすることで、王の肉体から分離した魂は、太陽のもとに還ると信じられた。

　古代エジプトのピラミッドについても、諸説はあるが、生命を地上に受け入れ、そして天に還すという、「生命のサイクル」を完遂する上で必要となる、太陽に近づくための建造物だった、という解釈がある。

■真御柱～しんのみはしら

　さて、わが国の建築はどうか。今の我々は、神社や寺などの建造物に向かって祈る。しかし古代では、自然の神秘を感じる場を見抜き、その場に降臨する神に祈る、という考え方が根強かった。今も、沖縄のウタキなどにその名残を見ることができる。そして、その場に高い丸太や石の高い「柱」を立て、太陽との関係を構築したところも多かった。やがて、大和朝廷の時代には、中国から建築文化の流入が進む。このとき、一説によれば、中国に「負けじ」と、この柱を覆うように、立派な建築物を造ったらしい。自然の神秘ではなく、建築という人工物を拝む風習が成立したのは、このころからか。今も、伊勢神宮や出雲大社などに、構造体とは関係のない「真御柱」（しんのみはしら）とよばれる不思議な柱が残っているという。

■竹取物語のねらい？

　ところで、地母信仰の時代。太陽よりむしろ、人間の生理サイクルにシンクロする「月」に祈る風習が広くあったという。ところが、「竹取物語」のかぐや姫は、若い貴族の男子をさんざん翻弄しながら、結局は月に帰され、地上から姿を消す。そして、わが国に太陽信仰が広く根付くのは、この物語が書かれたすぐあとだ。さて、作者の意図は？　太陽信仰を根付かせたかった？とすると、その理由は？…ロマンをかき立てられる向きに、いくつかの文献を紹介しておこう。

・藤森照信『人類と建築の歴史』ちくまプリマー新書 (2005)
・大脇由紀子『徹底比較日本神話とギリシャ神話』明治書院 (2010)
・梅原猛、吉村作治『「太陽の哲学」を求めて』PHP研究所 (2008)
・岡本太郎『沖縄文化論―忘れられた日本』中公叢書 (1972)
・井沢元彦『逆説の日本史〈1〉古代黎明編―封印された「倭」の謎』小学館文庫 (1997)
・森村宗冬『太陽と月の伝説』新紀元社 (2010)

2章

採光・照明

2-1 ヒトの目の特性

目の構造と視覚

目の断面図を図1に示す。光は、角膜(かくまく)とよばれる膜を通過し、無色透明の水晶体(すいしょうたい)に届く。その後、虹彩(こうさい)にある瞳孔(どうこう)によって光量を調節し、ゼリー状の透明物質である硝子体(しょうしたい)を経て、**網膜**(もうまく)に届く。

網膜には、**錐状体**(すいじょうたい)と**桿状体**(かんじょうたい)とよばれる2種類の視細胞がある。錐状体は、普段主に使っている細胞である。解像度が高く、また、色感覚にも大きく関与しており、主に明所視で働く。物を凝視する網膜の中心付近(中心窩(ちゅうしんか))に多く分布している。桿状体は、中心窩の周辺部に多く分布する。解像度は低く、また色感覚に寄与しないが、特に暗所視における明暗の感度が非常に高い。

比視感度

人間の目に感じる光を**可視光線**とよぶ。可視光線は、380～780nmの波長の放射エネルギーである。380nm(紫色の光)より波長の短い側は紫外線、780nm(赤色の光)より波長の長い側は赤外線と呼んでいる。

図2は、**比視感度曲線**とよばれるもので、光の波長ごとの目の感度を表しており、目の感度(視感度)のピークを1としたときの比(比視感度)で表している。明所視(明るい視環境下)では、目の感度のピークは、一般に、555nm付近(黄緑色の光)にある。ところが、暗所視(暗い視環境下)では、目の感度のピークが波長の短い方に少しずれ、一般に、507nm付近(青色の光)になる。この現象を**プルキンエシフト**という。プルキンエシフトにより、長波長側(赤い側)の光は暗く見え、短波長側(青い側)の光はより明るく鮮やかに見える。これを**プルキンエ現象**という。

順応

周囲の明るさが変化したとき、その明るさに目が慣れることを、**順応**(じゅんのう)という。特に、周囲が明るくなるときの視力回復を明順応、周囲が暗くなるときの視力回復を暗順応、と区別している。一般に、明順応にかかる時間は数分程度と短く、暗順応にかかる時間は30分程度と長い。

関連

オプシンとロドプシン

いずれも光が当たると神経信号を出す視物質。錐状体にはオプシン、桿状体にはロドプシンがある。
ロドプシンは、通常ピンク色であるが、光が当たると無色になる。507nmの光に対して最もよく反応する。

補足

1nmは10^{-9}m(10億分の1メートル)。

補足

プルキンエ現象

チェコの生理学者プルキンエ(1787-1869)により発見された現象。
例えば、道路上の行き先を示す標識は、青地に白である。暗所視下でヘッドライト程度の光によって判読しやすくなっていることなど、日常の色彩デザインに生かされている例は多い。

チェックテスト

(1) 人の目が光として感じるのは、約380～780nmの波長の放射である。(建H15)

(2) 明所視において同じ比視感度である青と赤であっても、暗所視においては、青より赤のほうが明るく見える。(建H17)

(3) 明順応に要する時間に比べて、暗順応に要する時間の方が長い。(二建H20)

解答

(1) ○ 記述のとおり。なお、マイクロメートルで表記すれば、0.38～0.78μm。これも覚えておきたい。

(2) × プルキンエ現象に関する問題。暗所視では青の感度が高くなるので、記述は逆である。

(3) ○ 記述のとおり。高速道路のトンネルの入口付近において照明の照度を上げていることや、昼間のオフィスビルにおいて、エントランス照明の照度を(夜間以上に)高くしていることなどは、よく知られている暗順応の対策の例である。

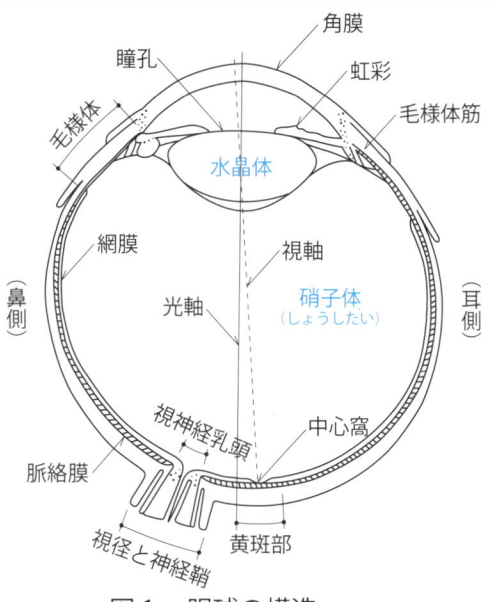

図1 眼球の構造

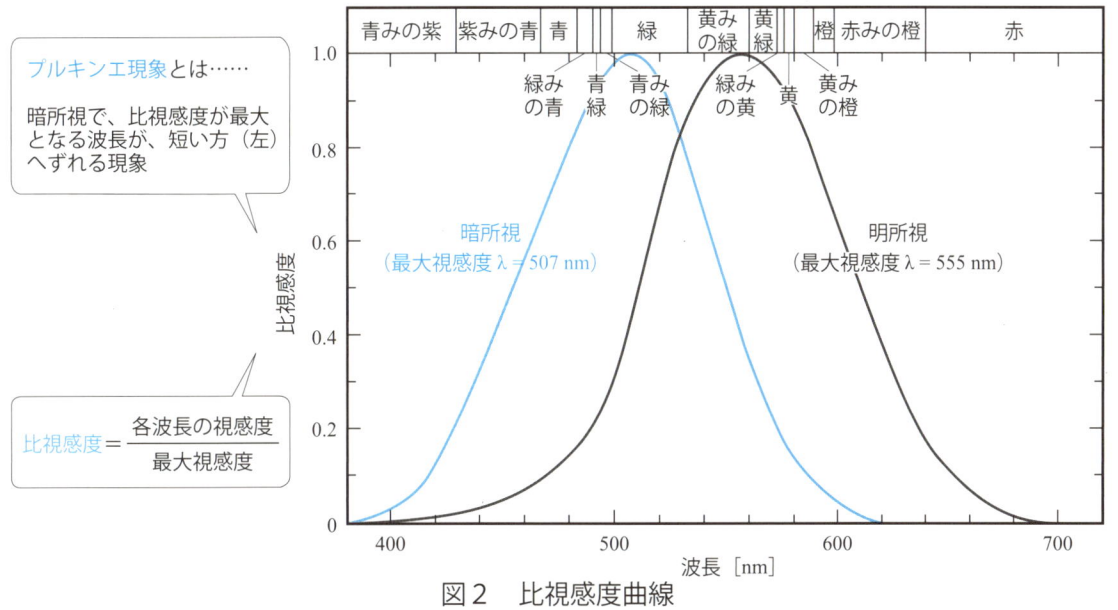

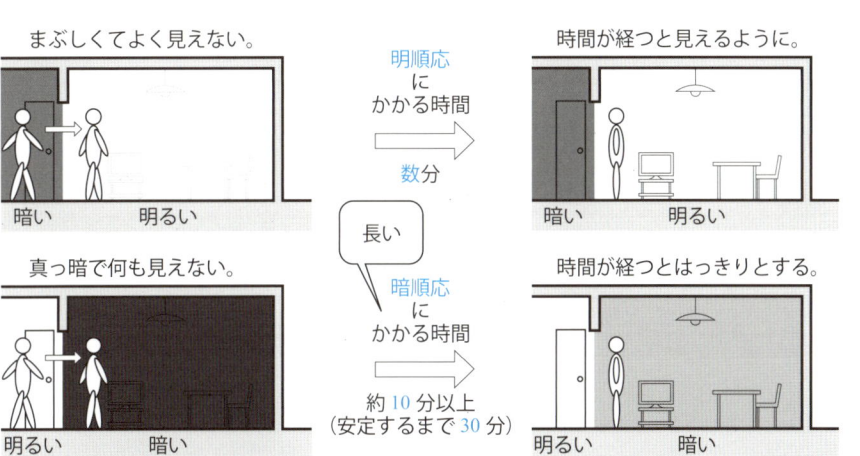

プルキンエ現象とは……
暗所視で、比視感度が最大となる波長が、短い方（左）へずれる現象

$$比視感度 = \frac{各波長の視感度}{最大視感度}$$

暗所視（最大視感度 $\lambda = 507$ nm）

明所視（最大視感度 $\lambda = 555$ nm）

図2 比視感度曲線

まぶしくてよく見えない。 → 明順応にかかる時間 数分 → 時間が経つと見えるように。

真っ暗で何も見えない。 → 暗順応にかかる時間 長い 約10分以上（安定するまで30分） → 時間が経つとはっきりとする。

図3 明順応と暗順応

2-2 光の単位

光源の光の強さの単位

図1に、光の単位の定義を模式的に示す。

まず、光源から射出される光のエネルギーを人間の目の感度で補正した値を、**光束（単位はルーメン、lm と表記）** という。光束は、光源からの「光の全本数」を矢印でイメージするとわかりやすい。また、光束のうち、単位立体角（ステラジアン、sr）あたりの光束を、**光度（単位はカンデラ、cd と表記）** という。

なお、光度の定義を、もう少し物理的に記述すると、「周波数 540×10^{12} Hz の単色放射を放出し、所定の方向におけるその放射強度が $(1/683)$ W/sr（ワット毎ステラジアン）である光源の、その方向における光度」となっている。

視対象の見やすさの単位

照明によって照らされている面の $1m^2$ に入射する光束は、lm/m^2 と表記できる。これを**照度**といい、単位を**ルクス (lx)** で表す。対象物を照らす度合いを表す数値であり、机上の作業のしやすさや部屋の明るさ感の指標としてもよく用いられる。空間の用途ごとに、適切な照度の基準値が決められている。

光源面 $1m^2$ から射出される全光束は、**光束発散度**とよばれる。単位は、lm/m^2 と表すこともできるが、照度との意味合いの違いを明示するため、特に **rlx（ラドルクス）** と表記される。天井の面光源や、作業面や床面などの反射面からの光量の記述に用いられる。また、光束発散度が求められると、ある方向への（すなわち、人の視線方向への）単位立体角あたりの光束を求めることもできる。これが**輝度**であり、単位は cd/m^2（**カンデラ毎平方メートル**）である。

逆二乗の法則と余弦の法則

光源 A の光度を I (cd)、光源直下 B の照度を E_B (lx) とすると、
$$E_B = I / r^2 \quad ① \quad \text{※r: A-B 間の距離 (m)}$$
と表現できる。また、直下でない点 C の照度 E_C (lx) は、
$$E_C = (I / R^2) \cos \theta \quad ② \quad \text{※R: A-C 間の距離 (m)、θは入射角}$$
と表現できる。

用語

立体角
半径1mの球において、球面上に $1m^2$ の面（形は問わない）がある。このとき、球の中心からの $1m^2$ の面を見張る角を1立体角(=1sr、1ステラジアン)と定義している。

補足

「カンデラ」はcandle（ろうそく）に由来するといわれる。ろうそく1本の光度が約1cdである。

ジャンプ

照度の基準値
→p.37、表2

チェックテスト

(1) 光束は、光の物理的な量と人間の目の感度特性から計算され、人間の感覚で重みづけした測光量である。(建H20)

(2) 光源面をある方向から見た場合の明るさを、輝度という。(建H12)

(3) 視対象より周囲の輝度が高い場合に比べて、視対象より周囲の輝度が低い場合の方が、一般に、視力が低下する。(建H14)

(4) 光束発散度は、光源、反射面、透過面から発散する単位面積あたりの光束である。(建H18)

解答

(1) ○ 記述のとおり。光束は、比視感度曲線による重みづけがなされている。

(2) ○ 記述のとおり。輝度が定義される光源面は、反射面であっても、光源面であってもよい。

(3) × 周囲が暗く、対象物が明るい方が見やすい。注視点が明るいと、錐状体が反応しやすくなることによる。

(4) ○ 記述のとおり。光束発散度は、単位面積あたりの光束で定義されていればよいので、反射面だけを定義したものではないことに注意。

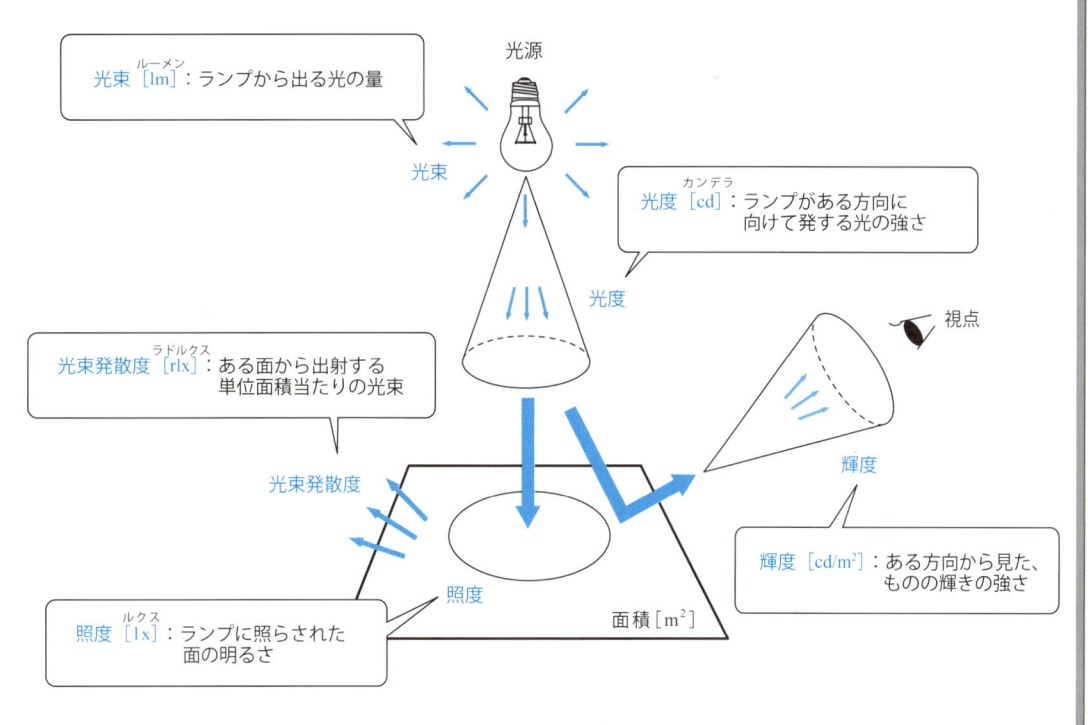

図1 光の単位

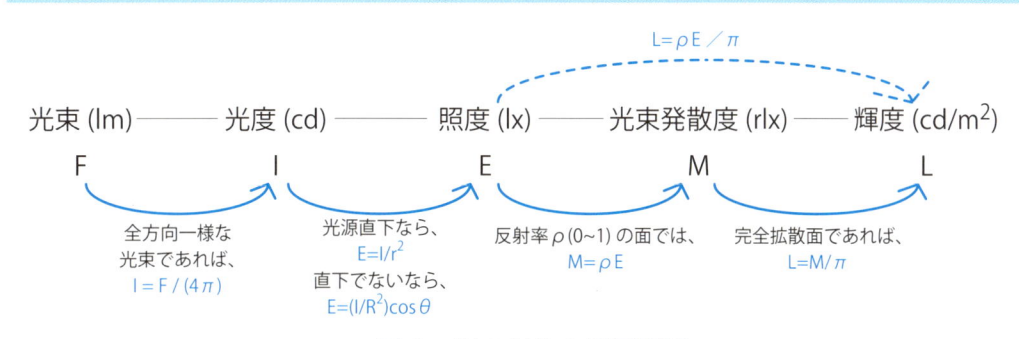

- 光束 [lm]（ルーメン）：ランプから出る光の量
- 光度 [cd]（カンデラ）：ランプがある方向に向けて発する光の強さ
- 光束発散度 [rlx]（ラドルクス）：ある面から出射する単位面積当たりの光束
- 照度 [lx]（ルクス）：ランプに照らされた面の明るさ
- 輝度 [cd/m²]：ある方向から見た、ものの輝きの強さ

図2 光の単位の相互関係

光束 (lm) —— 光度 (cd) —— 照度 (lx) —— 光束発散度 (rlx) —— 輝度 (cd/m²)
 F   I   E   M   L

$L = \rho E / \pi$

- 全方向一様な光束であれば、$I = F/(4\pi)$
- 光源直下なら、$E = I/r^2$ 直下でないなら、$E = (I/R^2)\cos\theta$
- 反射率 ρ (0~1) の面では、$M = \rho E$
- 完全拡散面であれば、$L = M/\pi$

チェックテスト

(5) 図のような点光源に照らされたA〜D点の照度をそれぞれ求めよ。（建H16改）

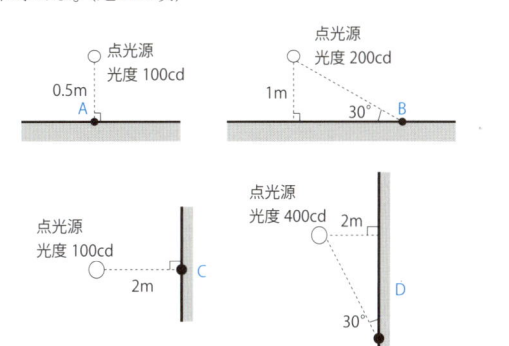

- A：0.5m、点光源 光度100cd
- B：1m、点光源 光度200cd、30°
- C：2m、点光源 光度100cd
- D：2m、点光源 光度400cd、30°

解答

(5) AとCの照度は、逆二乗の法則で求められる。

A：$100 / 0.5^2 = 400$ [lx]
C：$100 / 2^2 = 25$ [lx]

BとDの照度は、余弦の法則を用いる。いずれも、入射角は60°なので、

B：$(200 / 2^2) \times \cos 60° = 25$ [lx]
D：$(400 / 4^2) \times \cos 60° = 12.5$ [lx]

$1:2:\sqrt{3}$、$1:1:\sqrt{2}$、$3:4:5$ といった代表的な直角三角形の三角比は、すぐ出るようにしておくこと。

2-3 人工光源
(1) ランプの種類

ランプの種類

　白熱電球・ハロゲン電球、蛍光灯、高輝度放電ランプ（HIDランプ）、および発光ダイオード（LED）の4種類がある。

　白熱電球と**ハロゲン電球**は、ともに発光抵抗（フィラメント）を利用しており、暖かみのある柔らかい光であり、スイッチを入れた直後に点灯できる。ただし、発熱ロスが大きいため効率は低く、また寿命も短い。

　蛍光灯は、放電した電子が管内部の水銀ガスと衝突し、これにより発せられた紫外線が、管内に塗布された蛍光物質にあたって可視光が発光する。比較的効率が良く、寿命も長い。周囲の温度によって効率が変化し、20～25℃程度で最も発光効率がよい。

　高輝度放電ランプ（HIDランプ）は、水銀ランプ、メタルハライドランプ、高圧ナトリウムランプの総称である。基本原理は蛍光灯とほぼ同じである。光束が大きく、大空間に用いられる。電源投入後に安定して発光するまでに、やや時間がかかる。また、特にナトリウムランプは、効率が非常に良いが、オレンジ色の淡色光のため演色性がきわめて低い。

　発光ダイオード（LED）は、電気エネルギーを直接可視光に変える。発熱ロスや紫外線発生などほとんどない。小型で調光もしやすく、長寿命でもある。発光効率は必ずしも高いわけではないが、技術開発が精力的に進められている。

自動調光の技術

　省エネルギーの観点から、近年のオフィスなどでは**自動調光**の採用例が増えている。

　ランプは、利用し始めの時期が最も明るく、その後ランプ効率は徐々に低下する。ランプ効率の低下を見込んでランプを多めに設置する考え方が一般的だが、作業面照度を常に検知しながら、必要照度となるよう電力を調整するのが**初期照度補正制御**であり、省エネルギー効果は高い。

　窓からの採光に連動して照明の出力を制御する**昼光連動出力制御**を行うことがある。さらに、居住者がいる場合のみ照度を上げる方法としては、**人感センサー制御**などの個別制御と、**スケジュール制御**などの中央制御を併用することなどが行われる。

> **用語**
>
> **演色性**
> 物体色の見え方を決定する光源の性質を演色性といい、演色評価数 Ra（0～100）で表現する。Ra=100 が最も演色性が良い。
>
> **関連**
>
> **色温度**
> 光源から射出される光の色を温度で表現したものを色温度といい、K（ケルビン）で表す。
>
> **関連**
>
> **非常用照明**
> 白熱灯で床面照度 1lx（蛍光灯は2lx）を確保し、蓄電池で10分間以上、自家発電設備で30分間以上点灯すること、となっている。天井が高い場合は、高天井用の照明器具とする。

チェックテスト

(1) ハロゲン電球は、白熱電球に比べて、効率がやや高く寿命もやや長いので、店舗等のスポットライト等に使用される。（設H17）

(2) 高出力の蛍光ランプは、一般に、周囲温度が上昇すると効率が上がる。（建H18）

(3) メタルハライドランプは、ナトリウムランプに比べて、効率が高く、寿命も長い。（設H22）

(4) LED は、白熱電球に比べて、効率が低い。（設H23）

解答

(1) ○　ハロゲン電球は、白熱電球に比べて、効率がやや高く、寿命もやや長いので、店舗やブティック等のスポットライト等に使用される。

(2) ×　蛍光ランプの光束は周囲温度によって大きく影響を受け、温度が高すぎても低すぎても発光する光束は減少する。

(3) ×　メタルハライドランプは、一般に、効率は低く寿命も短い。ただし、演色性は優れている。

(4) ×　LEDの発光効率は必ずしも高くないが、右の表のとおり、白熱電球よりは高い。

表1　光源の種類と特徴

	白熱電球	ハロゲン電球	蛍光ランプ	水銀ランプ	メタルハライドランプ	高圧ナトリウムランプ	LED
光源の種類	フィラメント／バルブ／口金	石英バルブ	（円環形）	蛍光体／発光管／外管／口金			P型／N型
発光原理	温度放射		フォトルミネセンス（低圧放電）	フォトルミネセンス（高圧放電）			エレクトロルミネセンス（EL）
特徴・用途	・フィラメントを熱して発光 ・効率は低い ・暖かみのある光が好まれる場所、調光・集光を要する劇場、投光照明など	ガラス球の中にハロゲンを封入してフィラメントの長寿命化を図っている	・電極間の放電により生じる紫外線が、管内部の蛍光物質に当たって発光 ・周囲の温度により効率が変化する ・寒冷地の屋外には不向き	・高輝度放電（HID）ランプ ・高天井の空間や屋外などの照明に用いられる ・点灯後の光束の安定に時間を要する			・紫外線や赤外線をほとんど含まない ・温度によらず、瞬時に点灯する。 ・点滅が多いところでも長寿命 ・昼白色タイプはさわやかな印象、電球色タイプは落ち着いた雰囲気となる
				水銀蒸気中の放電による光を利用した長寿命、高効率のランプ（HIDの基本型）	高圧水銀ランプに金属ハロゲン化物を添加することにより、用途に適した分光エネルギー分布に変化させたランプ（HIDの演色性改善型）	ナトリウムガス中の放電で発生する、黄橙色の単色光を利用したランプ（HIDの効率重視型）	
消費電力 [W]	~1000	75~1500	4~220	40~2000	125~2000	150~1000	10W程度（白熱電球相当）
発光効率 [lm/W]	15~20	15.5~21	60~91	40~65	70~95	95~149	30~100
始動時間	0	3 min	2~3 s（予熱型） 0s（ラピット）	5min	5min	5min	0
寿命 [h]	1000~2000	2000	7500~10000	6000~12000	6000~9000	9000~12000	40000以上
演色性	非常に良い　赤味が多い	非常に良い	比較的良い	あまりよくない	良い	良くない	良い
色温度 [K]	2850	3000	（白色）4500 （昼光色）6500	3900	3800	2100	2000～10000
コスト 設備費	安い	比較的高い	比較的安い	やや高い	やや高い	やや高い	やや高い
コスト 維持費	比較的高い	比較的高い	比較的安い	比較的安い	比較的安い	安い	安い
保守・取扱	極めて容易	普通	比較的繁雑	普通	普通	普通	極めて容易
用途（例）	住宅・店舗・応接室・ホテル	店舗（スポット照明など）・スタジオ	事務所・住宅・店舗・低天井工場・街路	道路・街路・高天井工場・スポーツ施設	スポーツ施設・店舗・高天井工場	道路・街路・店舗スポーツ施設・高天井工場	住宅・店舗のほか屋外等にも幅広く対応

※発光原理：
　蛍光灯：フォトルミネセンス（PL）。放電によって発生した紫外線が、蛍光体を励起し、可視光が放射される。
　LED：エレクトロルミネセンス（EL）。半導体に注入された電子と正孔が、再結合するときに、可視光が励起される。

※発光効率：発散光束 [lm]／消費電力 [W]。[lm/W] で表される。

2-3 人工光源
(2) 色温度と演色性

色温度

ある光源の色が、熱せられた黒体の放射色に等しいとき、その光源の色を黒体の絶対温度（ケルビン：K）で表すことができる。この数値は、**色温度**とよばれている。色温度の目安として、おおよそ2000Kが赤、4000Kが黄、6000Kが白、8000Kが青に相当する。

光の色は、照度によっても雰囲気が大きく変わる。色温度の高い光は、照度が高い方が気分をさわやかにさせる。逆に、色温度の低い光は、照度が低い方が穏やかな気分を演出する。このことは、図1のように、色温度と照度との関係を表したグラフにおいて、快適性の高いゾーンとして表され、クルーゾフ（クリュイトフ）の効果として知られている。

演色性

ある光源のもとで、物体表面の色が自然に見える度合いを、その光源の**演色性**という。

太陽光には、可視の波長域の全てにわたって、放射エネルギーが含まれている。このため、物体の色を自然に、表情豊かに表現できる。しかし、人工光源については、その発光メカニズムによっては、可視の波長域における放射エネルギーに極端な分布がある場合がある。色の見え方をデザインするという立場からは、利用シーンごとに、適切な照明を選ぶ知識とセンスが要求される。

ある光源が、基準の光源（昼光など）と比較して、どの程度色の再現の忠実性があるかを数値で表したものに、**演色評価数**がある。特に、代表的な数色について、実験的に色ずれの度合いを求め、その平均的な色ずれから求めた色再現の忠実性を、**平均演色評価数（Ra）**とよぶ。図2に、Raの求め方の概念を表す。市販されているランプは、その種類ごとのRaが測定されており、照明選択のための重要な指標となっている。

なお、Raは平均的な色差のみを表すものであるので、具体的にどのような色ずれになるかについては表現されない。また、色温度の異なる2つの光源によるRaが等しいとしても、必ずしも等しく見えることを表してはいない。

チェックテスト

(1) 照明に用いる光源においては、色温度が低いほど、暖かみのある光源となる。(建H13)

(2) 色温度が高い光源ほど、赤みがかった光になる。(設H22)

(3) 病院において使用する照明設備においては、一般に、事務所において使用する照明設備に比べて、演色性の高い光源が望ましい。(建H15)

(4) 演色評価数は、「基準の光の下における物体色の見え方」からのずれをもとにした数値である。(建H18)

解答

(1) ○ 記述のとおり。色温度が低いほど赤く、高いほど青白くなる。

(2) × 色温度が高い光源ほど、青白い光になる。

(3) ○ 記述のとおり。患者の肌や顔の色などを診察する状況下では、演色性の高い照明が求められる。

(4) ○ 記述のとおりである。

表1 光源の色温度と光色の見え方

昼光光源	色温度(K)	人工光源	人工光源の光色の見え方
・25,500 よく澄んだ北西の青空光	―20,000―		(青みがかった白)涼しい ↑
・12,300 北天青空光	―10,000― ―7,000―		
	―6,500	・6,500 昼光色蛍光ランプ	
・6,250 曇天光	―6,000―	・5,800 透明水銀ランプ	
	―5,300―		
・5,250 直射日光	―5,000―	・5,000 昼白色蛍光ランプ	
	―4,000―	・4,200 白色蛍光ランプ ・3,900 蛍光水銀ランプ ・3,800 メタルハライドランプ	
	―3,500	・3,500 温白色蛍光ランプ	
	―3,300― ―3,000―	・3,000 電球色蛍光ランプ ・2,850 ハロゲン電球 白熱電球	↓ (赤みがかった白)暖かい
	―2,000―	・2,050 高圧ナトリウムランプ	
・1,850 夕日		・1,920 ろうそくの炎	

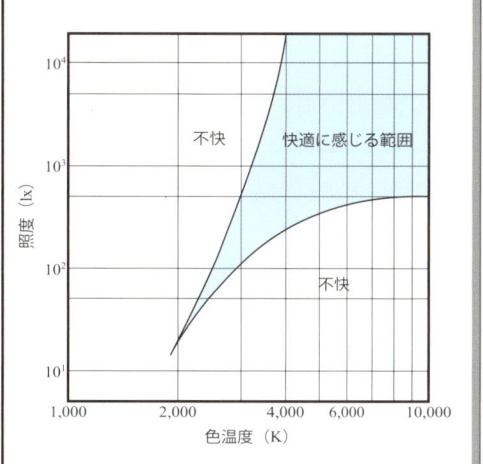

図1 光源の色温度と快適な照度
(クルーゾフ(クリュイトフ)の効果)

試験色	色名	マンセル記号
No.1	暗い灰色	7.5R6/4
No.2	暗い黄	5Y6/4
No.3	ふかみの黄緑	5GY6/8
No.4	黄みの緑	2.5G6/6
No.5	うすい青緑	10BG6/4
No.6	うすい青	5PB6/8
No.7	うすい紫	2.5P6/8
No.8	赤みの紫	10P6/8

試験色	色名	マンセル記号
No.9	赤	4.5R4/13
No.10	黄	5Y8/10
No.11	緑	4.5G5/8
No.12	青	3PB3/11
No.13	西洋人の女性の肌色	5YR8/4
No.14	木の葉の緑	5GY4/4
No.15	日本人女性の肌色	1YR6/4

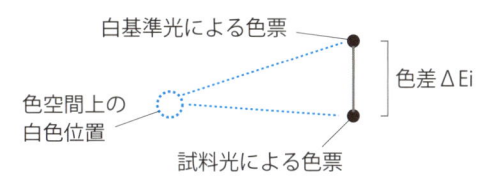

① 評価しようとする光源(試料光)と同じ色温度の基準光を選定する
　・試料光が 5000K 未満ならば、完全放射体(黒体放射)とする。
　・試料光が 5000K 以上ならば、CIE(国際照明委員会)昼光
　　(ただし、4600K 以上の昼白色蛍光ランプを用いても良い。)
② 試料光で照明した場合と、基準光で照明した場合に生じる、試験色 No.1 ～ No.15 の色差 ΔE を求める。
③ 以下の式により評価する。
　・特殊演色評価数(個々の色ずれの評価に用いる): $R_i = 100 - 4.6 \cdot \Delta E_i$ (i=1 ～ 15)
　・平均演色評価数(平均的な色ずれ評価に用いる): R_a → 試験色 No.1 ～ 8 の R_i の平均とする。

図2 光源の演色性評価方法 (JIS Z 8726 (1996))

2-4 照明設計
（1）照明器具の台数算定

光束法を用いた照度計算の方法

作業面における水平面照度 E（lx）は、次式で与えられる。

$$E = FNUM/A \quad ①$$

E：作業面の照度(lx)　F：照明器具1台の光束(lm)
N：照明器具の個数　U：照明率　M：保守率　A：作業面積(m²)

照明設計の観点からは、部屋の形状や内装仕上げ、およびメンテナンスの状況を想定しながら、照明器具の必要台数を算定するプロセスが重要となる。このため、以下の形で用いることも多い。

$$N = EA/(FUM) \quad ②$$

照明率 U は、照明対象の室の形状と表面仕上げの状況から決まる定数で、0～1の値をとる。室の形状は、正方形や円形に近く、また天井が低い場合に照明率が大きくなる。また、表面仕上げの状況は、反射率の高い内装を用いると照明率が大きくなる。

保守率 M は、ランプの経年劣化や汚れによる照明器具の効率の低下を見込むための定数である。照明率と同様に、0～1の値をとる。

室指数

室指数は、照明率 U を決定づける室の形状に関するパラメータである。次式で表され、室指数が大きいと照明率も大きくなる。分子は天井の面積（照明器具取り付け可能面積）、分母は作業面より上の壁面面積（照明光を散乱および吸収する面積）と考えると、その意味合いを理解しやすい。

$$室指数 = XY/\{H(X+Y)\} \quad ②$$

X、Y：室の間口と奥行き(m)　H：作業面から天井までの高さ(m)

室指数、および天井、壁、床の反射率を決めることにより、照明率を読み取ることのできる照明率表が、照明器具メーカーにより用意されている。

補足

光度、照度、光束発散度、輝度をそれぞれ lm を用いて表すと、次のようになる。

光度：cd=lm/sr
照度：lx=lm/m²
光束発散度：
　rlx=lm/m²
輝度：
　cd/m²=lm/(sr・m²)

補足

F をランプ1個の光束とすれば、N はランプの個数となる。

関連

一般によく使われるFHF32型蛍光灯は、
32W：3,520lm／本
45W：4,950lm／本
程度である。概算でベースでは3000lmで計算することも多い。

関連

一般事務室における蛍光灯の本数は、結果的には、2～3m²に1本程度となることが多い。

チェックテスト

（1）床面積100m²の一般的な事務室の計画において、イ～ニの条件により計算した視作業面の平均照度を750lxとするのに必要な照明器具の台数は何台か。(建H19)
　イ：照明器具は蛍光灯とし、1台あたり40W蛍光ランプが3本組み込まれたものとする。
　ロ：40W蛍光ランプ1本あたりの全光束：3000lm
　ハ：照明率：0.6　ニ：保守率：0.7

（2）照明計算に用いられる保守率は、ランプの経年劣化やほこり等による照明器具の効率の低下をあらかじめ見込んだ定数であり、照明器具の形式、および使用場所等により異なる。(建H13)

（3）光束法による平均照度計算において、照明率に影響を及ぼす要素に、室指数、室内反射率、および照明器具の配光は含まれるが、保守率は含まれない。(建H15)

解答

（1）まず、上記解説中の式を、N=EA／(FUM)と変形する。E=750(lx)、A=100(m²)、F=3000(lm)、U=0.6、M=0.7、なので、蛍光ランプの必要本数N=59.5(本)。とすると、照明器具は、蛍光灯3本一組で作られているので、照明器具の台数は約20台、となる。

（2）○　記述のとおりである。

（3）○　記述のとおり。照明率Uは、「部屋の形」と「内装仕上げ」、そして「照明器具の種類」が影響するが、照明率Uの中に保守率Mの成分があるわけではない。

①室指数を求める

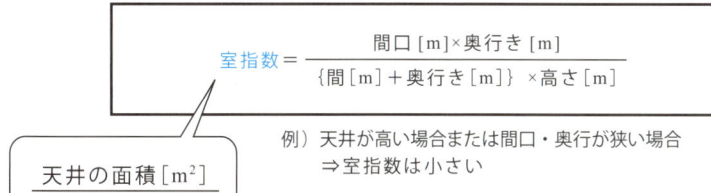

$$\text{室指数} = \frac{\text{間口[m]} \times \text{奥行き[m]}}{\{\text{間[m]} + \text{奥行き[m]}\} \times \text{高さ[m]}}$$

$$\frac{\text{天井の面積[m}^2\text{]}}{\text{壁面積の1/2[m}^2\text{]}}$$

例）天井が高い場合または間口・奥行が狭い場合
⇒室指数は小さい

天井が低い場合または間口・奥行が広い場合
⇒室指数は大きい

②ランプの本数を求める

$$\text{ランプの本数} = \frac{\text{作業面面積[m}^2\text{]} \times \text{作業面照度[lx]}}{\text{発散光光束[m]} \times \text{照明率} \times \text{保守率}}$$

照明率：ランプからの発散光束に対し、作業面に入射する光束の割合
保守率：照明施設をある期間使用した後の作業面の平均照度と初期照度の比
　　　下記の条件により決められる。
　　　・ランプの種類
　　　・照明器具の形状と構造、使用環境
　　　・ランプ交換や、ランプ・照明器具の清掃など保守管理の仕方

③照明器具台数を求める

$$\text{照明器具台数} = \frac{\text{ランプの本数[本]}}{\text{照明器具1台当たりのランプの本数[本]}}$$

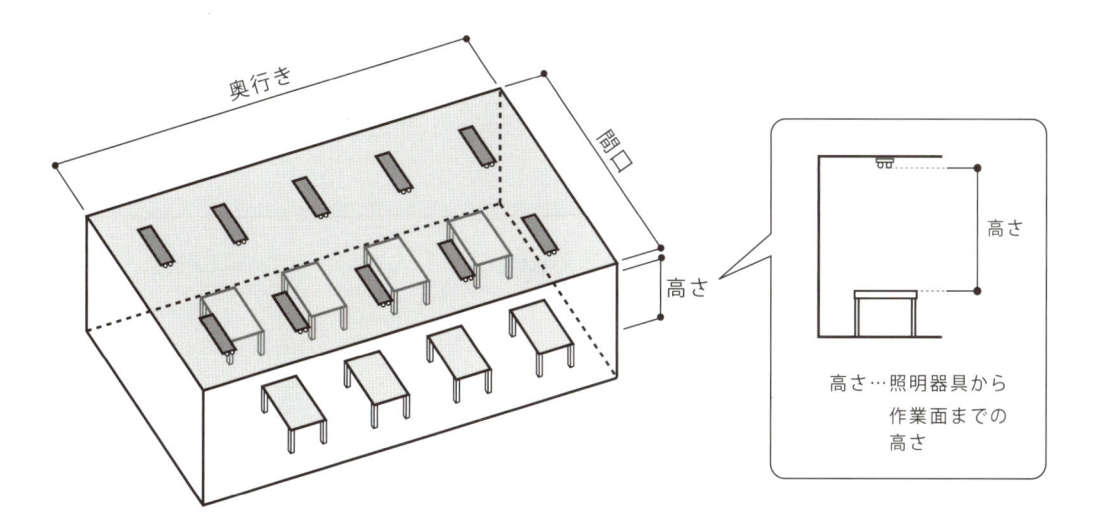

高さ…照明器具から作業面までの高さ

図1　光束法による照明計算の方法

2-4 照明設計
（2）照度基準・均斉度

照度基準

　JISのZ9110では、建物の室内照度が、施設ごと、および部屋の用途ごとに詳細に規定されている。そのエッセンスを表1に示す。

　事務所では、会議室や応接室については約500lx（300～750lx）、一般事務室など、書類の読み書きを主とする部屋では750lx（500～1000lx）とする。また、昼間の玄関ホールは、入館時の暗順応に対する対策として、夜間より照度を高めにする対策が取られることもある。

　美術館では、立体感を演出する必要のある彫刻の展示において、絵画の展示より照度を高めにしている。また、絵画の中でも、演出上および作品保護の観点から、日本画は150～300lx、洋画は300～750lxと、区別することもある。

　学校では、普通教室が200～750lx、製図室などの精密作業を伴う場所では概ね750lx以上としている。コンピュータの作業を伴う場所では、ディスプレイへの照明の映り込みによるまぶしさや目の疲れ（これを**グレア**という）を防ぐため、ルーバー付きの照明器具にすることも多い。

　住宅では、居間などの団らん・娯楽スペースで、やや落ち着きのある150～300lxとする。また、読書などには、300lx以上の照度を確保し、あわせて**タスクアンビエント照明**などの手法を取り入れることも推奨される。

　また、高齢者や視覚機能の低下した人に対する照明設計では、推奨照度の上限に近い値を目安とする。

均斉度

　室内には、一般に、照度の高いところと低いところがある。最も照度が高いところに対して、最も照度の低いところの割合を、その部屋の**均斉度**（きんせいど）という。均斉度は0～1の値となる。**均一な視環境による作業性を確保する**、という観点からは、均斉度は1に近いほどよいといえる。

－照度の測定－

　照度は、照度計を用いて測定する。水平面照度の測定は、一般には床上80cmで測定する。また、座業を主とする場所では床上40cm、階段や廊下では床面を測定する。計測時には、特に昼光採光などの状況によっては、値が大きく振れることがある。平均値を読み取る工夫が求められる。

用語

モデリング
照明の充て方による対象物の立体感や形状の見え方を、モデリングということがある。

補足

タスクアンビエント照明
タスク（作業面）とアンビエント（部屋全般の雰囲気）を両方とも照明する方法。電気スタンドなどを用いること。一般に、アンビエント照明は、タスク照明の少なくとも1割以上の照度が必要とされる。

補足

均斉度を求めるにあたっては、分母の値を部屋の照度の平均値とすることもある。

チェックテスト

(1) モデリングにおいては、視対象に当てられる光線の方向と強さが異なると、得られる立体感および質感は異なるものとなる。（建H14）

(2) 全般照明と局部照明とを併用する場合、全般照明の照度は、局部照明の照度の1/10以上とすることが望ましい。（建H18）

(3) JISの照度基準における室内の所要照度は、一般に、特に視作業面等の指定のない場合、床上80cmにおける水平面の照度を示すものである。（建H18改）

解答

(1) ○　記述のとおり。

(2) ○　タスクアンビエント照明（局部全般併用照明）の記述である。電気スタンドだけでは、目の疲労が著しいと言われている。記述のとおりである。

(3) ○　記述のとおり。JIS C 7612 には「床上 80±5cm とする」と記載されている。

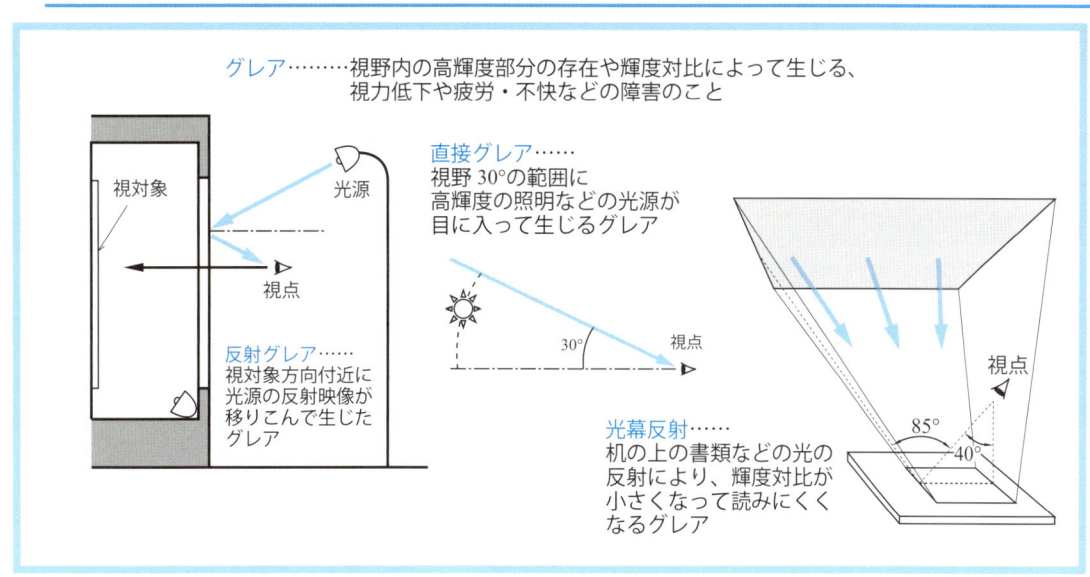

図1　グレア

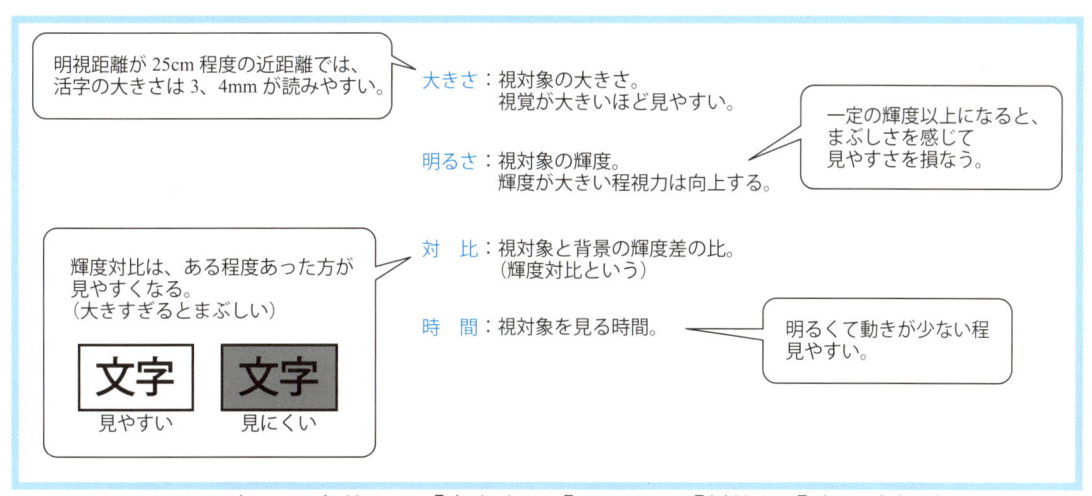

グレア………視野内の高輝度部分の存在や輝度対比によって生じる、視力低下や疲労・不快などの障害のこと

直接グレア……視野30°の範囲に高輝度の照明などの光源が目に入って生じるグレア

反射グレア……視対象方向付近に光源の反射映像が映りこんで生じたグレア

光幕反射……机の上の書類などの光の反射により、輝度対比が小さくなって読みにくくなるグレア

図2　明視の4条件……「大きさ」「明るさ」「対比」「時間（速さ）」

- **大きさ**：視対象の大きさ。視覚が大きいほど見やすい。
- **明るさ**：視対象の輝度。輝度が大きい程視力は向上する。（一定の輝度以上になると、まぶしさを感じて見やすさを損なう。）
- **対　比**：視対象と背景の輝度差の比。（輝度対比という）
- **時　間**：視対象を見る時間。（明るくて動きが少ない程見やすい。）

明視距離が25cm程度の近距離では、活字の大きさは3、4mmが読みやすい。

輝度対比は、ある程度あった方が見やすくなる。（大きすぎるとまぶしい）

文字 見やすい　　文字 見にくい

表1　均斉度

種類	均斉度
人工照明	1/3 以上
併用照明	1/7 以上
昼光照明	1/10 以上
同一作業範囲内	2/3 以上

表2　主な照度基準（JIS Z9110 より）

lx	30	50	75	100	150	200	300	500	750	1000	1500
事務所		屋内非常階段		休養室・宿直室		機械室等		事務室／会議室		製図室／玄関ホール	
美術館等						日本画		洋画		彫刻	
学校			グラウンド			講堂 (75〜300)／教室 (200〜750)				製図室／被服室	
住宅	寝室		居室		家事室・浴室	団らん・娯楽		勉強・読書等		手芸・裁縫等	

2-5 昼光の利用
(1) 昼光率

昼光照明の特徴

昼光を積極的に室内に取り込み、照明としての機能をもたせることを、特に昼光照明とよんでいる。昼光照明は、昼間の照明を電気エネルギーに頼らないので、環境負荷の観点から、また経済的な観点から、大いに推奨すべき考え方である。

ただし、照度の時刻変化があることや、季節や天候によっても採光量が大きく異なる。また、直射日光によるグレアや、照明対象物の劣化などの影響もある。このようなことに注意しながら、昼光照明の設計をすることになる。

昼光率

屋外における昼光の照度に対する、室内の照度の割合を、**昼光率**と定義している。このとき、①室内の人工照明は用いず、開口部から入射する昼光によってのみ評価する。②直射日光については、方向性と時刻変化の大きさから、昼光率の議論には含めない。

室内の昼光は、大きく、A.天空が、開口部を介して、直接作業面を照射する成分(直接昼光)、と、B.開口部からの天空光が、室内内装や家具の表面で多重反射することによって作業面を照射する成分(間接昼光)、の2つに分けて考える。全天空光による照度(**全天空照度**)に対する、A.とB.の割合は、それぞれ図1に示すように、**直接昼光率**(D_d)、および**間接昼光率**(D_r)とよばれる。昼光率D、およびD_dとD_rは、天空光に大きな偏りがない場合には、いずれも、全天空照度の値に関係なく、一定の値となる。

建物の設計段階で考慮する全天空照度(設計用全天空照度)は、表1のとおり設定されており、一般には、晴れの日を想定した15,000lxが用いられる。

窓による昼光率への影響

一般には、開口部に近いところほど昼光率は大きい。すなわち、直接昼光率D_dについては、作業面から天空を見張る割合(窓面積有効率)Uと等しい値となる。ただし、窓面の透過率Z、メンテナンスの度合い(保守率)M、窓枠やサッシを除く実質開口率(窓面積有効率)R、の3つの要素によって目減りする。これを式で示すと、以下のように表せる。

$$D_d = ZMRU \qquad ①$$

チェックテスト

(1) 昼光率は、窓面の受照点に対する立体角投射率が大きく影響する。(建H12)

(2) 昼光率の計算においては、室内の人工照明による照度は含まれない。(建H13)

(3) 昼光率は、天井や壁面からの反射光の影響を受ける。(建H14)

(4) 昼光率は、窓外に見える建築物や樹木の有無にかかわらず、一定の値となる。(建H16)

(5) 昼光率は、天空光による照度と直射日光による照度から計算する。(建H17)

解答

(1) ○ 記述のとおり。

(2) ○ 記述のとおり。

(3) ○ 記述のとおり。間接昼光率に関する記述である。

(4) × 昼光率の成分のうち、直接昼光率D_dは、窓をとおして天空の見える割合である。窓外の建物や樹木が天空を遮ると、小さい値となってしまう。

(5) × 昼光率の議論では、直射日光による成分は除いて議論するので間違いである。「直接昼光率＋間接昼光率」の概念と混同しないように。

表1　設計用全天空照度

条件	全天空照度 [lx]
特に明るい日　（薄曇り、雲の多い晴天）	50,000
明るい日	30,000
普通の日　　　（標準の状態）	15,000
暗い日　　　　（最低の状態）	5,000
非常に暗い日　（雷雲、降雪中）	2,000
快晴の青空　　（雷雲、降雪中）	10,000

全天空照度：採光による受照点照度の最大値

受照点照度：建物の壁、天井面、周囲の建物、樹木によって天空光が遮られ、ある点に届く採光の照度

直接照度：天空が直接受照点を照らす採光の照度

間接照度：壁などの部分での反射を繰り返し、最終的に受照点に入射する採光の照度

$$受照点照度（E）= 直接照度（E_d）+ 間接照度（E_r）$$

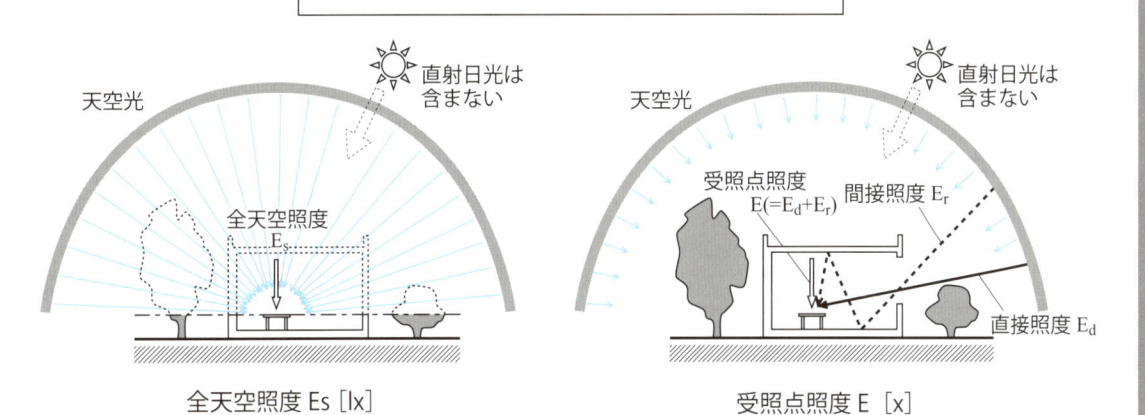

全天空照度 E_s [lx]　　　　　　受照点照度 E [x]

昼光率：屋外の照度とは無関係に、室内のある点の明るさを示す指標。

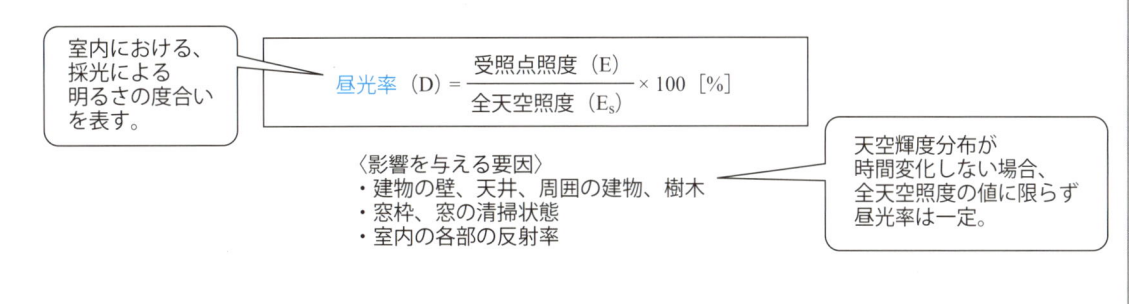

室内における、採光による明るさの度合いを表す。

$$昼光率（D）= \frac{受照点照度（E）}{全天空照度（E_s）} \times 100 \,[\%]$$

〈影響を与える要因〉
・建物の壁、天井、周囲の建物、樹木
・窓枠、窓の清掃状態
・室内の各部の反射率

天空輝度分布が時間変化しない場合、全天空照度の値に限らず昼光率は一定。

直接昼光率：昼光率のうち、窓を光源とする直接照度による成分

間接昼光率：昼光率のうち、室内の相互反射から得た間接照度による成分

直接昼光率、間接昼光率による昼光率の求め方

$$昼光率（D）= 直接昼光率（D_d）+ 間接昼光率（D_r）$$

図1　昼光率の定義

2-5 昼光の利用
（2）採光の手法

ライトシェルフ

ライトシェルフ（光の棚）は、図1のように、庇の上部に設けられた開口部から、庇の上面の反射光を室内に取り込む手法である。庇は、反射光を効率的に取り込むために、室内外に連続させたデザインもある。庇上面の反射光は、天井面で再度反射して、室内の奥にまで導かれる。ライトシェルフは、昼間の無用な人工照明の利用を抑え、また、室内の均斉度を高めることから、オフィスビルや学校などにおいて、利用例が増えている。

光ダクト

ライトシェルフの手法を発展させ、図2のように、高反射率の材料で内面を仕上げたダクトにより、光をより奥まで導く。直射光を有効活用するために、太陽光を追尾するシステムを備える。高層ビルにおいて、屋上から取り込んだ光を低層階まで鉛直方向に導いたり、あるいは、側窓から光を水平方向に、開口の取りにくい部屋や廊下などに導いたりする、などの導入例がある。

天窓と側窓

天窓（トップライト）は、図3のように、屋上面から採光して、直下の天井面に天空光を直接導くものである。昼光採光の観点からは、もっとも効率がよい。透明ガラスだけでスポット的に直接光を取り入れるタイプ（**光井**（こうせい）、あるいは**光井戸**）、透明ガラスにブラインドを組み合わせて光量調節を可能にしたタイプ、白色ガラスなどによって均一な拡散光を入れるタイプ（**光天井**）、などの例がある。天窓は、さほど大きいものでなくても、昼間に高い照度を得られるメリットがある。その一方で、清掃などのメンテナンスの方法や、雨漏り対策などについては、設計および施工段階において、十分な配慮が求められる。また、自由に人が足を踏み入れる屋上では、不用意に天窓に乗り、破れて落下する事故の例もあるので、注意が必要である。

側窓は、図4のように、部屋の壁面にある窓である。特に、壁面の高所にあるものを**高窓（ハイサイドライト）**とよぶ。住宅の吹き抜け空間やオフィスビルのアトリウム空間などを、均一に明るくできる手法として、広く用いられている。また、屋根面と壁面の取り合い部分のデザインの工夫により、図5のような**頂側窓**とよばれるものもある。工場や倉庫などの熱気を逃がしたり、雪国の積雪時の効果的な採光のために、しばしば用いられる。

チェックテスト

(1) ライトシェルフは、その上面で反射した昼光を室内の奥に導き、室内照度の均斉度を高める。（建H21）

(2) 光ダクトは、ダクト内部に反射率の高い素材を用いた導光装置であり、採光部から目的の空間まで自然光を運ぶものである。（建H21）

(3) 側窓により昼光率を高くするには、「窓を大きくする」、「窓を高い位置に設ける」、「窓ガラスの透過率を高くする」などの方法がある。（建H20）

(4) 低・中層集合住宅において、光井戸（light well）とよばれる吹き抜けを設けることにより、住戸の奥行きが深い場合にも、通風と採光を得ることができる。（建H20）

解答

(1) ○ 記述のとおり。

(2) ○ 記述のとおり。

(3) ○ 記述のとおり。

(4) ○ 学科Ⅰ計画の出題。集合住宅の1戸あたりの間口が狭い計画となっている場合（これを、フロンテージセーブの手法という）、面積確保のために、奥行きを深くする傾向がある。すると、どうしても室内が暗くなりがちになるので、光井戸は有効な採光方法となる。ただし、高層建物では、一般に、低層階までは光が届きにくい。

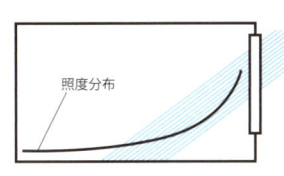

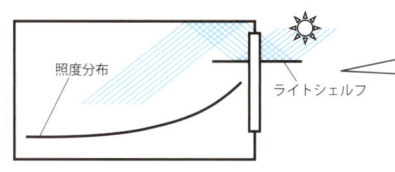

(a) ライトシェルフなし　　(b) ライトシェルフあり

図1　ライトシェルフの有無による照度分布

ライトシェルフ
窓の内外に取り付ける水平材。上面の日射反射率を高め、直射日光を遮って天井面からの反射光を導くことにより、過剰な照度を抑え、柔らかい光を取り込む。

光ダクト
日照が得られない、窓から離れた位置や、無窓室などに自然光を導入するシステム。
〈利点〉
・日中の照明を使わなくてよいため、省エネルギーが図れる。
〈欠点〉
・セキュリティー・プライバシーなどを留意する必要がある。

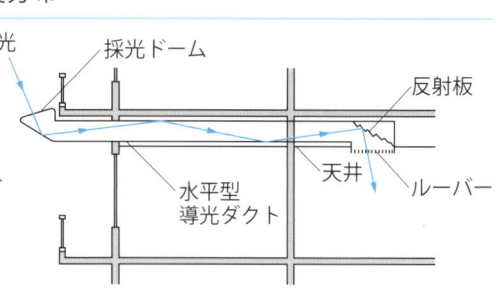

図2　光ダクトの構成（水平型）

側窓採光
〈利点〉
・構造・施工・開閉操作が楽
・雨仕舞がよい
・通風に有利

〈欠点〉
・室内の照度分布が不均等
・隣接する建物の影響を受けやすい

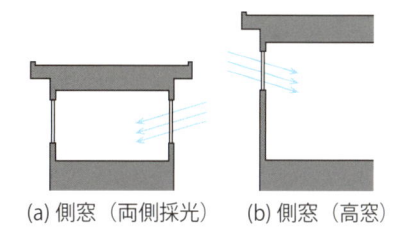

(a) 側窓（両側採光）　　(b) 側窓（高窓）

図4　側窓採光

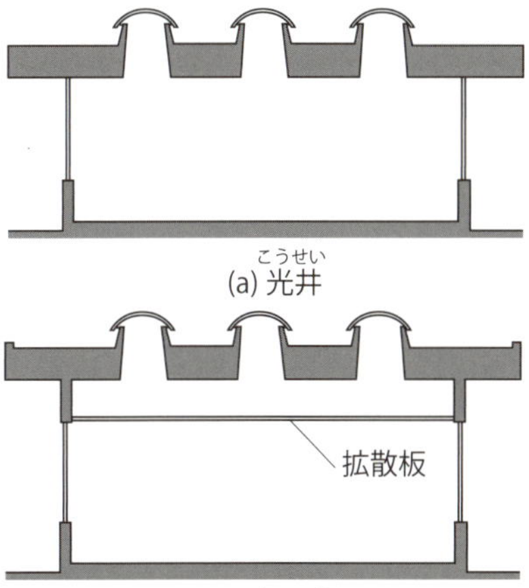

(a) 光井
(b) 光天井

天窓採光
〈利点〉
・高い採光効果が得られる（建築基準法では側窓の3倍）
・室内の照度分布が均一化
・隣接する建物の影響を受けにくい
〈欠点〉
・構造・施工・操作・保守が不利
・雨仕舞がよくない
・閉塞感がある
・通風に不利

図3　天窓採光

側頂窓採光
〈利点〉
・室内の鉛直壁面の照度が高くなる（美術館等の展示室に適する）
・面積の大きい室内に分布よく採光可能
・天窓に比べ雨仕舞がよい

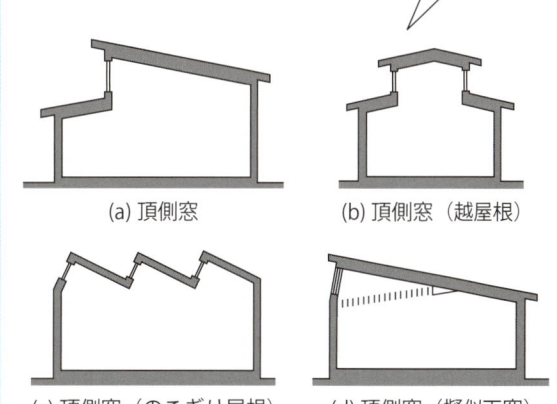

(a) 頂側窓　　(b) 頂側窓（越屋根）
(c) 頂側窓（のこぎり屋根）　　(d) 頂側窓（擬似天窓）

図5　頂側窓採光

コラム 2

光の波長と散乱、そして目との関係

レイリー散乱、および**ミー散乱**という言葉をご存じだろうか。

光が大気中を進行するとき、大気中の塵などによって波長の短い光は散乱により減衰し、相対的に波長の長い光のみ、遠方まで到達する。これがレイリー散乱である。夕日が赤く見える理由を説明する理論としても、広く知られている。一方、短い波長の光が、水滴や氷粒などの相対的に大きな球面に当たったとき、波長に関係なく光が散乱する。光量が大きいとまぶしさの極みとなるが、この散乱現象がミー散乱である。

■ハローの不思議

ミー散乱による大気光学現象のひとつに、ハローがある。小さな透明の氷が大気中に無数に形成されると、太陽光や月光が、大気中の氷の結晶によって屈折・反射し、太陽や月を中心とした輪の形ができる。この幻想的な光ショーは、上層雲があるときに見られることが多い。

氷晶の大きさは、光の波長より大きいので、ミー散乱による白く明るい輪ができる。同時に、六角形を基本とする氷晶は、強いプリズムの性質も示すので、(水滴による虹以上の) くっきりと明瞭な虹を形成することもある。

ハローは、天気の良い昼間などに日常的に見られる可能性は高い。ただし、太陽光を直接見ることは、目へのダメージが大きく、将来の白内障にも通じる危険があるという。気をつけるべし。

■照明選択の奥深さ

ミー散乱は、目の中でも起こりうる現象である。

上で少し触れたが、水晶体の中が、変成したタンパク質などで汚れてしまった場合の視界不良は**白内障**、また、硝子体がさまざまな理由により混濁してしまったことによる視界不良は**飛蚊症**といっている。学生諸氏にも、飛蚊症に悩まされている人などもいるかも知れない。照度が高い白い部屋などでは、目の中の汚れの認識度が高まったり、また、まぶしさをも感じてしまう。これらの症状に苦しむ人の数は、潜在的にも非常に多いといわれている。かくいう著者も、飛蚊症とは長いつきあいだ。

白内障などは手術による解決が直接的手段ではあるが、環境工学を学んでいる我々は、住環境をソフトに変えながら、現象を和らげる方法を模索してもよいのではないか。

例えば、蛍光灯から白熱電球に替えてみる。波長の長い黄赤の光が卓越するので、目の中ではミー散乱がおきにくくなる。事実、これだけで住宅内で感じていたまぶしさが、大幅に改善されたという例も報告されている。高齢者の光環境は、一般には、照度を上げる方向が望ましいとされているが、こと白内障や飛蚊症に悩まされている方々にとっては、むしろ照度とともに色温度を下げるという「ミー散乱回避」の視点も、あわせて重要となる。

■可視域の個人差

380 〜 780nm の光は可視光であり、20Hz 〜 20kHz の音は可聴音であるとされている。とはいえ、境界とされている値には、少なからぬ個人差があることも事実だ。

「あなたの後ろに！」とか、「あのトンネルには、いるよねぇ…」というヒトがいる。あながちウソとは思ってはいけないのかもしれない。そのヒトは、単に、光の波長に対する目の感度が、少し「個性的」なだけかもしれないのである。とすると、見えているソレ (?) は紫外側なのか赤外側なのか。わが高性能兵器であるサーモグラフィには映るのか。ん？ 映ったらどうするのか。消去できるのか !? コピーして誰かに渡せば、それで済む (?) のか。おぉ…

■参考資料
1)「空の輝き〜空と太陽に関わる現象」
http://homepage3.nifty.com/ueyama/index.html
2)「NHK ためしてガッテン〜使える！照明で健康になる法 (2009.9.9 アーカイブ)」
http://www9.nhk.or.jp/gatten/archives/P20090909.html

コラム的チェックテスト
(1) かさ (暈、ハロー) は、太陽または月からの可視光が大気中の水滴によって屈折することによって生じる。(気H16)

解答
(1) ✕ 水滴ではなく、氷粒である。

3章

色彩

3-1 色の三属性と波長

色の三属性
色は、色の持つ以下の3つの性質で表される。これを色の三属性という。
- **色相（ヒュー）**： 色味の違いのことである。可視光の色を円形や帯状に並列させ、色相のグラデーションとして表現される。
- **明度（バリュー）**： 色の明るさのことである。一般に、最も明るい色（白色）から最も暗い色（黒色）までのグラデーションで表現される。
- **彩度（クロマ）**： 色の鮮やかさのことである。ある色が、同じ明度の純色、あるいは無彩色からどれだけ離れているか、により表現される。

マンセル表色系
色の三属性の表現方法を体系化したものとして、最もよく用いられるカラーオーダーシステムの一つである。マンセル色立体（図1）の円筒座標系により、色彩を特定することができる。色相は、R（赤）、Y（黄）、G（緑）、B（青）、P（紫）の5つの基本色相と、それらの間に5つの中間色相を加えて、円環状に表現する。明度は、0（黒）から10（白）まで知覚的に等間隔となるよう分割して表現する。彩度は、円環中央から離れて鮮やかさが増すほど大きい数値で表現するが、最大値は色相および明度により異なる。

可視光線の波長と色
可視光線の範囲では、波長の長い方から、赤〜紫の数色を識別することができる。光源から発せられた可視光線や、物体表面で反射した可視光線を、波長とエネルギーとの関係を示したものを、**分光分布**という。図2のように、白や黒では水平のトレンドとなるが、例えば赤い光は、長い波長域のエネルギーが相対的に大きい。また、エネルギーの大小は明度に、トレンドのピークや勾配は彩度に影響する。

加法混色と減法混色
色を複数混ぜて新しい色を作ることを混色という。光は、混色すると明るくなることから**加法混色**とよばれ、R、G、Bの三原色で、ほぼ全ての色を再現でき、3色を混色すると白になる。また、絵の具やフィルムは、混色すると暗くなることから、**減法混色**とよばれている。三原色はC（シアン）、M（マゼンダ）、Y（イエロー）であり、3色を混色すると黒になる。

関連

アルバート・ヘンリー・マンセル
(1858-1918)
アメリカの画家、美術教員。マンセルカラーシステムを1905年の著書に発表。1943年にアメリカ光学会が一部修正し、今に至るまで世界で広く使用されている。

補足

マンセル表色系の表示方法
マンセル表色系の色表示方法は、色相、明度、彩度の順に記す。例えば肌色ならば、
1YR6/4
（イチワイアール6の4）
のようになる。

チェックテスト

(1) マンセル表色系において、「7.5YR7/5と表される色」より、「7.5YR6/5と表される色」の方が明るい。（建H18）

(2) 明度は、マンセル表色系ではバリューとして表され、視感反射率に対応する値である。（建H21）

(3) マンセル表色系で、マンセルバリューの値が5の色の反射率は、約20％である。（建H5）

(4) マンセル表色系において、彩度（マンセルクロマ）の最大値は、色相（マンセルヒュー）や明度（マンセルバリュー）により異なる。（建H15）

(5) 全波長を均等に反射する分光分布を持つ物体を、太陽光のもとで見ると、その物体の反射率が低いほど、太陽の色に近い白色に見える。（建H15）

解答

(1) × 明度7と明度6の比較。7の方が明るい。「色相、明度／彩度」、の順であることを覚えておこう。

(2) ○ 記述のとおり。視感反射率は入射光量（lm）に対する反射光量（lm）の割合。なお、反射率をρ、明度をVとすると、$\rho \fallingdotseq V(V-1)$で概算できることが知られている。

(3) ○ 上式から、$\rho \fallingdotseq 5 \times 4 = 20$（％）となる。

(4) ○ マンセル色立体がスマートな形でない理由である。

(5) × 反射率が低いと、目に届く反射光の光量が小さくなる。すると、暗く（灰色がかって）見えることになる。

色の属性

色相：赤、青、黄などの色みの性質を表す。光の波長が関係する。

明度：色の明るさを表す。反射率の大きさが関係する。（無彩色の属性は明度のみ）

彩度：色の鮮やかさ、純粋さを表す。波長に対する反射率のトレンドが関係する。

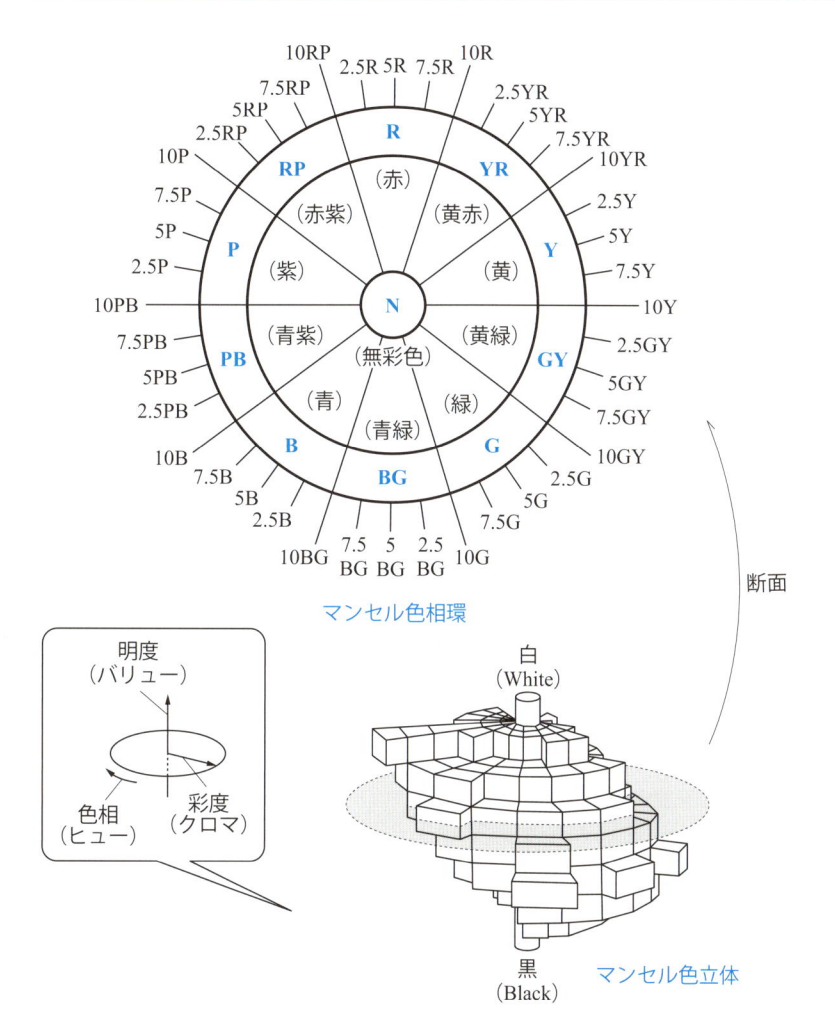

図1 マンセル表色系

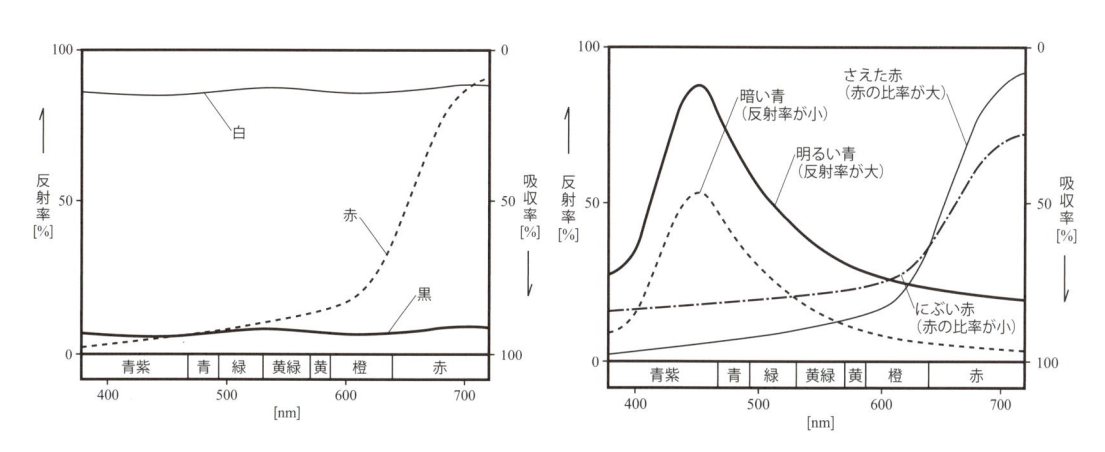

図2 反射率、吸収率と色の属性

3-2　CIE表色系とカラーオーダーシステム

CIE表色系

　CIEは、国際的な規格づくりのため、以下のような表色系を提案している。いずれも、**色の絶対値を物理的に厳密に規定できる**ことが特徴である。

－RGB表色系－

　R(赤:700nm)、G(緑:546.1nm)、B(青:435.8nm)のそれぞれをピークとする、3色の単色光(光の三原色)を考える。それらの**加法混色**によって、さまざまな色を作り出すことができるので、その混合割合によって任意の色を厳密に表す。短い波長域に表現できない色が若干あることが指摘されている。

－XYZ表色系－

　RGB表色系の3つの単色光について、分光分布曲線を一部変更することにより、全ての色を表現できるように改良したものである。X、Y、Zは光の三刺激値とよばれ、それぞれ、RGB表色系のR、G、Bにほぼ相当する色相である。

　図1は、この表色系を図化したxy色度図である。X、Y、Zの3つの光の混合割合を、それぞれx、y、z(ただし、x+y+z=1)として、xとyのみの二次元空間に色彩を表現している。馬蹄形(ばていけい)が特徴的である。このとき、色度図上の2点の色を加法混色すると、その結果は必ず2点を結ぶ直線上に配置される、という特徴があることから、加法混色による色味が重要なディスプレイなどの開発などに用いられる。

　x、yの2つの数値によって、三刺激値の混合割合は表されるが、三刺激値それぞれの明るさについては情報がない。このため、Yの値の絶対値とともに、Y、x、yの3つの情報で表現することも行われる。

カラーオーダーシステム

　物体色を順序よく配列し、合理的な方法で標準化した表色系を、カラーオーダーシステムという。**色差が視覚的に自然である**ことが強みである。前述のマンセル表色系は、その代表例である。

　オストワルト表色系は、RとB、YとBをそれぞれ対比させた24色の色相環に、白色、黒色、純色の三角座標系をあてはめたものである。

　NCS表色系は、R、Y、G、Bの4色の色相環に、黒みを表す軸(黒みの軸)、および彩度に相当する軸(色みの軸)を加えて表現するもので、やはり断面が三角座標系で表現されている。

用語

CIE(国際照明委員会)
Commission Internationale d'Eclairage の略。オーストリアに本部がある。

関連

色差
xy色度図上の任意の点に注目し、その点と同じ色に見える範囲を楕円形で囲んでみる(マクアダムの偏差楕円)。この範囲の大きさを**色差**とよぶ。このとき、例えば、y軸方向ほど、色差は大きくなる。また、どの点においても色差がほぼ等しくなる(視覚的に等歩度になる)ようにxy色度図の座標変換した、L*u*v*、L*a*b*などの表色系も提案されている。

関連

PCCSとCCIC
いずれもわが国で開発された表色系。前者は「日本色研配色体系」。色彩調和を目的とする。色彩検定に用いられる。後者は「商工会議所カラーコーディネーションチャート」。配色デザイン実務利用を目的とする。カラーコーディネーター試験に用いられる。

チェックテスト

(1) XYZ表色系における3つの刺激値のうちのYは、光源色の場合には、光束等の測光量に対応している。(建H18)

(2) XYZ表色系における2つの色の加法混色の結果は、xy色度図上の2つの色の位置を示す2つの点を結んだ直線上に表示される。(建H17)

(3) xy色度図上の外周の釣り鐘型の曲線部分は、波長が380～780の単色光の色度座標を示す。(建H19)

(4) XYZ表色系におけるxy色度図上においては、xの値が増大するほど赤が強くなり、yの値が増大するほど緑が強くなる傾向がある。(建H20)

(5) トーン(色調)とは、明度と彩度とを合わせた概念であり、例えば、赤、緑等の色名の前におく「あかるい」「こい」等の修飾語により表現される。(建H15)

解答

(1) ○　記述のとおり。xy色度図上では、明るさの情報がない。このためX、Y、Zのうち、特にYの値を加えて表記することも行われる。

(2) ○　記述のとおり。

(3) ○　図1に示すとおりである。

(4) ○　これも、図1のとおりである。

(5) ○　トーン(色調)については、右ページ中に記述したので参照のこと。色立体を縦に切断し、同じ色相断面上の区分けを修飾語で表現したものである。PCCSでは「さえた」「深い」「鈍い」「灰みの」など、CCICでは「若々しい」「濃厚な」「まろやかな」などの表現が用いられている。

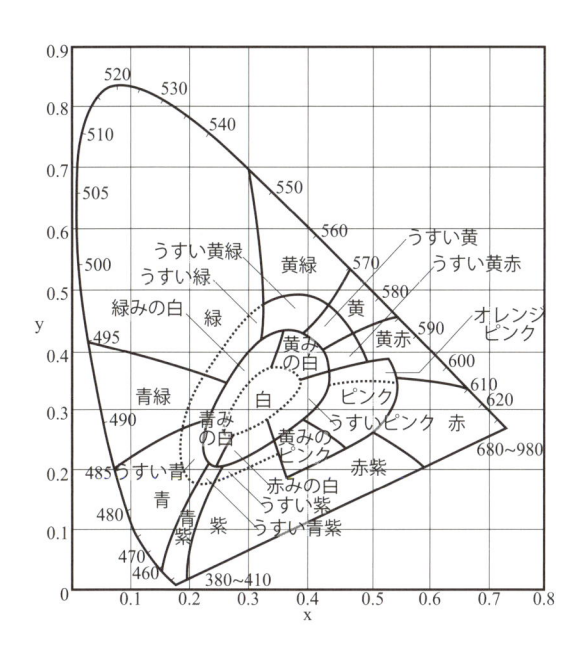

図1　xy色度図

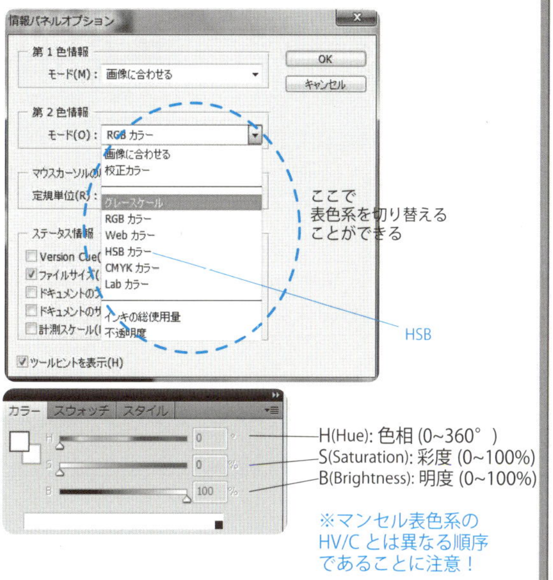

図2　ソフトウェアにおける
マンセル表色系のHSBカラー表現
#Adobe Photoshopの例

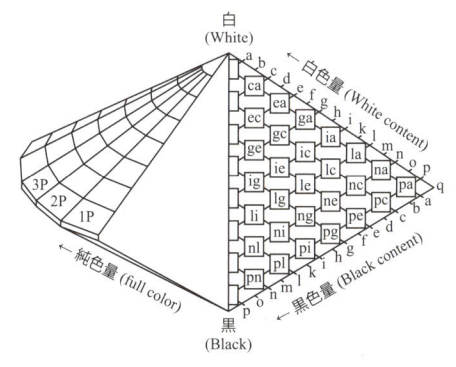

H(Hue): 色相 (0〜360°)
S(Saturation): 彩度 (0〜100%)
B(Brightness): 明度 (0〜100%)

※マンセル表色系の HV/C とは異なる順序であることに注意！

ここで表色系を切り替えることができる

HSB

(a) オストワルト表色系

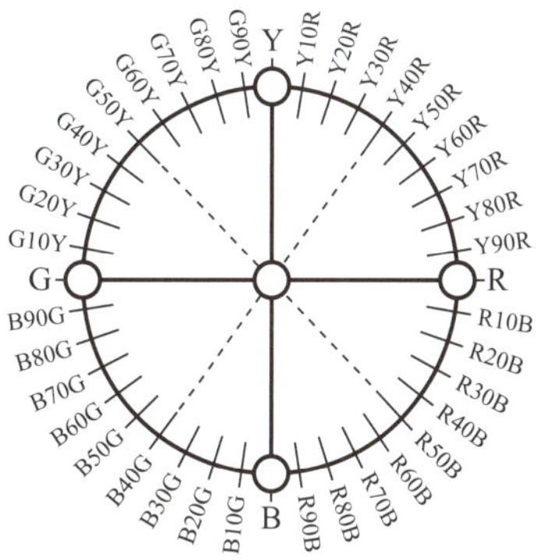

オストワルト：理想的な白・黒・オスワルト純色を定義し、これらの混合によって色を表現した表色系。

(b) NCS 表色系

NCS：ヘリングが創案した Natural Color System を表色系として体系化したもの。

(c) PCCS

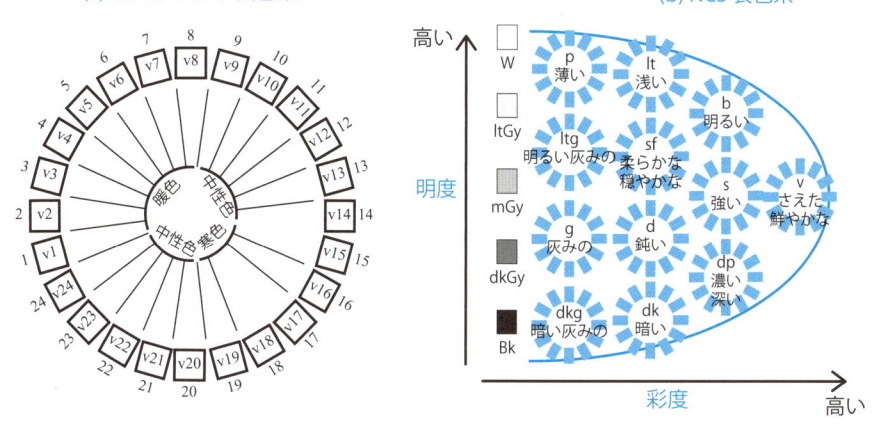

PCCS：日本色彩研究所が発表した、色相とトーン（色調）により色を表示する色彩体系。

図3　マンセル表色系以外に利用の多いカラーオーダーシステム

3-3 色の心理的効果

色の三属性と心理的効果

色の心理的な効果は、色の三属性である色相、明度、彩度の影響が大きいことがある。図1を参照しながら、その心理的効果を分析してみよう。

－色相の心理的効果－

色の寒暖感（あたたかさ、つめたさ）や、色の進出・後退感に影響する。例えば、R、YR、Yは暖色系、BG、B、PBは寒色系に分類される。GとPはどちらにも属さないが、これを中性色ということがある。また、暖色系は距離感が近く進出色に、寒色系は距離感が遠く後退色に分類される。

－明度の心理的効果－

色の軽・重量感（かるさ、おもさ）、硬・軟感（かたさ、やわらかさ）、および膨張・収縮感（ふくらみ、ちぢみ）に大きく影響する。例えば、白、黄、橙（だいだい）などは明度が高く軽い印象、青、赤、黒は明度がやや低く重い印象となる。また、明度が高いほど軟らかく、またふくらんでおり、低いほど硬く、また縮んだような印象を持ちやすい。

－彩度の心理的効果－

色の派手・地味感（めだちやすさ、めだちにくさ）や、清濁感（とうめいさ、にごりぐあい）に大きく影響する。暖色系や寒色系（特に暖色系）で彩度を高めると、色が人の目を引く性質を持ちやすい。図6のような例が該当し、これを**誘目性**とよぶ。企業のロゴや商品パッケージなどに適切に利用すると、効果が高い。清濁感は、派手・地味感に似た概念で、純色に白や黒を混色した場合は清色（せいしょく）、純色に灰色を混ぜた場合は濁色（だくしょく）と区別される。

色の対比と同化

対比と同化は、いずれも、2色以上の色が影響し合って、色の見えに影響する現象である。いくつかの例を図2～4に示した。**対比**は、背景色とテスト色の相互の影響によって、両者の違いが強調されることであり、明度対比、色相対比、彩度対比の順で知覚しやすい。また、ある色が他の色に囲まれているときに、囲まれた色が周囲の色に近づいてみえることを**同化**という。また、マンセル色相環におけるRとBGのように、反対の位置にある色の組み合わせは、相互に強調されて離れた色にみえる。これを**補色対比**という。

用語

色の恒常性
照明の色温度や演色性によらず、ヒトの目が物体の色を同じ色に認識できること。

用語

面積効果
膨張・収縮感は、その色彩の面積の影響も大きい。ある色の視野角が10～20°程度では、視野角が大きいほど明度、彩度ともに上昇するように感じることが知られている。これを特に面積効果ということがある。

用語

視認性
誘目性と同様に、知覚的な目立ち具合を表す指標であり、図5のような例で示される。
ある背景のもとでその色を注視したとき、どれだけ離れてその色を認識できるか、という「視認距離」で評価する。

補足

同化の例としては、赤いネットの中のミカンや、青いネットの中のオクラなど。味覚に訴えかける効果の好例。

チェックテスト

(1) 一般に、赤・黄赤・黄等の色相は、暖かい印象を与える。(建H14)

(2) 色が同じ場合、一般に、面積の大きいものの方が、明度の見え方は高くなるが、彩度の見え方は変わらない。(建H14)

(3) 進出色は、周囲よりも飛び出して見える色をいい、暖色や高明度色が該当する。(建H23)

(4) 誘目性は、目を引きやすいか否かに関する属性であり、一般に、高彩度色は誘目性が高い。(建H16)

解答

(1) ○ 暖色系の3色。覚えておこう。

(2) × 面積が大きくなると、明度と彩度の両方とも高く見える。

(3) ○ 記述のとおり。

(4) ○ 記述のとおり。誘目性と視認性を区別する。また、誘目性は、特に暖色系で（次いで寒色系で）彩度が高い場合に高まる。

〈寒暖感〉

暖色：暖かさの印象を生む色。
　　　（波長の長い色相）
　　　　ex.）赤・黄・赤紫

寒色：冷たさ・涼しさの印象を生む色。
　　　（波長の短い色相）
　　　　ex.）青・青緑・青紫

※暖色で、彩度の高い色ほど、興奮感を感じ、
　寒色で、彩度の低い色ほど、沈静感を感じる。

無彩色（N）の場合……
明度が低いものほど暖かく、
高いものほど冷たく感じる。

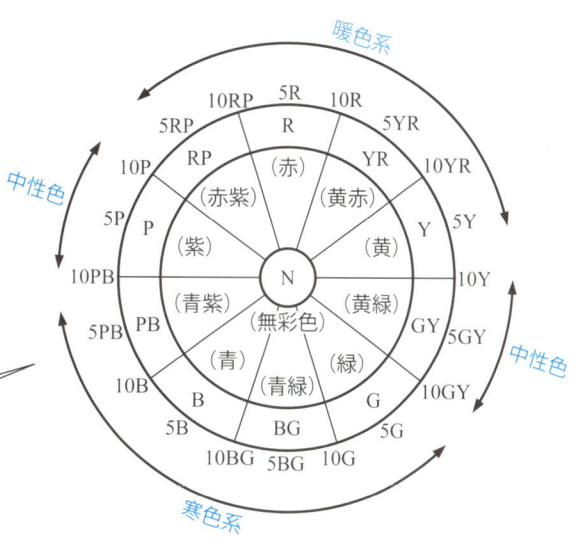

冷たい　　　　暖かい

図1　色相と暖色・寒色

〈対比〉

明度対比：明度の差が強調されて見える効果。

彩度対比：彩度の差が強調されて見える効果。

色相対比：色相の異なる色の間で
　　　　　色相の差が強調されて見える効果。

補色対比：補色同士が隣り合った際、
　　　　　互いに彩度が高まって見える効果。

図3　明度対比

図2　色相対比と補色対比

〈同化〉……互いの色がに近づいて見える現象

灰色の下地の上に縦じまがある場合……
・しまが黒：下地は、より暗く見える。
・しまが白：下地は、白に近く見える。

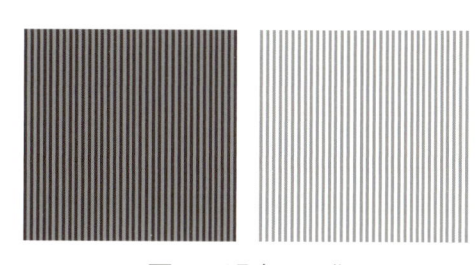

図4　明度の同化

〈視認性・誘目性〉

視認性：はっきり見えるかどうかの特性。
誘目性：目を引きやすいかどうかの特性。

文字と地の色の間に、
明度・色相・彩度の
差があるほど
視認性は向上する。

彩度が高い色は、
一般に誘目性が
高い。
ex.）赤、黄

図5　明度による視認性の違い　　　図6　赤が使われる道路標識の例

3章　3　色の心理的効果

49

3-4 色彩計画

JISの安全色彩

視対象を認識するとき、一般に色、形、テクスチャの順であるといわれる。このため、危険回避に関する情報発信に色彩を用いれば、視認性、誘目性、および識別性をコントロールしやすいことになる。

JISの安全色彩には、**安全色**(safety color)、安全標識(safety sign)、安全マーキング(safety marking)などのものがあるが、特に安全色は、安全標識や安全マーキングのデザインの基本となるものである。安全色の設定にあたっては、安全に関する意味が色ごとに明確に与えられ、また他の色との識別が容易であることが求められる。

JISの安全色は、表1に示すとおりである。赤は、「高度な危険」、黄は「気をつければ危険を回避できる状態」、緑は「安全に関する状態」など、直感的なものが指定されているが、青については「指示」、「誘導」など、安全確保のために遵守すべき事柄を明示する意味合いを持たせている。緑と青の意味合いが異なることに注意が必要である。

色彩調和

複数の色を組み合わせて、目的に沿って美的に演出することを**配色**とよぶ。その結果として、快い状態となっていることを、**色彩調和**の状態という。色彩調和に関する学問の歴史は、古く、プラトン、アリストテレスの時代からさまざまな学説が唱えられている。**ムーン-スペンサー**は、色の三属性を用いて調和、不調和の領域を明示した(図1)。また、**ジャッド**は、過去の多くの調和論を統合することにより、秩序性(カラーオーダーシステムからの秩序ある色彩選択をする)、親近性(自然で馴染む色を生かす)、共通要素(三属性にある程度共通の要素を持つ色彩を選択する)、明瞭性(適度な色差がある)、の4つの原理を指摘した。

建築内外空間の配色

建築外皮には、図2のように、木材、レンガなどの黄赤系の材料や、コンクリート、石材などのグレー系の材料が、**基調色**として配色される。一般には、明度は高めで、彩度の低いものが、植栽などとの調和をもたらす。窓枠やバルコニーの手すりなどには、明度や色相のコントラストをつける例も多い。

内装も、基調色は外皮とほぼ共通となるが、床や腰壁は低明度、上に行くほど高明度低彩度、と落ち着いた配色を求めることが一般的である。

用語

JIS(日本工業規格)
わが国に設けられた工業に関する標準規格。生産コストの低減、取引の公正化、利用の合理化などを目的としている。5年ごとに見直しがはかられている。

関連

ムーン-スペンサー
色彩学者の夫婦。アメリカ。秩序を複雑さで除した「美度」を定義するなど、革新的な色彩評価理論を唱えたことで知られている。

関連

ジャッド
アメリカの色彩学者。色彩調和に関する4つの原理を提唱。現在のカラーコーディネーションの考え方の基本となっている。

チェックテスト

(1) JISの安全色の一般的事項における「青(一般表面色)」の表示事項として、「指示」がある。(建H17)

(2) 色彩調和に関する共通性の原理について、色相や色調に共通性のある色の組み合わせは、調和する。(建H14)

(3) 建築空間において、小面積の高彩度色を、大面積の低彩度色に対比させて用いると、一般に、アクセント効果が得られる。(建H15)

(4) 高齢者の色覚は、低照度条件下で色彩の分別能力が低下する傾向があるので、微少な色の違いを取り入れたデザインは、有効に機能しないことがある。(建H22)

解答

(1) ○ 青は、指示や誘導などの意味を持たせている。緑との違いに注意のこと。

(2) ○ ジャッドの4つの原理のうちの1つ「共通要素の原理」のことである。

(3) ○ 基調色が高明度低彩度色であるとき、赤や青などのアクセント色を効果的に用いることで、華やかさや引き締まった印象をもたらすことができる。

(4) ○ 高齢者は、視感度が下がったり、視界が黄色がかったりする人も多く見られる。段差部分などには、明度によるコントラストをつけるなど、視認性をより向上させる工夫が求められる。

表1 安全色

色名	基準の色	表示事項	使用箇所(例)	背景色
赤	7.5R 4/5	1. 防火　2. 停止　3. 禁止 4. 高度の危険	1. 消火栓　2. 緊急停止ボタン 3. バリケード(立入禁止) 4. 発破警標	白
黄赤	2.5YR 6.5/14	1. 危険 2. 航空・船舶の保安施設	1. 露出歯車の側面 2. 滑走路の目印	黒
黄	2.5Y 8/14	注意	クレーン・低いはり・有害物質の小分け容器または使用箇所	黒
緑	10G 4/10	1. 安全　2. 避難 3. 衛生・救護の保護 4. 進行	1. 非常口を示す標識　2. 救急箱 3. 進行信号旗	白
青	2.5PB 3.5/10	1. 指示　2. 義務的行動	担当者以外はむやみに操作してはならない箇所	白
青紫	2.5RP 4/12	放射能	放射性同位元素およびこれに関する破棄作業室・貯蔵施設・管理区域に設ける柵	黄との組み合わせ
白	N9.5	1. 通路　2. 整頓	1. 通路の区画線・方向線・方向標識 2. 廃品の入れ物	
黒	N1	補助に用いる	誘導標識の矢印・注意標識のしま模様・危険標識の文字	

非常口（緑と白）

注意（黄と黒）

安全色を用いたマークの例

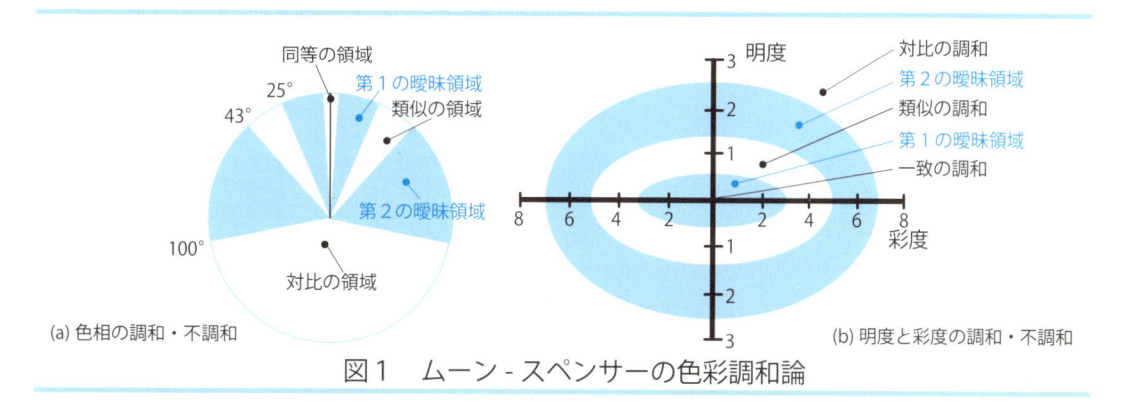

(a) 色相の調和・不調和

(b) 明度と彩度の調和・不調和

図1　ムーン-スペンサーの色彩調和論

基調色：大きな面積を占める箇所に用いる色。黄赤系で明度の低い色を使うことが多い。

配合色：基調色との調和を重視する箇所に用いる色。基調色と同一または類似色相を用いる。

アクセント色：面積は小さいが、目立たせたい箇所に用いる色。基調色・配合色とトーンを変えたり、対比色相の色を用いたりする。

屋根：配合色
窓サッシ：配合色
バルコニー：アクセント色
1階外壁：配合色
基礎の立ち上がり：配合色
玄関扉：アクセント色

内装の配色例

暗い色の家具を用いる場合、壁の色との中間明度のものを入れることで、落ち着いたイメージとなる。

図2　建築物の配色の例

Advanced

3-5 配色の手法と色の見え

自動配色

デザイン業務において、配色のバリエーションを豊富にするための手法として、東京商工会議所ではCCIC(図1)を用いた**自動配色**という手法を提案している。自動配色では、優れた配色の絵画などから、配色の特徴(位置関係)を色の三属性で分析し、同じ位置関係をもつ他の色の組み合わせを、平行移動をしながら探ってゆく。

－CCICを用いた自動配色の手順－

図2①のように、まず、原画の中に参考としたい配色を見つけて、チャート(色相環およびトーン図)にプロットする。そして、トーン図はそのままに、色相環上の位置関係を保ったまま回転させるのが、②の**色相移調**である。または、色相環はそのままに、トーン図上で平行移動させるのが、③の**トーン移調**である。

活用時においては、材質の面積やテクスチャなどを考慮して微調整するなど、自動配色の結果を感性でコントロールすることが必要なときもある。自動配色は、新鮮な配色のヒントを得る上で優れた手法であるが、最終的にはカラーバランスに関するセンスが要求される。

色の三属性間の相互作用

色の三属性のうち、彩度(クロマ)は、見えの性質が相対的に不安定で、色相や明度が変化すると彩度も変化して見えることがある。三属性の相互作用について、よく知られているものを紹介する。

- **ヘルムホルツ-コールラウシュ効果**： 色を見たとき、高彩度の色ほど明るく感じる現象。赤や青紫で特にその効果が大きい。
- **ベゾルト-ブリュッケ現象**： 図3(a)は、認識される色と明るさとの関係である。明るくなると、黄や青に見える範囲が広がり、暗くなると赤や緑に見える範囲が広がる。白熱電球の弱い黄色の光で、色が自然に見えることなどは、この現象から説明できる。
- **アブニーシフト**： ある色が、白みを帯びると長波長側の色に、また、純色に近づくと短波長側の色に、ややシフトして見える現象。577nm(Y)は、アブニーシフトの不変点であることが知られている。
- **ヘルソン-ジャッド効果**： 照明などの状況にかかわらず、物体の色をほぼ変わらず知覚することを色の恒常性という。しかし、2色の灰色の組み合わせを、有彩色の光で照明すると、色の恒常性が瞬時に破られる。図3は、照明光の色そのものを感じ、あるいはその補色を感じる場合の例である。
- **ハント効果**： 店舗におけるパッケージの照明などのように、照明が強いほど、物体色がより強く、生き生きと感じられる現象。このことを、「カラフルネスが増す」と表現することがある。
- **ベンハムのこま**： 図3(b)のようなデザインのこまを回転させると、青、ピンク、黄などの色が見える現象。回転の速さによって見える色や濃さが異なる。
- **ハーマングリッド**： 図3(c)のように、グリッドの交差部分に、グレーの点が知覚される現象。有彩色でも同様な現象が起こる。
- **リープマン効果**： 2色の境界があいまいに見えること。赤と緑、青と緑の境界部分におこりやすい。

用語

CCIC(商工会議所カラーコーディネーション・チャート)
配色実務用に開発されたカラーオーダーシステム。自動配色に適用しやすく、広く用いられている。

用語

トーンオントーン＆トーンイントーン
前者は、色相をほぼ統一しながらトーンに変化を付けた配色。後者は、トーンを統一しながら色相に変化を付ける配色。いずれも、慣用的に用いられる配色手法の代表例。
他にトーナル、カマイユなどの配色パターンを知っておくと、さまざまな場面で応用が利いて便利。

用語

不変波長
ベゾルト-ブリュッケ現象では、478nm(B)、503nm(G)、572nm(Y)は、明るさによって色の見えはほとんど変わらない。これを不変波長(または**不変点**)という。

Advanced

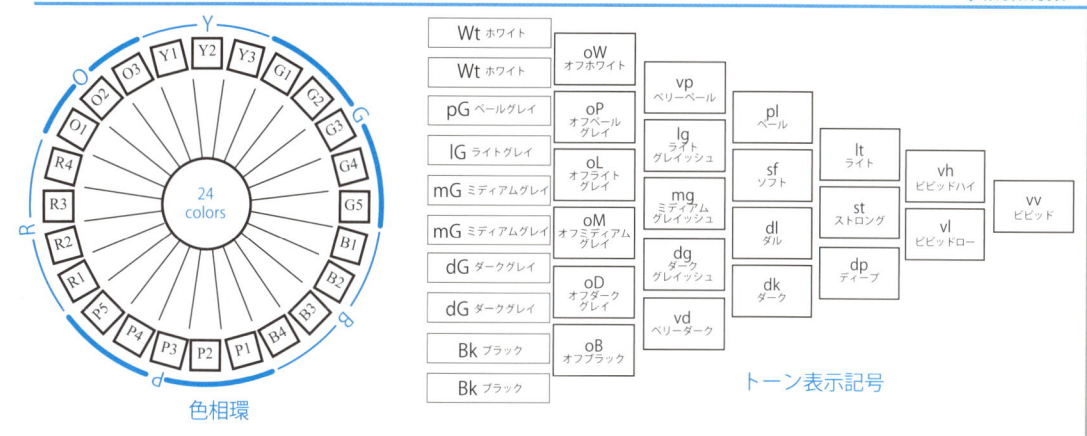

図1　CCIC（商工会議所カラーコーディネーションチャート）

①原画

色と色の位置関係をほぼ保ったまま、配色を変える。
これを、移調という。
図2　CCICを用いた自動配列の例

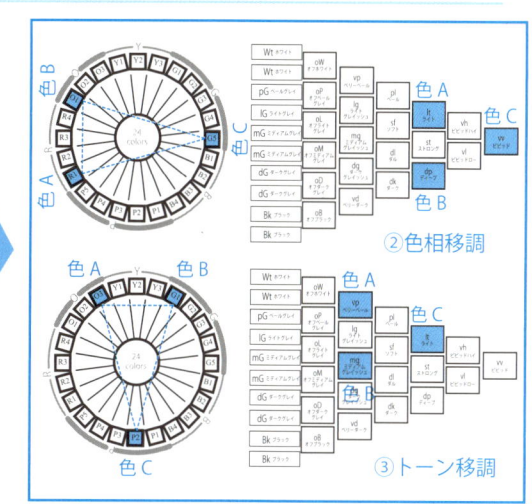

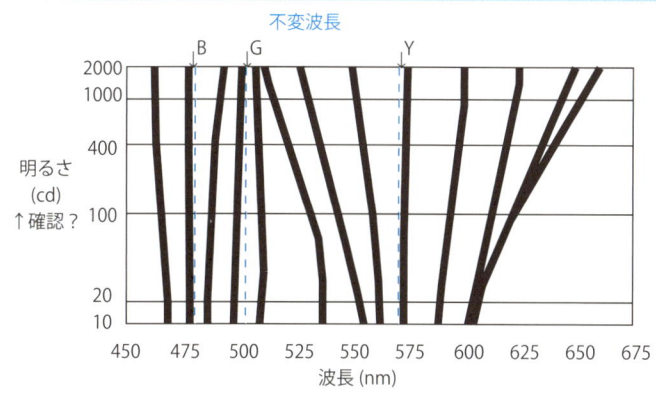

②色相移調

③トーン移調

色度が一定な光でも、明るさの変化によって
色みが変化して見える。
(a) ベゾルト‐ブリュッケ現象

時計回りに回転させると、内側に向かって
青、黄、ピンクがみえる。
(b) ベンハムのこま

グリッドの交差部分にグレーの点
（ハーマンドット）が知覚される現象。
有彩色でも生じる。
(c) ハーマングリッド

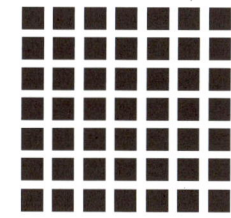

図3　色の三属性間の相互作用の例

3章

5　配色の手法と色の見え

53

コラム3

共感覚を多用してみる

この章では、例えば「赤」は、多くの場合「暖かさ」をイメージさせることを学んだ。このことは、おそらくあまり疑問を持つことなく誰もが受け入れることができる。しかし考えてみれば、これは、「視覚」の刺激から「触覚」の刺激を呼び起こすことなのであって、大変不思議な現象のように思われる。

このように、五感が相互に影響を及ぼし合う現象は、**共感覚**とよばれている。色や音の刺激が、その人の内で言葉やイメージに強烈に結びつき、やがて行動のエネルギーに昇華されることさえある。

■ 色彩感に「生」を感じる

東日本大震災直後から取り組みはじめた、とある女子学生のDiploma projectを、ご披露しよう。

彼女が4年次進級直前に震災が発生。それまで構想していた卒業設計の夢物語から一転して、彼女は悩みはじめる。亡くなった方々への慰霊、懸命に生きる人たちへの勇気づけ、復興への願い…一体、私に何ができるのか…。

数ヶ月後に彼女が手がけはじめたのは、深刻なダメージを受けた岩手の街。田老の山王岩（さんのういわ）を中核に、街を海の底から見上げ、そして山の上から見下ろす、直径1.5kmの大きな回廊だった。

ここにデザインされているのは、内なるモノクロワールドから、「生」を全身に浴びる希望のフルカラーワールドへと、うねるグラデーション。大判横置き十数枚の絵巻物が、右に進むほどに、五感を刺激するカラフルなパースペクティブに彩られる。閉ざされた心が徐々に開かれ、やがて生きるエネルギーを得るその過程は、色彩に共感するからこそ、そのリアリティを我々に突きつけてきている。

■ 色彩調和に「歴史」を感じる

誰もが「神」を崇めた中世。そして、やがて、自身の情緒感情の大切さに気づきはじめるルネサンス。人々の心象が、モノクロモードから多色刷り印刷モードに切り替わった時期、と考えるのも、なかなか面白い。ただ、それから数百年後には、民族主義の高揚という、ややフォビズム的な色あいとなり、色彩相互の強い反発や対比、そして策略的な色彩の融和を経て、やがて未曾有の世界大戦という赤一色につながってゆく。その行く先は、今も見えていない。世界のカラーコーディネーションの、何と難しいことか。

■ 真実か、事実か

音楽家の坂本龍一氏は、若い頃、フランスの作曲家ドビュッシー（1862-1918）の曲に初めて遭遇したとき、その「多様な色彩感」に衝撃を受けたという。「なぜ自分はドビュッシーではないのか」と本気で悩み抜いたことが、その後の自身の出発点であった、と…。

とはいえ、共感覚は、色彩感覚と他の感覚との関係に限定されるものではないし、「選ばれた人」だけが感じるものでもない。例えば、身の回りを見回せば、硬そうなものや柔らかそうなもの、暖かそうなものや冷たそうなもの、そしてツルツルのものやザラザラのものがあるはず。その視覚の中には既に触覚が入っている。美学研究者の伊藤亜紗氏曰く、「五感という概念はかなり便宜的で、実際には、5つの感覚がばらばらに体に入ってきて、それから統合して、という明快なプロセスを踏んでいるわけではない。おそらく脳内で相当に混ざり合った感覚を感じているわけで、そういう『言語化できない世界』に、私たちはもっと目を向けてもよいのかも」。

共感覚は、決してマボロシではないことを我々は知っている。赤の暖かさは、温度計で計れるような客観的な「事実」ではないが、人生も、そして世界も左右するほど、我々の五感が確かに感じる「真実」である。このことは、どうやら、確かなのだ。

■ 参考資料

1) 大月祥代「前に一歩。」新潟合同卒業設計展「session!2012」出品作品
2) 「100年インタビュー～坂本龍一」NHKエンタープライズ（DVD、2010.2.25放送分）
3) 伊藤亜紗「身体とアートが生み出す世界～柳瀬博一のリベラルアーツ入門」より（Amazon Audible、2019）

4章

断熱・結露

4-1 建物の熱取得と熱損失
（1）熱損失係数と熱貫流率

建物の設計にあたっては、住む人の「快適性」の観点から、また、建物の「省エネルギー」の観点から、その熱性能を十分考慮する必要がある。ここでは、住宅の熱性能を評価する指標について、理解を深めよう。

熱量と熱流

熱量は、ある場に存在する熱エネルギーの量を示す言葉であり、単位にはJ（ジュール）を用いる。例えば、水1gの温度を、1K（ケルビン）上昇させるのに必要な熱量は、およそ4.2Jである。また、空気1gの温度を1K上昇させるのに必要な熱量は、およそ1.0Jである。

熱流は、単位時間あたりに移動する熱エネルギーの量である。単位にはW（ワット）を用いる。1Wは、1J/s（ジュール毎秒）である。伝熱の計算では、単位面積あたりの熱流（単位：W/m^2）を議論することが多い。例えば、太陽放射についてみると、大気圏外における法線面で約1370W/m^2、真夏の南中時には地上付近で約900W/m^{2}程度（北緯35°付近）となる。

熱損失係数

住宅の熱性能を表す数値として、まず、**熱損失係数**を理解しよう。

熱損失係数は、特に、冬季の断熱性と気密性に注目して、数値化したものである。すなわち、外気温に対して室温が1K高いときに（すなわち、内外温度差が1Kのときに）、室内から屋外に逃げる熱流の総量を、延床面積1m^{2}あたりに換算して表現する。単位はW/(m^2・K)である。

熱損失係数Qは、以下の式で表すことができる。

$$Q\,[\text{W}/(\text{m}^2\cdot\text{K})] = \frac{（床、壁、天井からの貫流熱損失＋すきま風による熱損失）[\text{W}/\text{K}]}{延床面積\,[\text{m}^2]}$$

わが国では、p.59の図1に示すとおり、地域ごとの熱損失係数の基準値が決められており、この値を上回ることのないように、設計および施工段階で、断熱性能および気密性能を確保することが求められる。

熱貫流率

同じく内外温度差1Kのとき、床、壁、天井のパーツごとに、室内から屋外に向かって突き抜ける熱流（貫流熱流）を計算できる。これを**熱貫流率**という。単位はW/(m^2・K)である。なお、延床面積あたりではなく、各パーツの単位面積で評価することに注意する。

> **補足**
> 2016年より新たに、住宅の熱性能を表す数値として**外皮平均熱貫流率**が使用されるようになった（p.57、図2参照）。熱損失係数とともに広く用いられている。

> **補足**
> 熱損失係数は**Q値**と略して表現されることもある。また、熱貫流率は**K値**、外皮平均熱貫流率は**U$_A$値**と略されることもある。

> **補足**
> Q値、K値、U$_A$値とも、内外温度差に時間変化がない状態（すなわち定常状態）で評価する。

チェックテスト

（1）住宅の気密性を向上させても、熱損失係数の値は変化しない。（建H16）

（2）熱損失係数は、貫流熱損失、換気熱損失、および日射熱取得を考慮した建築物全体の熱に関する性能を評価する指標である。（建H19）

（3）熱損失係数は、室温に比べて、外気温が1℃だけ低いと仮定した場合に、「建築物内部から外部へ逃げる単位時間あたりの総熱量」を「建築物の延べ面積」で除した値である。（建H22）

解答

（1）× 解説中の式①における「すきま風による熱損失」に影響する。

（2）× 日射による熱取得は、熱損失係数の算定には考慮しない。損失を、より「危険側」に見積もる必要があるので、時刻や天候による変動の大きい日射には期待しないで算定する。

（3）○ 記述のとおりである。

J
[J]（ジュール）は、「エネルギーの量」を表す単位。
熱エネルギー： 熱量（あるいは単に、熱）ということもある。
物体の温度を上下させるエネルギー（顕熱）と、
氷ー水ー水蒸気の状態変化に使われるエネルギー（潜熱）
に分けられる。
運動エネルギー： 物体を移動させるエネルギー。　#運動量とは異なる。
電気エネルギー： 電力量ということもある。　　　　#電力とは異なる。
電力量の単位は、一般に [J] ではなく [kWh] で表す。
　　　　　　　　　　　　　　　　　　#換算のための定数：3,600,000[J/kWh]
などがある。

W
「単位時間あたりにエネルギーの流れる量、または使用量」を表す単位。
[J/s]（ジュール毎秒）、[J/h]（ジュール毎時）などの表記もある。
熱エネルギーの移動： 熱流（あるいは単に、熱）ということもある。
　　　　　　　　　　　　#まれに、熱量との表記と混同されることもある。
電気エネルギー使用量：電力ともいう。単位は [W] の他、[kW] も用いられる。
などがある。

図1　J（ジュール）とW（ワット）は異なる！

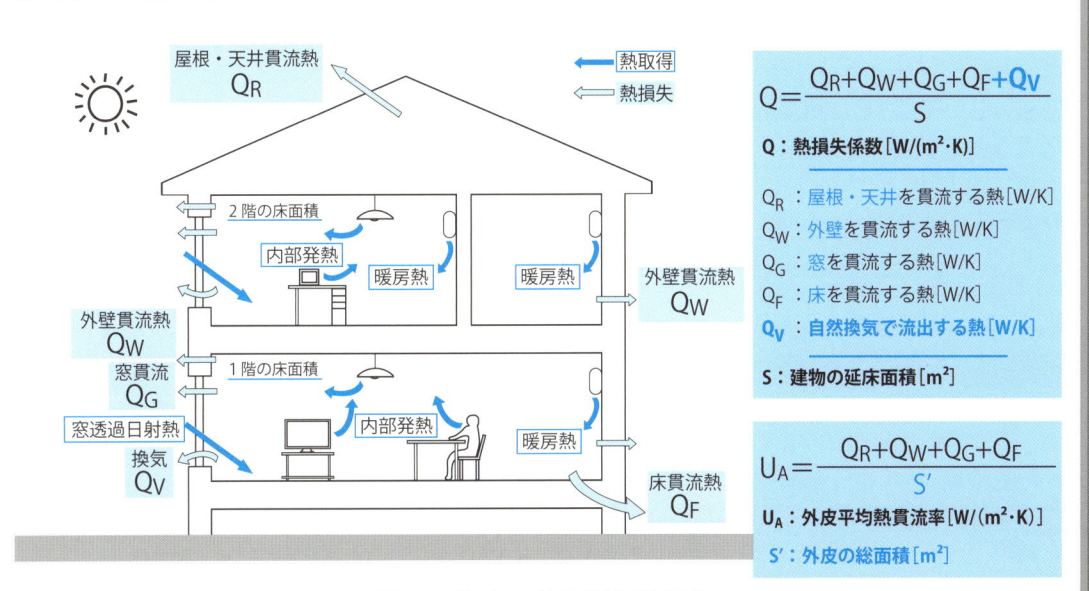

$$Q = \frac{Q_R + Q_W + Q_G + Q_F + Q_V}{S}$$

Q：熱損失係数 [W/(m²·K)]

Q_R：屋根・天井を貫流する熱 [W/K]
Q_W：外壁を貫流する熱 [W/K]
Q_G：窓を貫流する熱 [W/K]
Q_F：床を貫流する熱 [W/K]
Q_V：自然換気で流出する熱 [W/K]
S：建物の延床面積 [m²]

$$U_A = \frac{Q_R + Q_W + Q_G + Q_F}{S'}$$

U_A：外皮平均熱貫流率 [W/(m²·K)]
S'：外皮の総面積 [m²]

図2　住宅の熱取得と熱損失

熱貫流率の単位：

$$W/(m^2 \cdot K)$$

「ワット毎平方メートル・ケルビン」と読ませる。
J/(m²·s·K) と書き換えて解釈すると、
「内外の（環境）温度差が1Kのとき、
　壁面（や天井面など）1m² あたり、
　1秒間に、何ジュールの熱エネルギーが移動するか」
を表す。

内外の（環境）温度差があるとき、温度の高い方から低い方に向かって、熱流が起こる。

#温度差の単位は、一般に [K]（ケルビン）。
　まれに、[℃] を使うこともある。

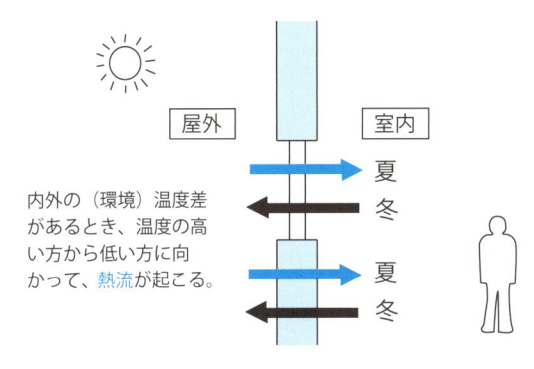

図3　熱貫流の概念

4-1 建物の熱取得と熱損失
（2）冷暖房負荷・省エネルギー基準

建物の冷暖房負荷

建物は、一般に、夏季は屋外から室内への熱流が大きく、冬季は室内から屋外への熱流が大きい。しかし、適切な冷暖房設備の設計と導入という観点からは、建物の熱取得や熱損失に係わる項目を、1つ1つ丁寧に見積もることが求められる。

暖房負荷の見積もる上では、窓からの日射、および人体などの内部発熱については、熱取得となる項目であるが、熱負荷算定の項目からは除くことが一般的となっている。このように、冷暖房負荷を削減することが期待できる項目でも、時刻、天候、あるいは建物の利用状況によって安定しないものは、冷暖房負荷を削減できるものとしては扱わない。

住宅の省エネルギー基準

わが国の建築物は、一定以上の快適性、省エネルギー性、健康性、耐久性を確保することを目的とした**省エネルギー基準**を守ることが義務づけられている。1980年に法制定され、数年ごとの改正を経て今日に至っている。

現在の住宅に関する省エネルギー基準では、建築物に外皮平均熱貫流率（U_A）、冷房期の平均日射取得率（η_{AC}）の基準値があるほか、設備に一次エネルギー消費量（冷暖房、換気、照明、給湯の各消費量から太陽光発電等による創出分を差し引いた値）の基準（BEIによる基準）がある。**延床面積300m²以上の住宅**の新築、増改築、大規模な改修を行う場合には所管行政庁への省エネ措置の届出が、**延床面積300m²以上の非住宅建築物**には適合審査が求められる。さらに延床面積300m²以下の住宅についても設計者である建築士から建築主への書面による説明義務がある。

省エネルギー基準の地域区分

住宅の熱損失係数、外皮平均熱貫流率、および冷房期の平均日射取得率については、地域ごとの基準値が決められている。図1に、2021年に改正された基準値について、都道府県別に示した。

ー冬季期間内暖房エネルギー使用量の推算ー

省エネルギー基準の基準値の応用として、建物からの冬期における暖房エネルギー使用量の総量の推算を紹介してみよう。建物の位置する地域のQ値の基準値、および暖房デグリーデーを用いると、

建物1棟の期間内熱損失の総量[J] ＝ 地域におけるQ値の基準値[W/(m²·K)]
　　　　　　　　　　　　　　　　×1棟の建物の延床面積[m²]×暖房デグリーデー[℃·day]×86400[s/day]

となる。Q値×延床面積の代わりにU_A値×外皮面積を用いてもよい。

さらに、暖房機のCOPを仮定し、COPで除すことにより、暖房エネルギー使用量も推算できる。さらに、総量電力のCO_2原単位[kg-CO_2/kWh]を用いれば、CO_2排出量に換算することも可能となる。

なお、1棟の建物の延床面積[m²]の代わりに、例えば、住宅地区のグロス容積率[%]／100を用いると、地区面積1m²あたりの評価にもなる。

関連

デグリーデー
夏季の冷房期間中、あるいは冬季の暖房期間中において、空調の設定温度と日平均外気温との差を累積した値。

関連

建築物省エネ法
「建築物のエネルギー消費性能の向上に関する法律」。2015年制定。

用語

冷房期の平均日射取得率（η_{AC}）
住宅の外皮からの総日射取得量(W)を地表面における入射日射量(W/m²)で基準化し、外皮面積(m²)で除した値。

用語

一次エネルギー
石油、天然ガスなどの化石燃料エネルギー。電力、ガソリン、都市ガス、コークスなどは二次エネルギーに分類される。

用語

BEI (Building Energy Index)
基準の一次エネルギー消費量に対する、評価対象建築物の設計一次エネルギー消費量の割合。性能基準で1.0以下、注文住宅のトッププランナーで0.85以下が求められる。

用語

COP (Coefficient of Performance)
空調機器の成績係数。一般に2〜5程度の値となる。

補足

[kWh]
=[J]×1/3,600,000

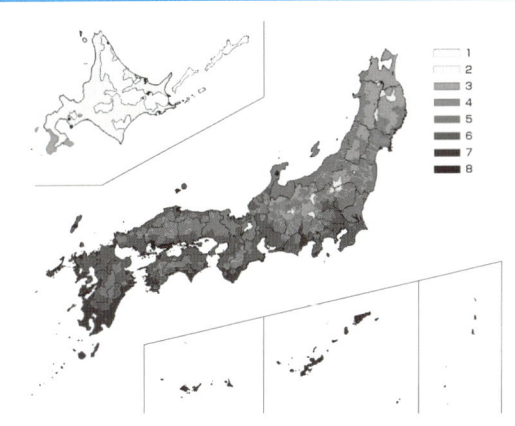

表1　地域ごとの基準値

1999年基準			都道府県	2020年基準		
地域区分	熱損失係数 [W/(m²K)]	夏期日射取得係数	※実際には市町村ごとに詳細な設定がなされている。	地域区分	外皮平均熱貫流率 [W/(m²K)]	冷房期の平均日射取得率
I	1.6	0.08	北海道	1	0.46	-
				2	0.46	-
II	1.9	0.08	青森県、岩手県、秋田県	3	0.56	-
III	2.4	0.07	宮城県、山形県、福島県、栃木県、新潟県、長野県	4	0.75	-
IV	2.7	0.07	茨城県、群馬県、埼玉県、千葉県、東京都、神奈川県、富山県、石川県、福井県、山梨県、岐阜県、静岡県、愛知県、三重県、滋賀県、京都府、大阪府、兵庫県、奈良県、和歌山県、鳥取県、島根県、岡山県、広島県、山口県、徳島県、香川県、愛媛県、高知県、福岡県、佐賀県、長崎県、熊本県、大分県	5	0.87	3.0
				6	0.087	2.8
V	2.7	0.07	宮崎県、鹿児島県	7	0.87	2.7
VI	3.7	0.06	沖縄県	8	-	6.7

チェックテスト

(1) 暖房デグリーデー(暖房度日)は、その地域の寒さの指標であり、その値が大きくなるほど暖房負荷増える。(建H17)

(2) 最大負荷計算において、照明、人体、機器等による室内発熱負荷については、一般に、冷房時は計算に含めるが、暖房時は安全側となるので、計算に含めないことが多い。(建H22)

(3) 図のような建物モデルの暖房負荷に関する次の記述のうち、最も不適当なものはどれか。ただし、熱貫流率は壁：1.5、屋根：1.0、窓：5.0（いずれも[W/m²K]）、換気回数は1.0[回/h]、窓の面積は5 [m²]、空気の容積比熱は1.2 [kJ/m³K]とする。(建H02)

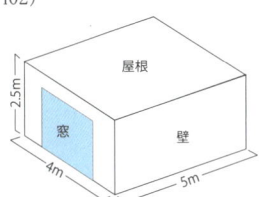

1. 換気による熱損失は、壁からの熱損失の1/4程度である。
2. 窓からの熱損失は、換気による熱損失より大きい。
3. 屋根からの熱損失は、窓からの熱損失より小さい。
4. 屋根からの熱損失は、壁からの熱損失より小さい。
5. 壁からの熱損失は、熱損失全体の1/3程度を占める。

解答

(1) ○　記述のとおり。

(2) ○　記述のとおり。基本的に、冷房時は全ての発熱要素を考えに入れるが、暖房時は、常に期待のできないような発熱要素は考慮しないことが多い。

(3) 不適当なものは「5」。この段階で、熱の計算に少し慣れておこう、という主旨である。

まず、パーツごとの貫流による熱損失を算出する。熱貫流率に面積をかけて、
壁面面積： $(5×2.5)×2+(4×2.5)×2-5=40m^2$
- 壁の貫流熱： $1.5 [W/(m^2·K)] × 40 [m^2] = $ **60 [W/K]**

同様に、
- 窓の貫流熱： $5.0 [W/(m^2·K)] × 5 [m^2] = $ **25 [W/K]**
- 屋根の貫流熱： $1.0 [W/(m^2·K)] × 20 [m^2] = $ **20 [W/K]**

換気は、(詳しくは6章で扱うが) 室容積 50m³ と等しい新鮮外気が、1時間のうちに取り込まれている状態を、換気回数1回/hと定義している。
- 換気による熱損失：
 $50 [m^3] × 1200 [J/m^3K] / 3600 [s/h] = $ **16.7 [W/K]**
- 熱損失全体：$60+25+20+16.7=$ **121.7 [W/K]**

すると、5 の選択肢の「1/3 程度」は間違い。正しくは「1/2 程度」である。

4-2 熱貫流率の算定

（1）熱伝導率と熱伝達率

　熱貫流率は、壁体などの断熱性能を表すものであるが、これを求めるためには、壁体内部における熱伝導、および壁体表面における熱伝達、のそれぞれについて、理解を深める必要がある。

熱伝導

　熱伝導は、建築材料のような固体の内部における伝熱現象である。
　ある固体材料で満たされた空間において、1m離れた2つの面（各々は1m²）を想定する。このとき、2面の温度差が1Kのとき、温度の高い面から低い面に向かって熱流が生じる。この熱流を、その材料の**熱伝導率**（単位W/(m・K)）とよび、熱の伝わりやすさを表す。表1のように、熱伝導率は材料によって値が決まっている。熱伝導率をλ（ラムダ）、また面1、面2の温度をそれぞれT_{s1}(K)、T_{s2}(K)とし、2面間の距離をd(m)と表すと、熱流$q_{1\rightarrow2}$(W/m²)は、

$$q_{1\rightarrow2} = \frac{1}{d/\lambda}(T_{s1}-T_{s2}) = \frac{\lambda}{d}(T_{s1}-T_{s2}) \quad ①$$

と表すことができる。このとき、右辺の分数の分母 d/λ は、**熱伝導抵抗**（単位:m²・K/W）とよばれる。これは、電気回路のオームの法則（電流＝電位差÷電気抵抗）とのアナロジーから、伝熱における抵抗と見なしうることによる。

熱伝達

　熱伝達は、建築材料の表面における伝熱現象であり、**対流熱伝達**と**放射熱伝達**の2種類がある。
　対流熱伝達は、建築材料表面と空気との間に熱流が発生することである。対流熱伝達による熱流q_cは、一般に、表面温度T_s(K)と気温T_a(K)との温度差T_s-T_a(K)が大きいほど大きくなることから、以下の式で計算される。

$$q_c = \frac{1}{1/\alpha_c}(T_s-T_a) = \alpha_c(T_s-T_a) \quad ②$$

α_cは**対流熱伝達率**（単位はW/(m²・K)）、$1/\alpha_c$は**対流熱伝達抵抗**（単位m²・K/W）である。放射熱伝達は、建築材料表面と、これに向かい合う面との電磁波（赤外線）による熱のやりとりであって、空気は介在しない。向かい合う面の表面温度をT_rとすると、放射熱伝達による熱流q_r(W/m²)は、以下の式で計算される。

$$q_r = \varepsilon \sigma T_s^4 - \varepsilon \sigma T_r^4 \quad ③$$

εは、建築材料の赤外線の吸収率（これを、**放射率**という）であり、σは定数〔ステファンボルツマン定数、5.67×10^{-8}(W/(m²K⁴))〕である。このとき、一般にT_rは未知のため、気温T_aで代表させ、次式のように簡略化して扱う。

$$q_r = \frac{1}{1/\alpha_r}(T_s-T_a) = \alpha_r(T_s-T_a) \quad ④$$

α_rは**放射熱伝達率**（単位W/(m²・K)）、$1/\alpha_r$は**放射熱伝達抵抗**（単位m²・K/W）である。

補足
右ページの表によれば、熱伝導率は、コンクリートの約1.5に対して、金属は約100倍、ガラスは2分の1、木材は10分の1、断熱材は約30分の1、程度となっている。

補足
t_s(℃)とt_a(℃)を用いて、温度差を(t_s-t_a)(K)と表しても良い。

関連
対流熱伝達率は、一般に、風速が大きいほど、大きい値であり、風速の関数で与える式も提案されている。その他、建築材料表面の粗さが粗いと大きいことも知られている。

補足
向かい合う面の材料が放射率1.0の物体（黒体）であるとする。

チェックテスト

(1) 壁体の熱伝達率は、近傍の風速が大きいほど大きくなる。(建H14)

(2) 壁体表面の熱伝達抵抗は、外壁の近くの風速が大きいほど小さくなる。(建H19)

解答

(1) ○　記述のとおり。

(2) ○　これも記述のとおり。熱伝達抵抗は、熱伝達率の逆数である。あわせて、熱伝導抵抗は、熱伝導率の逆数ではない、ということにも注意。

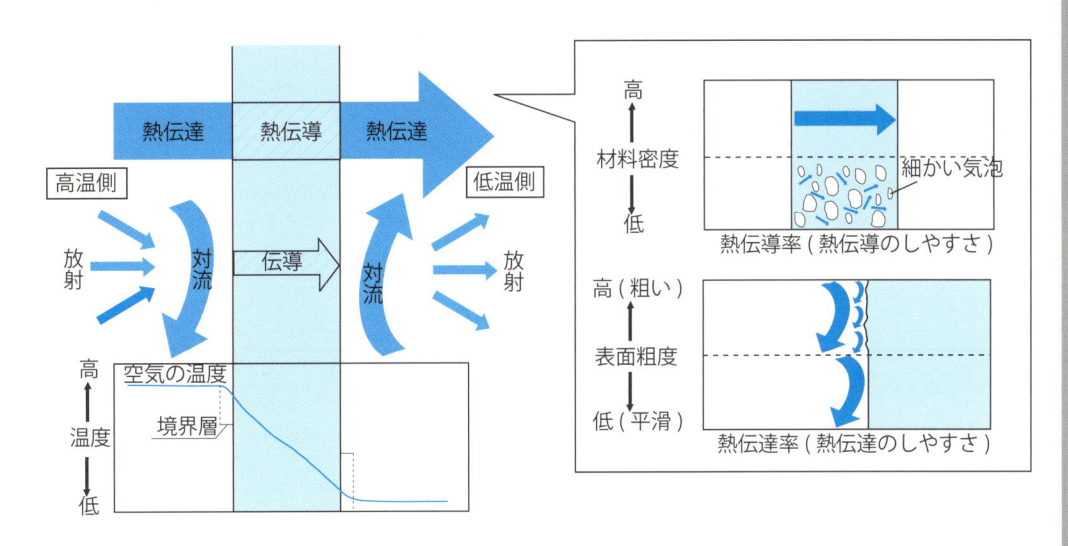

図1 建築壁体における壁体熱貫流・熱伝達・熱伝導

熱伝導

表1 主な建築材料の熱物性値

材料分類	材料名	熱伝導率	比熱	密度
金属	鋼材	45	0.50	7,860
	アルミニウム	210	0.92	2,700
セメント	コンクリート	1.6	0.80	2,300
	ALC	0.15	1.10	600
ガラス	板ガラス	1.0	0.80	2,540
木質	木材	0.12	1.30	400
断熱材	グラスウール	0.047	0.84	15
	硬質ウレタンフォーム	0.027	1.05	40
その他	水	0.59	4.2	997
	空気	0.026	1.0	1.2

熱伝導率の単位：

$$W/(m \cdot K)$$

「ワット 毎 メートル・ケルビン」と読ませる。
(「2乗」がつかない)
$J/(m \cdot s \cdot K)=J/(m^2 \cdot s \cdot (K/m))$ と書き換えて解釈する。
「建築材料内部において、
1m離れた2つの面の温度差が1Kのとき、
　材料断面1m²あたり、
　　1秒間に、何ジュールの熱エネルギーが移動するか」
を表す。

対流熱伝達・放射熱伝達

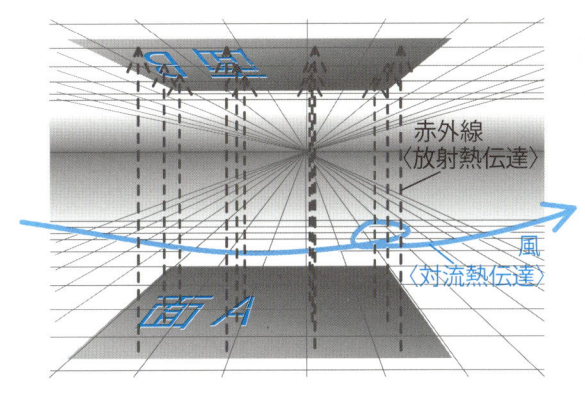

熱伝達率の単位：

$$W/(m^2 \cdot K)$$

「ワット 毎 平方メートル・ケルビン」と読ませる。
$J/(m^2 \cdot s \cdot K)$ と書き換えて解釈すると、
「建築材料表面と周囲環境との温度差が1Kのとき、
　壁面(や天井面など)1m²あたり、
　　1秒間に、何ジュールの熱エネルギーが移動するか」
を表す。

4-2 熱貫流率の算定
（2）複合材料の計算

複合材料の熱貫流

ここでは、複合材料によって壁体などが構成されている場合の熱貫流の考え方をまとめておこう。

－2つの材料の温度が与えられている場合－

各層を構成する材料の熱伝導抵抗が直列接続されている、と考え、図1のように、n層の熱伝導抵抗の和をとる。2つの面の温度をそれぞれT_{s1}(K)、T_{s2}(K)とすると、熱流qは以下のように表せる。

$$q = \frac{1}{d_1/\lambda_1 + d_2/\lambda_2 + \cdots + d_n/\lambda_n}(T_{s\_out} - T_{s\_in}) \quad ①$$

－1つの気温と、1つの材料の温度が与えられている場合－

壁体の外表面における熱伝達抵抗と、壁体内の熱伝導抵抗とが直列接続されていると考える。すなわち、

$$q = \frac{1}{1/\alpha_{c\_out} + d_1/\lambda_1 + d_2/\lambda_2 + \cdots + d_n/\lambda_n}(T_{a\_out} - T_{s\_in}) \quad ②$$

－外気温と室温が与えられている場合－

壁体の外表面、および室内側の熱伝達抵抗と、壁体内の熱伝導抵抗が直列接続されていると考える。すなわち、

$$q = \frac{1}{1/\alpha_{out} + d_1/\lambda_1 + \cdots + d_n/\lambda_n + 1/\alpha_{in}}(T_{a\_out} - T_{a\_in}) \quad ③$$

このときの分母を**熱貫流抵抗**という。単位はm²K/Wである。そして、熱貫流抵抗の逆数が**熱貫流率**である。

相当外気温(SAT)の考え方

外壁等に日射が当たる場合、外壁には、日射相当の外気温上昇があったと見なして熱収支を計算することがある。このとき計算に用いる外気温度を、相当外気温度(SAT)という。このとき、日射による温度上昇分を等価気温という。SATは、以下の式で表される。

$$\text{SAT [℃]} = T_0\,[\text{℃}] + a_s \cdot J\,[\text{W/m}^2] / \alpha_o\,[\text{W/(m}^2\cdot\text{K)}] \quad ④$$

外気温　壁面の日射吸収率　日射入射量　屋外側の熱伝達率

設計用熱伝達率の考え方

熱伝達率は、周囲環境の状況によって大きく変動する。そこで、建物の設計時には、熱伝達率の目安を下表のように与えることが多い。壁面についてみると、屋外側の壁面の熱伝達率は23〜25 [W/(m²·K)]、室内側の壁面の熱伝達率は7〜9 [W/(m²·K)]が常用値として用いられている。

		対流熱伝達率		放射熱伝達率	総合熱伝達率
屋外	壁面	17.4	※風速3m/s程度の場合	4.7〜5.8	23〜25
	屋根面	5.8	※微風の場合		
室内	壁面	3.5	※冷房および暖房時		7〜9
	天井面	4.7	※暖房時（冷房時は数値が入れ替わる）		
	床面	1.74			

$$q_1 = \cfrac{1}{1/\alpha_o}(T_0 - T_{a\_out})$$

熱流 [W/m²]　熱伝達抵抗 [m²K/W]

$$q_2 = \cfrac{1}{d_1/\lambda_1 + d_2/\lambda_2 + d_3/\lambda_3}(T_3 - T_0)$$

熱流 [W/m²]　熱伝導抵抗 [m²K/W]

$$q_3 = \cfrac{1}{1/\alpha_o + d_1/\lambda_1 + d_2/\lambda_2 + d_3/\lambda_3}(T_3 - T_{a\_out})$$

熱流 [W/m²]　熱伝達抵抗　熱伝導抵抗 [m²K/W]

$$q_4 = \cfrac{1}{1/\alpha_o + d_1/\lambda_1 + d_2/\lambda_2 + d_3/\lambda_3 + d_4/\lambda_4 + d_5/\lambda_5 + 1/\alpha_i}(T_{a\_in} - T_{a\_out})$$

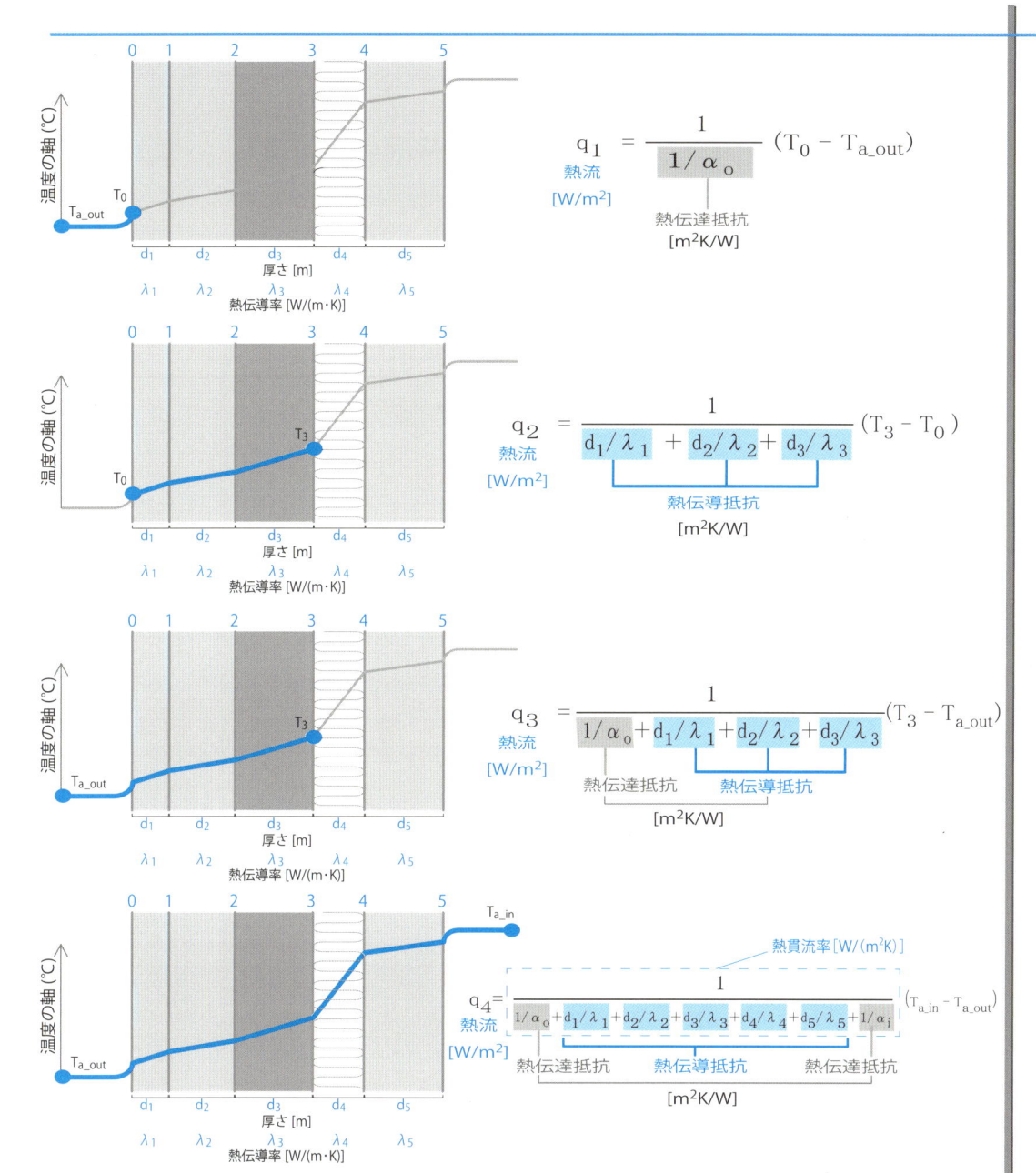

熱貫流率 [W/(m²K)]　熱流 [W/m²]　熱伝達抵抗　熱伝導抵抗　熱伝達抵抗 [m²K/W]

図1　定常状態であれば、上記の q_1 〜 q_4 [W/m²] はすべて等しい。

チェックテスト

(1) 0℃の外気に接している壁の熱貫流率が1.2W/(m²·K)の場合において、壁の室内側総合熱伝達率が9.3W/(m²·K)で、室内空気温度が20℃であったとすると、この壁の室内側表面温度に最も近いものは、次のうちどれか。(建H11)
1. 6℃　2. 9℃　3. 12℃　4. 15℃　5. 18℃

(2) 日射を受ける外壁面に対する相当外気温度(SAT)は、その面における日射吸収量のほか、風速の影響等を受ける。(建H21)

(3) 単一の材料からなる壁を単位時間に貫流する熱量は、壁体の両側の空気の温度差、および表面積に比例するが、必ずしもその厚さには逆比例しない。(建H13)

解答

(1) 室内側表面温度を T[℃] とすれば、表面熱伝達量は、9.3×(20−T) [W/m²] (Tが20℃より低いことに注意)。一方、熱貫流量は、1.2×(20−0)＝24 [W/m²]。定常状態なら、両者は等しいので、
9.3(20−T)＝24　∴T＝17.41　最も近いのは5.の **18℃**。

(2) ○　等価気温を算出するために、日射による受熱量を総合熱伝達率で割り込むことになる。すなわち、風速の影響を受ける。

(3) ○　上の図に示すように、qを求める式には、材料の熱伝導抵抗に、表面の熱伝達抵抗を加算している。よって、厚さの逆比例とはなっていない。

4-3 結露
（1）発生のメカニズム

結露とは
結露は、建築物内の空気が、壁面や窓ガラスに触れて冷却され、空気中の水蒸気が凝縮し、水滴となる現象である（図1）。

－夏型の結露－
高温多湿の外気が、冷房などによって比較的低温に保たれている建築物内に流れ込み、湿度が上昇することによって発生する。換気などによって外気を直接導入すると生じやすい。

－冬型の結露－
暖房している室内空気が、温度の低い建築物の躯体や窓ガラスなどに触れることによって発生する。室内側の表面で発生することが多いが、壁体や天井裏などで発生することもある。

熱橋
熱橋は、**ヒートブリッジ**ともよばれ、その材料特性や形状によって、周囲より熱の移動が顕著となってしまう部位をいう。冬季に室内を冷却させ、結露の要因となることもある。設計および施工段階での十分な配慮が求められる。

図2は、建物の隅角部の平面図の例であるが、室内側の受熱面面積より、屋外側の放熱面面積が大きく、室内側で冷やされやすいことを示す。特に床面付近では、室温が天井付近より低いため、表面温度が低くなり、より結露しやすい。また、木造住宅の壁面に釘を打つと、その部分が熱橋となる可能性もある。

結露の発生しやすい場所
図3に、住宅における結露の発生しやすい場所をまとめた。

冬季であれば、暖房室に隣接する非暖房室は、湿気の多い空気が流れ込んで結露することがしばしばある。特に、暖房室で開放型のストーブを使っている場合には注意を要する。その他、ヒートブリッジの形成される場所では、思いの外表面温度の低下する部分が形成されたり、外気に接する壁がある場合は、家具の裏側も非常に温度の低くなることがある。

夏季においても、結露が深刻な問題となることがある。地下空間や半地下空間にコンクリートの床や壁体があると、日中に日射を受けないために、常に冷えた状態となっている。このとき、換気によって、直接、湿気を多く含む外気が室内に流入させると、結露が起こりやすい。慢性的なカビの臭いが生じたり、健康を害することもあるので、注意が必要である。

> **補足**
> 室内の目に見える部分での結露を**表面結露**、壁体内部などの見えない部分での結露を**内部結露**、という。

チェックテスト

（1）冬季における窓ガラス面での結露防止対策として、窓ガラスの屋内側にカーテンを設けることは、効果的ではない。（建H20）

（2）冬期において、換気を行うと、一般に、室内の絶対湿度が低下するので、表面結露の防止に有効である。（建H16）

（3）コンクリート外壁の屋内側において、防湿措置を講じない繊維系断熱材を用いる場合は、断熱および防湿措置を施さない場合と比べて、コンクリート部分の屋内側表面における冬季の結露を促進するおそれがある。（建H21）

解答

（1）○ カーテンを設けると、カーテンの脇や下から、熱と湿気を含む空気が、窓ガラスとの間に入る。そのまま窓ガラス面の熱貫流によって空気が冷却され、窓ガラス面では結露しやすい状況になる。

（2）○ 記述のとおり。

（3）○ 断熱材を屋内側に貼ると、室温が高くなってもコンクリートの室内側表面温度は低いままとなる。防湿をしていないので、湿気が断熱材を通過し、結果的にコンクリート表面で結露する危険性が指摘される。

図1　結露の発生

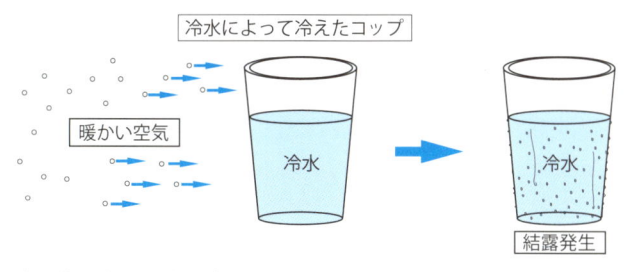

湿気を含んだ暖かい空気が冷たい物に触れると、冷たい温度の飽和水蒸気量*以上の湿気は水蒸気になっていることができずに水になり、水滴として冷たい物の表面に付着する。この現象を結露と呼ぶ。

*飽和水蒸気量とは空気に含ませられる最大の水蒸気の量であり、温度によって決まる。温度が高いほど、飽和水蒸気量は大きい。

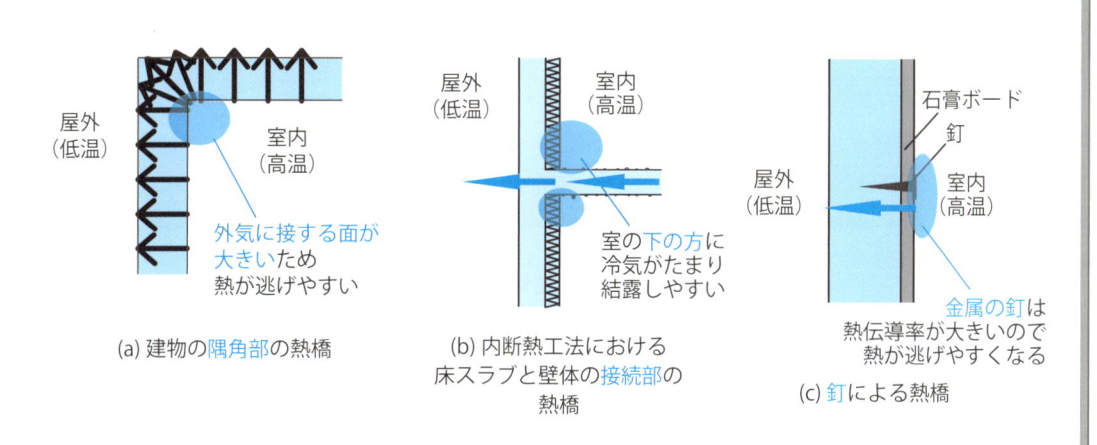

(a) 建物の隅角部の熱橋
外気に接する面が大きいため熱が逃げやすい

(b) 内断熱工法における床スラブと壁体の接続部の熱橋
室の下の方に冷気がたまり結露しやすい

(c) 釘による熱橋
金属の釘は熱伝導率が大きいので熱が逃げやすくなる

図2　熱橋（ヒートブリッジ）の形成例

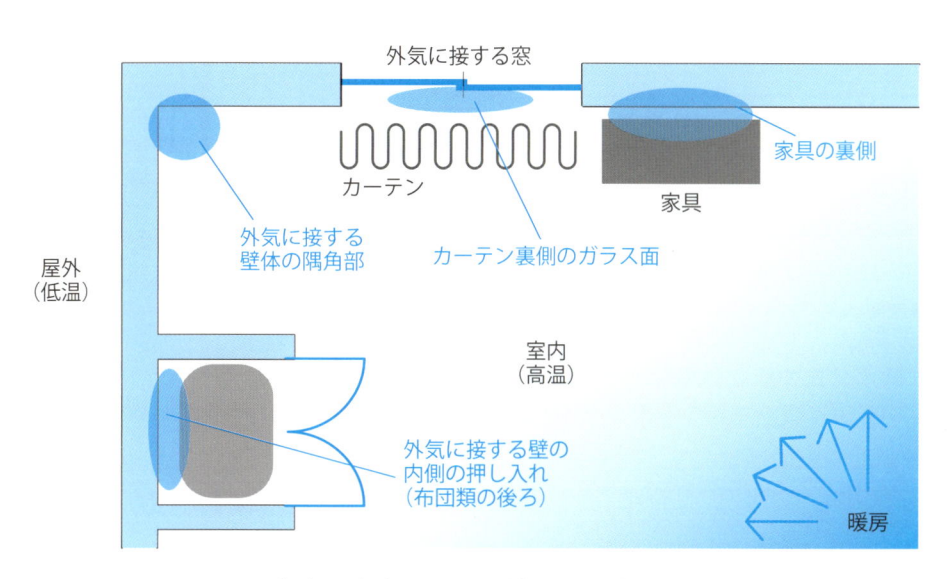

外気に接する壁体の隅角部
カーテン裏側のガラス面
家具の裏側
外気に接する壁の内側の押し入れ（布団類の後ろ）

図3　住宅の室内において結露の発生しやすい場所の例

4-3 結露
（2）湿り空気線図の活用

湿り空気線図

図1は湿り空気線図である。湿り空気線図は、空気の温度、湿度、比エンタルピーなどの情報を、グラフ中の点で表現することができる。すなわち、2つの要素を決めれば、他の要素を読み取ることもできる。

－乾球温度、絶対湿度－

横軸は、**乾球温度**であり、湿り空気の温度を表す。単位は℃である。

縦軸（右）は、**絶対湿度**である。乾き空気1kgに対して含まれている水蒸気の量を表すもので、単位はkg/kg(DA)を用いる。

なお、ある乾球温度における最大の絶対湿度の値は決まっており、図中では右上がりの曲線で示されている。これに対して、実際に含まれている水蒸気量の割合を**相対湿度**（単位：％）という。

－比エンタルピー－

乾き空気1kgに対して、乾き空気および水蒸気の持つ熱エネルギーの総量をエンタルピーとよぶ。比エンタルピーは、乾き空気1kgのエンタルピーを基準としたときの差を表しており、単位はkJ/kg(DA)である。比エンタルピーの軸は、図の左下から右上に向かって、斜めに設けられている。

空気の状態変化

また、空気の温湿度などの条件の変化を、点の移動で表現する。すなわち、加熱は右、冷却は左、加湿は上、除湿は下、である。例えば、変化前の点Aに対して、変化後の点Bが右上にある場合には、加熱と加湿が行われたことを示す。このとき、図2のように、AからBへの変化に伴う比エンタルピーの増加分（全熱の増加分）を読み取ることができるが、さらに、加熱による比エンタルピーの増加分（顕熱の増加分）と、加湿による比エンタルピーの増加分（潜熱の増加分）を、それぞれ読み取ることもできる。

さらに、2つの異なる状態の空気を混合した場合には、混合空気の状態点は、もとの2つの状態を表す2点を結ぶ直線上にある、という特徴もある。

顕熱比（SHF）

図2のように、空気の温度と絶対湿度がA点からB点まで変化したとき、温度の変化による比エンタルピーの変化（**顕熱量**の変化）と、絶対湿度変化による比エンタルピーの変化（**潜熱量**の変化）に分けて考えることができる。両者の和が**全熱量**の変化である。また、全熱量の変化に対する顕熱量の変化を、**顕熱比（SHF）** とよんでいる。顕熱比は、室の水蒸気発生の状況を示す目安で、顕熱比は小さく見積もられる場合は、除湿を検討することになる。

また、加湿に大きなエネルギーを伴う蒸気加湿の必要性の検討にあたっては、図3のように**熱水分比**や**飽和効率**などの検討を必要とする。

> **補足**
> DAはDry Airの略。絶対湿度の**分母**は、**乾き空気**（湿り空気ではない）。なお、括弧を付けずに kg/kgDA と書かれることもある。

> **ジャンプ**
> 「ある乾球温度における最大の絶対湿度の値」は、Wexler-Hyland式（p.23）などによって計算で求めることもできる。

> **関連**
> 例えば、空調設備において、室内からの還気と新鮮外気との混合空気の状態を作図できる。空調設計では、その比エンタルピーから、冷却コイルによって熱エネルギーを取り除くべき量を計算することになる。

> **補足**
> SHF
> Sensible Heat Factor の略。

チェックテスト

(1) 露点温度とは、絶対湿度を一定に保ちながら空気を冷却した場合に、相対湿度が100％となる温度のことである。（建H13）

(2) 湿り空気線図は、温度、湿度、比エンタルピー等の空気の状態を表したもので、空調の負荷計算や空気の状態変化の解析に用いられる。（建H17）

解答

(1) ○ 記述のとおり。湿り空気線図上でたどりながら露点温度をサーチするプロセスが書かれている。

(2) ○ 記述のとおり。

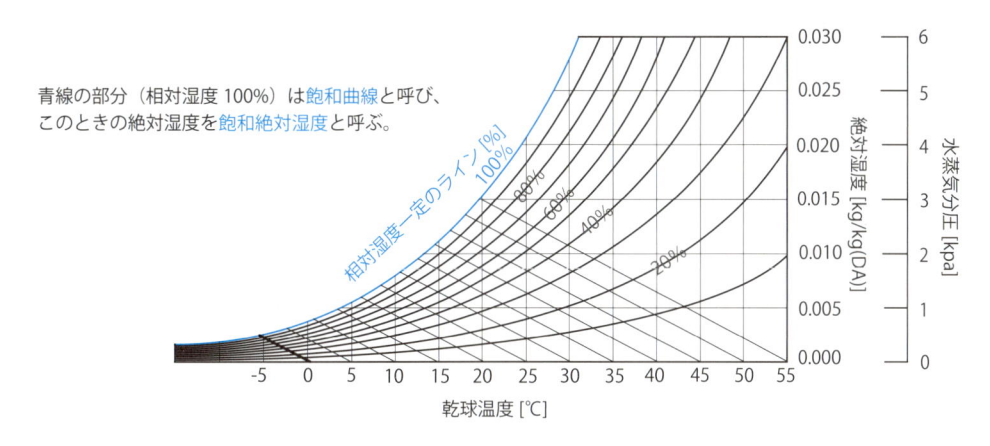

図1 湿り空気線図における飽和曲線

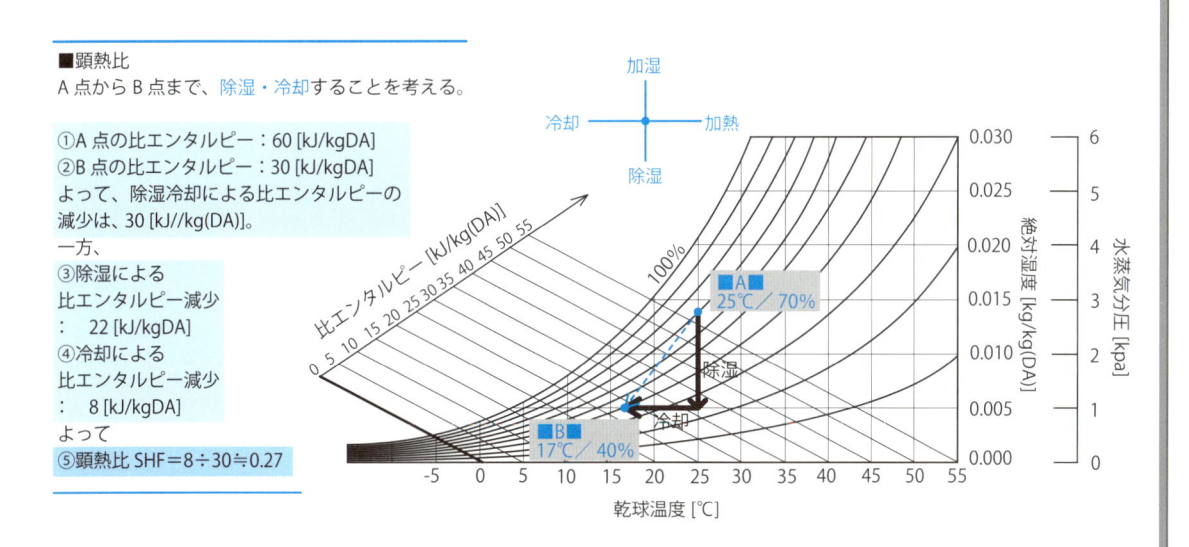

青線の部分(相対湿度100%)は飽和曲線と呼び、このときの絶対湿度を飽和絶対湿度と呼ぶ。

■顕熱比
A点からB点まで、除湿・冷却することを考える。

①A点の比エンタルピー：60 [kJ/kgDA]
②B点の比エンタルピー：30 [kJ/kgDA]
よって、除湿冷却による比エンタルピーの減少は、30 [kJ//kg(DA)]。
一方、
③除湿による
比エンタルピー減少
：22 [kJ/kgDA]
④冷却による
比エンタルピー減少
：8 [kJ/kgDA]
よって
⑤顕熱比 SHF＝8÷30≒0.27

図2 比エンタルピーの読み取りと顕熱比の算出

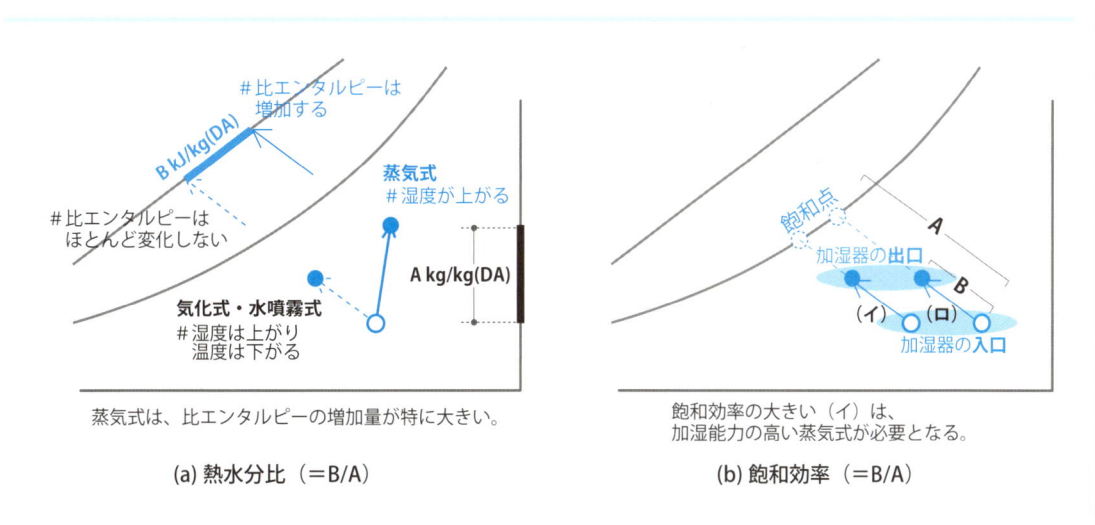

(a) 熱水分比（＝B/A）
蒸気式は、比エンタルピーの増加量が特に大きい。

#比エンタルピーは増加する
#比エンタルピーはほとんど変化しない
蒸気式 #湿度が上がる
気化式・水噴霧式 #湿度は上がり温度は下がる

(b) 飽和効率（＝B/A）
飽和効率の大きい（イ）は、加湿能力の高い蒸気式が必要となる。

飽和点
加湿器の出口
加湿器の入口

図3 加湿における湿り空気線図の活用

4-3 結露
(3) 内部結露の防止・結露判定

内部結露

内部結露は、壁体などの内部で発生する結露である。水蒸気が壁体内に侵入し、露点温度以下の箇所で結露することにより生じる。普段は、目視による結露の確認ができないため、カビの発生による健康被害や、木材の腐朽などが顕在化するまで気がつかないことも多い。

冬季における内部結露の防止対策としては、まずは、表面結露と同様に、室内での過度の水蒸気発生を抑えることや、こまめな換気によって水蒸気を逃がす工夫をすることが大切である。そして、それだけでなく、室内側に**防湿シート**を施工するなどによって、壁体内部への水蒸気の侵入の防止についても、施工の段階で対策しておくことも求められる。

内断熱と外断熱

断熱材は、壁体などの内側に施工する方法(内断熱という)と、壁体などの外側に施工する方法(外断熱という)がある。

内断熱の場合、断熱材によって、室内空気の熱が壁体に吸収されにくくなるため、冬季の暖房の立ち上がりが良いという特徴がある。一方で、断熱材の屋外側の表面温度が低くなるため、万一、断熱材の室内側で防湿が十分でない場合には、断熱材内部を水蒸気が通過し、露点温度以下となる部分があると、内部結露が生じることになる。

外断熱の場合、断熱材の室内側に壁体があるため、暖房によって壁体自体も暖めることを前提とした工法といえる。すなわち、内部結露は生じにくい。その一方で、暖房のスイッチを入れてから、室温が十分に暖まるまでに、ある程度の時間がかかることになる。

結露判定

-表面温度の算出プロセス-

右図の壁体の室内側表面温度を求めるプロセスを**概観**しよう。
①まず、壁体の熱貫流率K[W/(m²K)]は、
K=1/(1/20+0.039/1.3+0.176/1.1+0.060+0.018/0.18+1/10)＝2 [W/(m²K)]
②すると、壁体の貫流熱流q[W/m²]は、
q=2×{20-(-5)}＝50 [W/m²]
③室内側表面熱流q_s[W/m²]＝10×(20-$θ_s$)は、②の貫流熱流と等しい。
 したがって、10×(20-$θ_s$)＝50 ∴$θ_s$=15[℃]

-湿り空気線図による判定-

p.167の湿り空気線図を利用して、気温20℃、相対湿度60％の空気の露点温度は12℃。壁面は15℃であるから、「結露しない」と判定される。

補足

物体の温度を1 [K] 高めるために必要な熱量を**熱容量**という。単位は [J/K]。容積比熱 [J/m³K] (＝比熱 [J/kgK]× 密度 [kg/m³]) に体積 [m³] を乗じて求められる。
熱容量が大きい物体は熱しにくく冷めにくく、小さい物体は熱しやすく冷めやすい。

関連

ライフスタイルと省エネルギーの観点から考えれば、昼間は留守で夜間帰宅するという生活パターンでは内断熱、一日中家にいることが多いなら、暖房の間欠運転がしやすい外断熱、という考え方もできる。

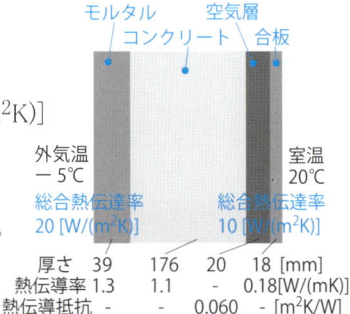

結露判定の演習のための壁体

モルタル｜コンクリート｜空気層｜合板
外気温 -5℃ 室温 20℃
総合熱伝達率 20 [W/(m²K)] 総合熱伝達率 10 [W/(m²K)]
厚さ 39 / 176 / 20 / 18 [mm]
熱伝導率 1.3 / 1.1 / - / 0.18 [W/(mK)]
熱伝導抵抗 - / - / 0.060 / - [m²K/W]

チェックテスト

(1) 冬季に、壁体内の内部結露を防止するには、内断熱よりも外断熱のほうが有利である。(建H07)

(2) 熱橋部分の室内側表面温度は、一般に、断熱部分の室内側表面温度に比べて、外気温度に近くなる。(建H21)

(3) 木造建築物の外壁において、冬季における内部結露を防止するためには、断熱材の屋外側の透湿抵抗に比べて、屋内側の透湿抵抗が大きくなるように断熱材の屋内側に防湿層を設ける。(建H19)

解答

(1) ○ 外断熱は、断熱材が外側、躯体は内側となるので、内断熱より躯体の温度が高いので結露しにくい。その意味では有利である。

(2) ○ 記述のとおり。熱橋はヒートブリッジともよばれ、隅角部などに生じやすい。

(3) ○ 記述のとおり。透湿抵抗は、湿気の通しにくさを表す数値。単位はm²・s・Pa／kgなどが用いられる。

表面結露（冬季）

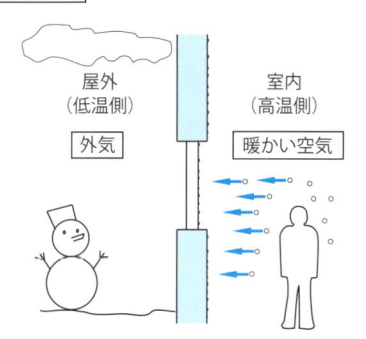

屋外（低温側） / 室内（高温側）
外気 / 暖かい空気

おもにガラス窓・壁などの表面に生じる結露を表面結露という。冬季の場合、生活によって発生した水蒸気が暖かくなり、その水蒸気と、屋外側から貫流した熱によって冷やされた室内側の表面が触れることによって発生する。

内部結露（冬季）

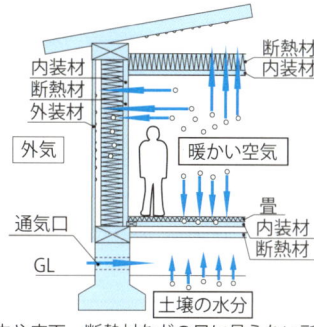

内装材 / 断熱材 / 外装材 / 外気 / 暖かい空気 / 畳 / 内装材 / 断熱材 / 通気口 / GL / 土壌の水分

おもに壁内や床下、断熱材などの目に見えない所で起きる結露を内部結露という。冬季の場合、生活によって発生した水蒸気を含む暖かい空気が、断熱材の内部に侵入し、その移動の行程で飽和水蒸気量以上の水蒸気が水となり発生する。また、内部結露を長時間放置すると、カビ・ダニの発生や、柱や土台を腐らせるといった深刻な状態になる。

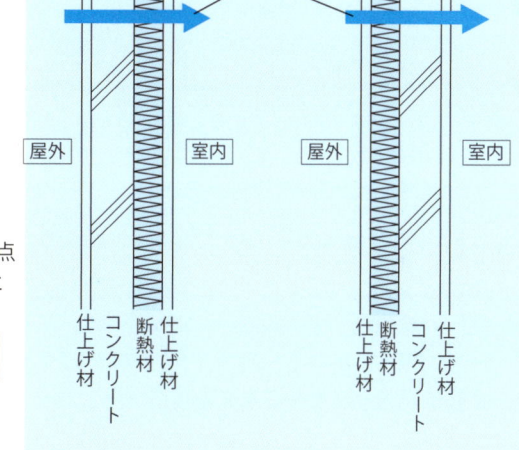

4章 3 結露

コンクリートを鉄筋コンクリート、断熱材をグラスウールとすると、

鉄筋コンクリート：比熱 0.88 [kJ/(Kg・K)]
　　　　　　　　　密度 2,300 [Kg/m³]
　　　　　　　　　容積比熱 2,024 [kJ/(m³・K)]

グラスウール：　　比熱 0.84 [kJ/(Kg・K)]
　　　　　　　　　密度 15 [Kg/m³]
　　　　　　　　　容積比熱 12.6 [kJ/(m³・K)]

この数値から見ると、グラスウールのほうが容積比熱（1m³あたりの熱容量）が小さい。

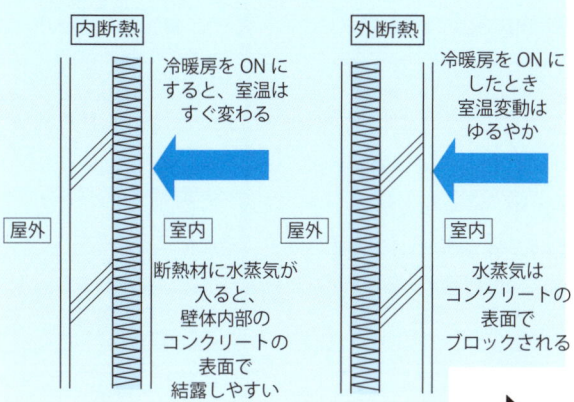

熱容量の観点から見ると

内断熱 / 外断熱　理論上熱貫流量は同じ
屋外 / 室内 / 屋外 / 室内
仕上げ材 / 断熱材 / コンクリート / 仕上げ材 / 仕上げ材 / コンクリート / 断熱材 / 仕上げ材

内断熱：冷暖房をONにすると、室温はすぐ変わる
断熱材に水蒸気が入ると、壁体内部のコンクリートの表面で結露しやすい

外断熱：冷暖房をONにしたとき室温変動はゆるやか
水蒸気はコンクリートの表面でブロックされる

内部結露の防止策として

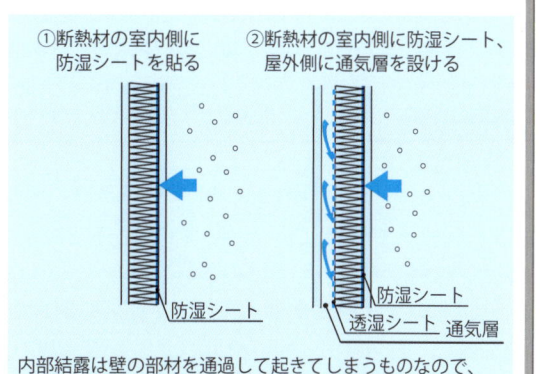

①断熱材の室内側に防湿シートを貼る
②断熱材の室内側に防湿シート、屋外側に通気層を設ける

防湿シート / 防湿シート / 透湿シート / 通気層

内部結露は壁の部材を通過して起きてしまうものなので、通過させなければ内部結露を抑えることができる。その手段としては、①の防湿シートを壁内部に張り付けて、外に出ようとする水蒸気を止めることができる。ただ、防湿シートだけでは完全に水蒸気を止められないので、②の通気層を設けて水蒸気を逃がす方法も考えられている。

Advanced

4-4 温湿度の測定

　建築・都市の熱環境の調査を行う場合、温湿度を必要な精度で測定することは、基本知識として大切である。温湿度のセンサーには、現在多種多様なものが開発されているが、ここでは、環境計測のシーンで比較的よく用いられるものをピックアップしておく。

温度センサー

－熱電対・熱電堆－

　2種類の金属導体の両端をはんだ付けなどにより接続して、閉回路をつくる。このとき、両端の接合部に温度差を与えると、回路には温度差に応じた電流が流れることが知られている。このような熱による電気エネルギー発生の効果は**ゼーベック効果**とよばれており、また、この起電力は熱起電力とよばれる。この効果を応用して、接合部の温度測定ができるセンサーとしたものが、**熱電対**（サーモカップル）である。熱電対には、図1に示すように、原則として以下の3つの法則が成立するので、さまざまなシーンに応用が可能となる。

①均質回路の法則：2種類の金属がともに一様に均質であるとき、発生する**電流**は、2つの金属の種類と2つの接合点の温度のみで決まる（途中の温度の影響は受けない）。
②中間金属の法則：2種類の金属とは別に、中間に第3の金属を入れても、挿入した金属とその両端の温度が一様ならば、発生する**電流**は、2つの金属の種類と2つの接合点の温度のみで決まる。
③中間温度の法則：A点とB点の間、およびB点とC点の間に、それぞれ同種の熱電対を張った場合、各々の熱電対に発生する**電圧**の合計は、A点とC点に同種の熱電対を張った場合の電圧と等しくなる。

　また、多数の熱電対を直列に接続して出力電圧を高くしたものを**熱電堆**（**サーモパイル**）という。日射計測や赤外線計測の素子としても利用される。高温源と低温源を多数の金属線でつなぐことになるため、熱電堆自体に対象物からの熱伝導があることにも、配慮が必要である。

－白金抵抗温度計・サーミスタ温度計－

　白金、およびサーミスタとよばれる半導体は、温度によって電気抵抗値が変化する。この抵抗値を測定することによって温度が計測される。白金は、計測精度が非常に高いが、比較的高価で時定数が大きい（数十秒）。サーミスタは比較的安価で、かつ時定数が短いことから（数秒程度）、環境計測ではよく用いられる。

湿度センサー

－静電容量式湿度計－

　高分子化合物、または多孔質セラミックは、置かれている環境の湿度に応じて、水分子を自然に吸着・脱着する性質がある。そこで、2つの電極間にこれらの材料を挟んで、図2のようにコンデンサとすると、吸着した水分量によって静電容量が変化する。この性質を利用したものが静電容量式である。時定数は、高分子化合物を利用したもので数秒程度である。

－アスマン乾湿式湿度計－

　ガラス温度計2本を用意し、一方は空気に感温部を直接曝露するが（乾球温度）、もう一方は、水で湿らせたガーゼで感温部を覆い、一定速度の気流を当てる（湿球温度）。空気の湿度が低いほど、ガーゼからの気化熱が大きくなり、2本の指示値の差が開くことを利用して、湿度を換算する。

関連
2種類の金属の接合部に電流を流すと、片方の金属からもう片方へ熱が移動する。ゼーベック効果の逆の効果であるが、これをペルチェ効果という。CPUの冷却など、主に小型の冷却装置として応用されている。

関連
はんだ付けの場合、使用するはんだの量や形が、センサーの時定数に影響することがある。短い時定数を要する場合、ごく少量ではんだ付けをする技術が要求される。

用語
補償式基準接点
熱電対をデータロガーなどに接続する場合、一般に、ロガー側の温度を知る必要がある。このため、通常はロガー側に、基準接点温度を別途測定する機能を備える。これを補償式基準接点という。ただし、基準接点温度の周囲温度が大きく変化する環境や、日射が当たるなどの状況下では、計測精度は低下するので注意が必要である。

補足
気流速度は、3～5m/s程度である。

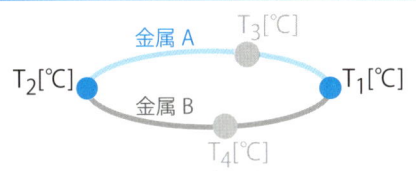

図1　熱電対に関する3つの法則

均質回路の法則
金属AとBが均質なら、発生する電流は、途中の温度T_3、T_4の影響を受けない。

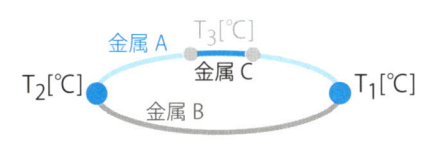

中間金属の法則
中間に他の金属を入れても、その温度が一様なら、発生する電流に影響を与えない。

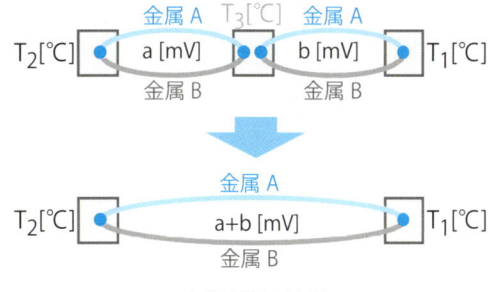

中間温度の法則
図のような接続により、複数の熱電対に発生する電圧の合計は、両端に1対の熱電対を張った場合の電圧と等しい。

表1　主な熱電対の種類 （JIS C1602-95）

種類		構成材料		使用温度範囲 [℃]	長所	短所
		＋脚	－脚			
貴金属熱電対	B	ロジウム30％を含む白金ロジウム合金	ロジウム6％を含む白金ロジウム合金	600～1500	1000℃以上の測定ができる。補償導線が不要。耐酸化性および耐薬品性が良い。R型に比べると、きわめて長寿命。	感度が低い。600℃以下の測定は熱起電力が小さい。熱起電力の直線性にやや難あり。高価。
	R	ロジウム13％を含む白金ロジウム合金	白金	0～1400	耐酸化、耐薬品性が良い。精度が良い。	感度が低い。還元性雰囲気、金属蒸気に弱い。高価。
	S	ロジウム10％を含む白金ロジウム合金	白金	0～1400	バラツキや劣化が少ない。	
卑金属熱電対	N	ニッケル、クロムおよびシリコンの合金	ニッケルおよびシリコンの合金	0～1200	1000℃以上で耐酸化性あり。	600℃以下の直線性にやや難あり。電気抵抗が大きい。
	K (CA)	ニッケルおよびクロムの合金	ニッケルを主とした合金	－200～1000	熱起電力の直線性が良い。耐酸化性が良い。	還元性雰囲気に不適。
	E (CRC)	ニッケルおよびクロムの合金	銅及びニッケルの合金	－200～700	熱起電力が大きい。耐酸化性が良い。両脚とも非磁性。熱伝導が小さい。	電気抵抗が大きい。還元性雰囲気に不適。
	J (IC)	鉄	銅及びニッケルの合金	0～600	還元性雰囲気でも使用可。	鉄が錆びやすい。やや性能にばらつきがある。
	T (CC)	銅	銅及びニッケルの合金	～300	熱起電力の直線性が良い。品質バラツキが小さい。還元性雰囲気でも使用可。	熱伝導が大きい。銅が酸化しやすい。

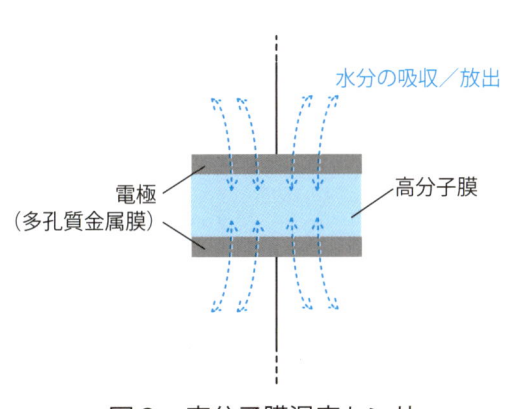

図2　高分子膜湿度センサー

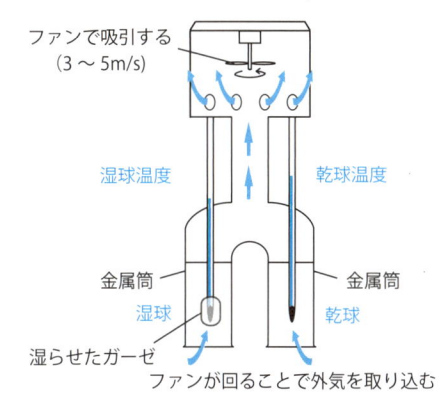

図3　アスマン乾湿式湿度計

Advanced

4-5 | 非定常伝熱の数値計算法
(1) 壁体の時定数

【演習1】
　厚さ150mmのコンクリートの壁体がある。
　室内外の気温はともに5℃で定常状態であった。室内側が20℃に暖房されはじめたとき、壁体表面温度および壁体内温度はどのような時刻変化を示すか。数値計算によって求めよ。
　コンクリート壁体の熱伝導率を1.6W/(m・K)、容積比熱を2000kJ/(m³・K)、室内側と屋外側の熱伝達率をそれぞれ9W/(m²・K), 23W/(m²・K)とする。

【演習1〜考察のヒント】
　まずはExcelを立ち上げ、図1のようなワークシートを組み立てる。

列方向

　左から右に向かって、外表面から室内側表面まで、温度を求める点を複数決める。演習1では単一材料の壁体であるので、温度を求める点の位置について特段の制約はないが、壁体内外の表面温度を精度良く求めるためには、図のように、**表面層の厚さを比較的薄めにする**と良い。ただし、薄くすればするほど、時間ステップを短くしなければならない。

　また、シートの2〜4行目には、表面からの室内方向の位置(深さ)、温度計算点間の熱伝導率、容積比熱を、それぞれ入力しておく。6行目には、計算開始前の各点の温度(初期温度)、および外気温と室温(全て5℃)を入力しておく。

行方向

　A列の7行目以降は、時間軸である。時刻変化を求めることが目的であるため、1ステップあたりの時間進行は、数十秒から数分の範囲が妥当なところであろう。図1では、1ステップを180秒として、3600秒間分(1時間分)を用意している。

　また、時刻0以降、外気温は5℃のままであるが、室温は20℃となる。それぞれ1時間分の値を全て入力しておく。

各層の温度の計算式の入力

　まず、時刻0のときの値を計算で求める。図1のワークシートの「D7」のセルに、次の式をそのまま入力してみよう。計算結果は5℃になるはずである。括弧の位置と数に十分注意すること。
　無事、答えが得られたら、「D7」のセルをダブルクリックしてみよう。図2のように、計算で参照している全てのセルがカラーで表示される(確認できたら、一旦Escキーで元の状態に戻っておく)。

> **ジャンプ**
> 後述4-5(6)「安定条件」参照。

> **補足**
> 式中の「$」は、式全体を他のセルにコピー・ペーストしたときに、式中のセル指定がずれないようにするための指示記号。
> 「$」がなくても正しい答えは出るが、後の作業のために重要なのでしっかり入れておく。
> (詳しくは、Excelのマニュアル等を参照のこと。)

Advanced

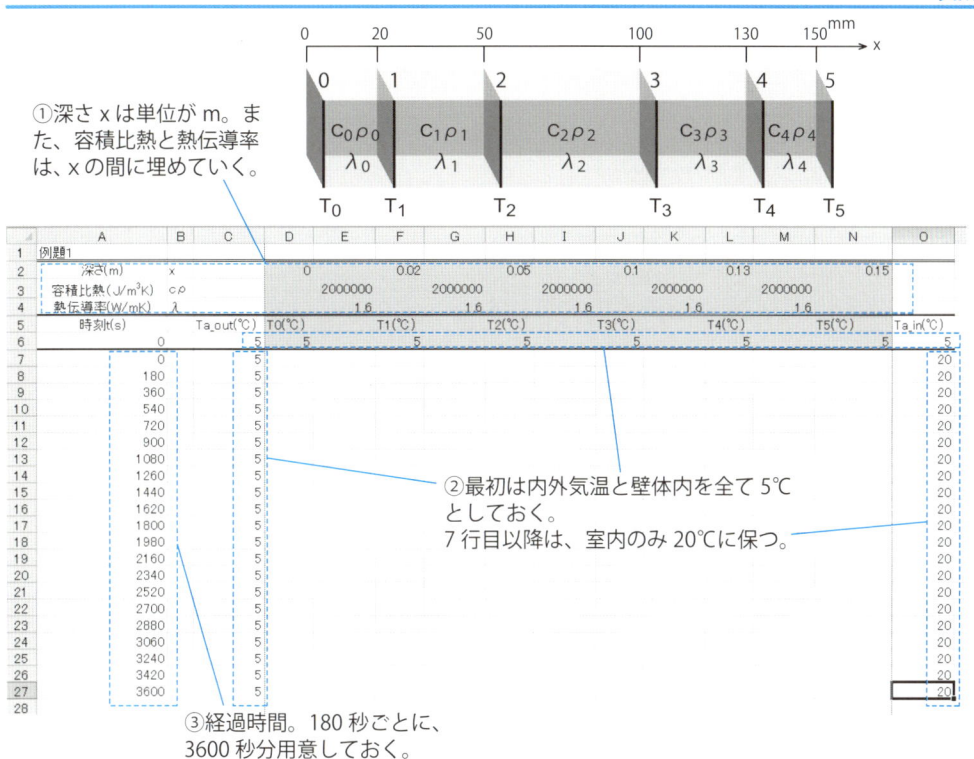

① 深さ x は単位が m。また、容積比熱と熱伝導率は、x の間に埋めていく。

② 最初は内外気温と壁体内を全て 5℃ としておく。
7 行目以降は、室内のみ 20℃ に保つ。

③ 経過時間。180 秒ごとに、3600 秒分用意しておく。

図1　壁体内伝熱の時刻変化を求める準備

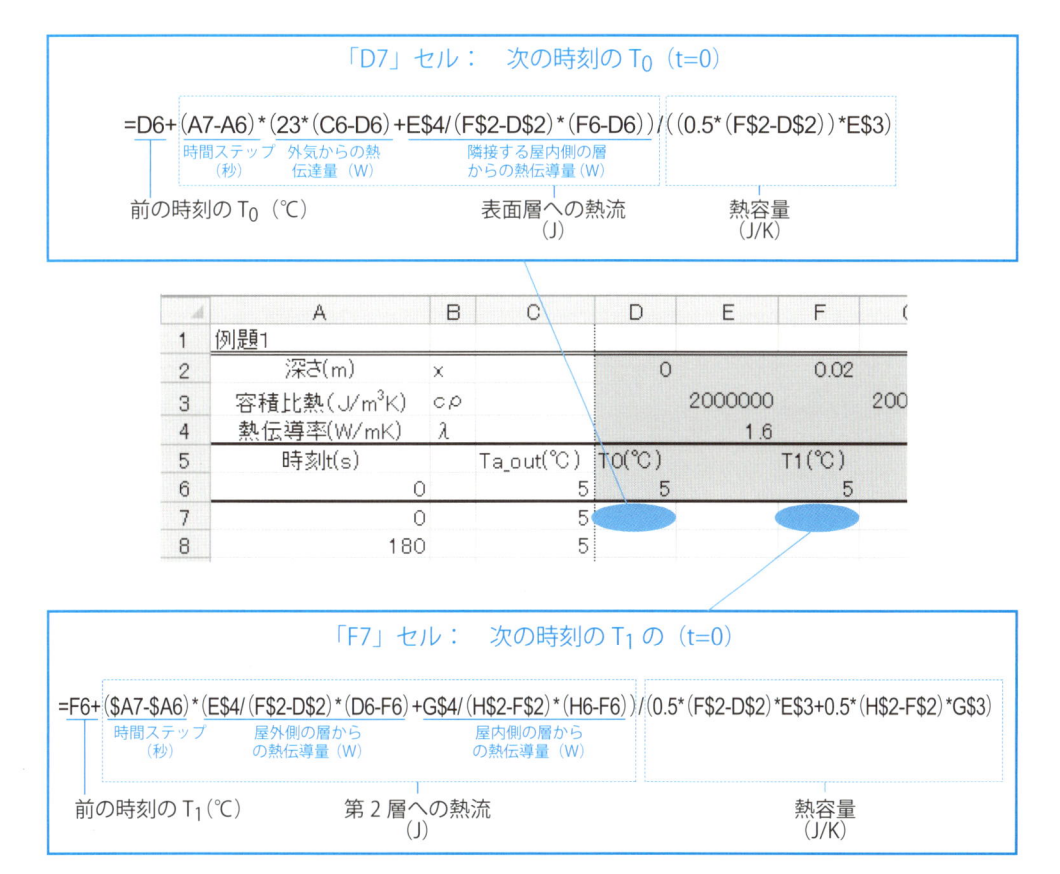

「D7」セル：　次の時刻の T_0 （t=0）

=D6+(A7-A6)*(23*(C6-D6)+E$4/(F$2-D$2)*(F6-D6))/((0.5*(F$2-D$2))*E$3)

前の時刻の T_0（℃）　｜　時間ステップ（秒）　外気からの熱伝達量（W）　隣接する屋内側の層からの熱伝導量（W）　｜　表面層への熱流（J）　｜　熱容量（J/K）

「F7」セル：　次の時刻の T_1 の （t=0）

=F6+($A7-$A6)*(E$4/(F$2-D$2)*(D6-F6)+G$4/(H$2-F$2)*(H6-F6))/(0.5*(F$2-D$2)*E$3+0.5*(H$2-F$2)*G$3)

前の時刻の T_1（℃）　｜　時間ステップ（秒）　屋外側の層からの熱伝導量（W）　屋内側の層からの熱伝導量（W）　｜　第2層への熱流（J）　｜　熱容量（J/K）

図2　第1層と第2層の温度を求める（時刻 t=0）

4章　5 非定常伝熱の数値計算法

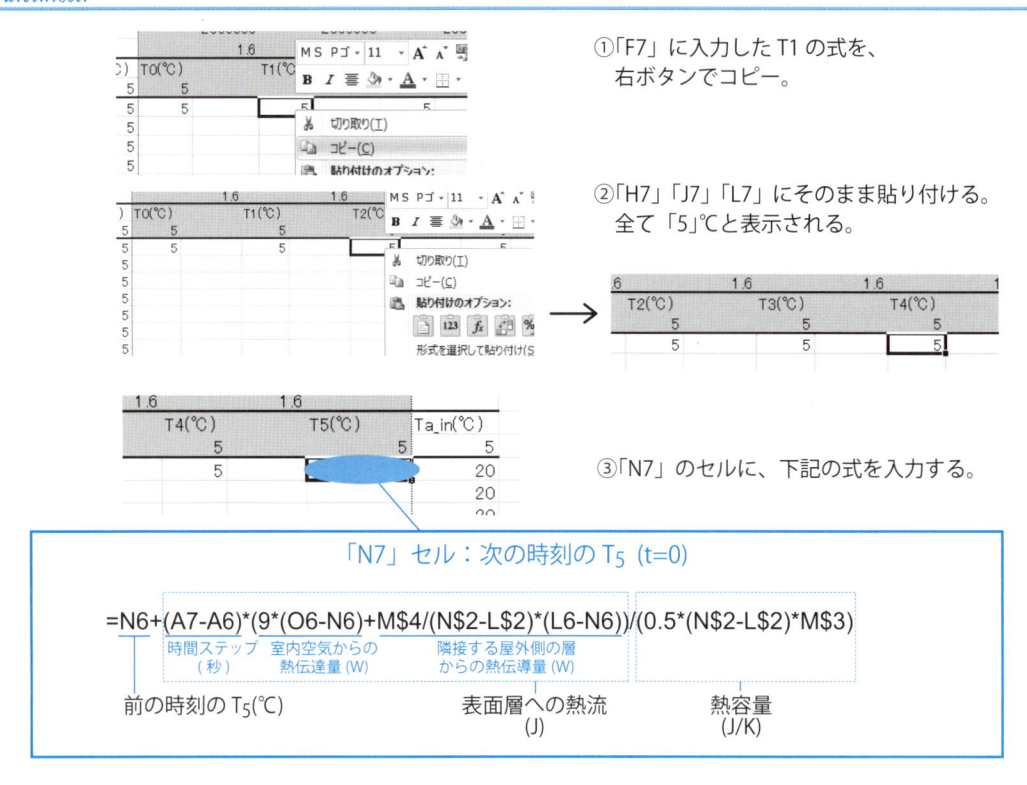

①「F7」に入力した T1 の式を、右ボタンでコピー。

②「H7」「J7」「L7」にそのまま貼り付ける。全て「5」℃と表示される。

③「N7」のセルに、下記の式を入力する。

「N7」セル：次の時刻の T_5 (t=0)

=N6+(A7-A6)*(9*(O6-N6)+M$4/(N$2-L$2)*(L6-N6))/(0.5*(N$2-L$2)*M$3)

時間ステップ（秒）　室内空気からの熱伝達量 (W)　隣接する屋外側の層からの熱伝導量 (W)

前の時刻の T_5(℃)　　　表面層への熱流 (J)　　熱容量 (J/K)

図3　T_2〜T_5 の温度を計算する。

「A6」の時点における、自分自身の温度「D6」と、表面に触れている外気温「C6」、および右側の層の温度「F6」、の3つがわかっているとき、その後任意の時間が経過したときの時刻「A7」が指定されれば、自分自身の未来の温度が自動的に計算で求められる、というロジックになっていることを確認しておこう。

さらに、図3のプロセスに従って、T_2〜T_5についても順次計算式を入れていく。$指定した項は、ペースト後の式中でも移動しないので便利である。

そうして準備ができたら、図4のように、3600秒まで順次計算をさせてみると、室温が20℃に変わってから、ゆっくりとT_0〜T_5の温度が上昇していく様子がシミュレートできている。

壁体の温度変動の時定数

この計算を、図5のようにさらに時間進行させると、計算結果は定常状態の計算結果に近づく。定常状態までの温度変化のおよそ63.2%に達するまでにかかる時間は、時定数とよばれている。【演習1】の条件設定における壁体の時定数を求めてみよう。

室内側の表面層は、定常状態で13.3℃まで上昇する。すなわち、初期温度5℃から最終的に8.3Kの上昇が見込まれる。すると、時定数は、5.2Kの温度上昇（すなわち10.2℃）に達するまでの時間ということになる。これを求めたものが図6であり、コンクリートの壁体の時定数は約2時間と算出される。

また、例えば、室内の気温が20℃、相対湿度60%にコントロールされているとすれば、巻末の空気線図によると、室内空気の露点温度は約12℃となる。このとき、定常状態の計算結果によれば表面結露は発生しないと推定されるが、**定常に達するまでの数時間は、表面結露が発生する可能性がある**ことを示している。

> **ジャンプ**
> 定常状態の各層の温度の計算方法については、4-2(2)「複合材料の計算」を参照のこと。

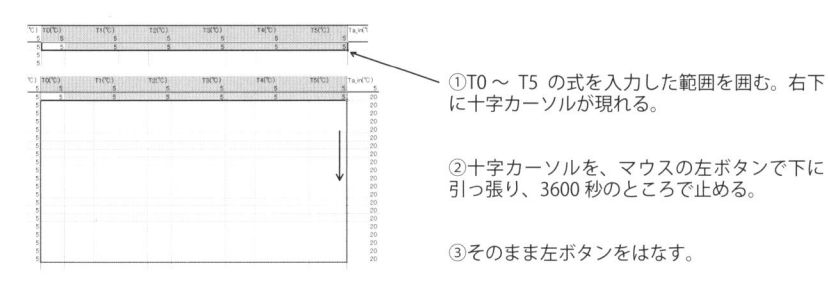

①T0～T5 の式を入力した範囲を囲む。右下に十字カーソルが現れる。

②十字カーソルを、マウスの左ボタンで下に引っ張り、3600秒のところで止める。

③そのまま左ボタンをはなす。

	A	B	C	D	E	F	G	H	I	J	K	L	M	N	O
1	例題1														
2		深さ(m)	x		0		0.02		0.05		0.1		0.13		0.15
3		容積比熱(J/m³K)	cρ				2000000		2000000		2000000		2000000		2000000
4		熱伝導率(W/mK)	λ				1.6		1.6		1.6		1.6		1.6	
5		時刻t(s)		Ta_out(℃)	T0(℃)		T1(℃)		T2(℃)		T3(℃)		T4(℃)		T5(℃)	Ta_in(℃)
6		0		5	5		5		5		5		5		5	5
7		0		5	5		5		5		5		5		5	20
8		180		5	5		5		5		5		5		6.215	20
9		360		5	5		5		5		5		5.0001		6.456785	20
10		540		5	5		5		5		5		5.0003		6.50500099	20
11		720		5	5		5		5		5		5.0005		6.51471678	20
12		900		5	5		5		5		5		5.0007		6.51677499	20
13		1080		5	5		5		5		5		5.0008		6.51731011	20
14		1260		5	5		5		5		5		5.001		6.51754227	20
15		1440		5	5		5		5		5		5.0012		6.51771415	20
16		1620		5	5		5		5		5		5.0014		6.51787401	20
17		1800		5	5		5		5		5		5.0015		6.51803147	20
18		1980		5	5		5		5		5		5.0017		6.51818842	20
19		2160		5	5		5		5		5		5.0019		6.51834525	20
20		2340		5	5		5		5		5		5.0021		6.51850203	20
21		2520		5	5		5		5		5		5.0022		6.51865877	20
22		2700		5	5		5		5		5		5.0024		6.51881549	20
23		2880		5	5		5		5		5		5.0026		6.51897218	20
24		3060		5	5		5		5		5		5.0027		6.51912884	20
25		3240		5	5		5		5		5		5.0029		6.51928547	20
26		3420		5	5		5		5		5		5.0031		6.51944208	20
27		3600		5	5		5		5		5		5.0033		6.51959865	20
28																

図4　1時間の温度変化を計算すると、T_0〜T_5 の各層に温度変化が見られる。

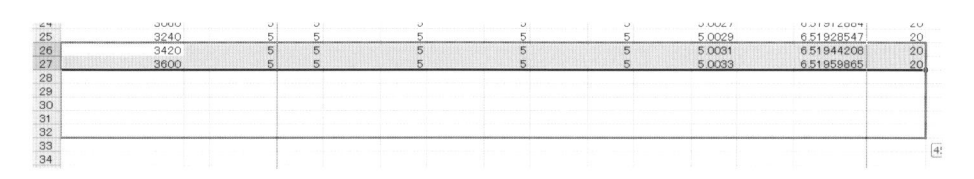

図5　時間を進めるには、ラスト2行分を囲んで、さらに引っ張ればよい。

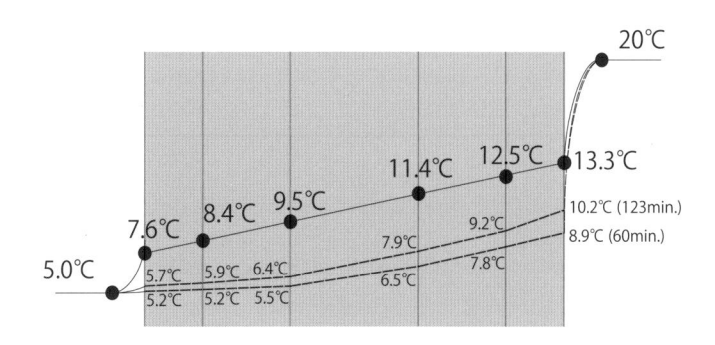

図6　非定常伝熱の計算結果を、定常状態の計算結果と比較する。室内側の表面層の時定数（定常状態までの温度上昇分の63.2%に達するまでの経過時間）は約120分。あわせて、定常状態に達するには10時間以上かかるという計算結果も得られる。

Advanced

4-5 非定常伝熱の数値計算法
（2）室内外の温度変動の影響

【演習2】

下図のような複合材料で構成された壁体がある。

真冬の晴天日における水平面全天日射量、外気温、および室温の日変化が右の表のとおり与えられているとき、壁面温度および壁中温度の周期定常解を求めよ。

なお、壁体は北緯35度、東経137度に位置しており、壁体の外表面は南を向いているものとする。

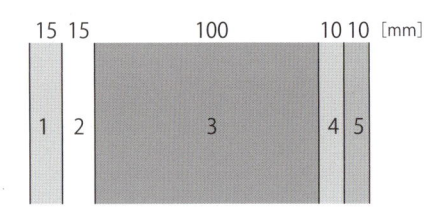

x年1月5日 時	気温 (℃)	水平面全天日射量 (W/m2)	室温 (℃)
0	4.7	0	12
1	4.5	0	11
2	3.8	0	10
3	3.5	0	8
4	3.2	0	7
5	2.4	0	6
6	2.3	0	18
7	2.8	0	18
8	2.5	72	18
9	4.8	240	12
10	6.3	400	11
11	7.2	510	10
12	8.5	550	10
13	9.5	560	10
14	8.8	460	9
15	8.6	200	9
16	7.8	80	8
17	7.2	0	8
18	6.5	0	18
19	5.9	0	18
20	5.4	0	18
21	5.3	0	18
22	5.1	0	18
23	4.6	0	14
24	4.7	0	13

15　15　　100　　　10 10 [mm]

1　2　　3　　　4　5

1 窯業系サイディング　λ:1.2　　cρ:2000
　※外表面の日射吸収率を0.6とする。
2 空気層の熱抵抗　　0.06 m²K/W
3 発泡ポリスチレン　λ:0.03　　cρ:25
4 石膏ボード　　　　λ:0.16　　cρ:1000
5 合板　　　　　　　λ:0.16　　cρ:800
　　（λ [W/(m·K)]、cρ [kJ/(m³·K)]）

【演習2～考察のヒント】

気象条件が与えられていることから、【演習1】のシートに記述されている熱物性値（容積比熱と熱伝導率）を書き換えれば良さそうである。このとき、
①この壁面には、日射が当たっている。このため、外気温に、日射の影響を反映させた**相当外気温度**の日変化を作成してから、シートに流し込む方針とする。
②日変化の周期定常解とは、与えられた気象条件を毎日繰り返したときの、壁面温度の日変動パターンのことである。壁体の計算開始時の温度設定は適当にならざるを得ないため、初期温度の影響が残らなくなるまで計算を繰り返すこととする。

では、以下より、具体的な計算のプロセスを追ってみよう。

相当外気温度の日変化の作成

まず、壁面温度に大きな影響を及ぼす、南向き壁面に入射する日射量を求めたい。そのためには、毎時の水平面全天日射量を**直散分離**する必要が生じる。南向き壁面への直達日射成分と天空日射成分をそれぞれ推算するプロセスは1章で既に述べたが、それを応用する。

毎時の太陽高度と太陽方位角を計算し、その結果を利用して法線面直達日射量と、水平面天空日射量を求める方法は、1章3(4)で解説したとおりである。やや複雑な式が続くが、$ 指定によるコピーペーストなどをうまく利用し、効率的に計算を進めてほしい。図1に、計算結果の例を示す。

入力する。　　　　　　　　太陽高度が正(+)の時間帯のみ検討すればよい。

	A	B	J	N	O	P	Q	R	S	T	U	V	W	X
1		気温	全天日射量	真太陽時 HR	時角 ω	太陽高度 h	太陽方位角 A	大気圏外水平面日射量	節点 Kc	全天日射量とKcとの差	法線面直達日射量 DN(W/m²)	水平面天空日射量 SH(W/m²)	南向き壁面の日射受熱量(W/m²)	相当外気温度
2	時	(℃)	(W/m²)	(時)	(rad)	(°)	(°)	(W/m²)						(℃)
4	0	4.7	0	0.182	-3.094									4.7
5	1	4.5	0	1.182	-2.832									4.5
6	2	3.8	0	2.182	-2.570									3.8
7	3	3.5	0	3.182	-2.308									3.5
8	4	3.2	0	4.182	-2.047									3.2
9	5	2.4	0	5.182	-1.785				(A)		(B)		(C)	2.4 (D)
10	6	2.3	0	6.182	-1.523									2.3
11	7	2.8	0	7.182	-1.261									2.8
12	8	2.5	72	8.182	-0.999	10.8	-52.2	265.1	153.5	-81.5	58.1	61.1	39.3	4.2
13	9	4.8	240	9.182	-0.738	19.8	-41.2	478.2	301.1	-61.1	336.2	126.4	180.7	12.7
14	10	6.3	400	10.182	-0.476	26.8	-28.3	637.4	425.7	-25.7	615.2	122.9	327.2	20.5
15	11	7.2	510	11.182	-0.214	31.1	-13.2	731.8	505.4	4.6	801.8	95.4	429.4	25.9
16	12	8.5	550	12.182	0.048	32.2	-3.0	755.0	525.7	24.3	865.7	88.1	465.1	28.7
17	13	9.5	560	13.182	0.310	29.9	18.9	705.4	482.7	77.3	998.0	62.5	509.8	31.7
18	14	8.8	460	14.182	0.571	24.5	33.2	586.4	384.5	75.5	979.0	54.3	463.4	28.9
19	15	8.6	200	15.182	0.833	16.7	45.5	406.1	248.7	-48.7	327.3	106.1	163.8	15.7
20	16	7.8	80	16.182	1.095	7.2	55.7	176.7	98.6	-18.6	278.8	45.2	107.0	12.5
21	17	7.2	0	17.182	1.357									7.2
22	18	6.5	0	18.182	1.619									6.5
23	19	5.9	0	19.182	1.880									5.9
24	20	5.4	0	20.182	2.142									5.4
25	21	5.3	0	21.182	2.404									5.3
26	22	5.1	0	22.182	2.666									5.1
27	23	4.6	0	23.182	2.928									4.6
28	24	4.7	0	24.182	3.189									4.7

外気温をそのままコピーペーストしておく。

(A) 1-4（pp.22～23）に示した数式により、まず列P～Tを計算する。そして、列Tの値の正負を判定する。
(B) 「列U」において、「列T」の正負によって数式を変えて、DNを計算する。また、列Vも合わせて計算する。
(C) 「列W」（南向き壁面の日射受熱量）は、
　　①南向き壁面に直達日射が当たっている時間帯（列Qが -90～+90）では、
　　　DNcos A・cos h+0.5*SH で計算する。　　#壁面の天空率は、対向面に建物などがない場合は 0.5。
　　②それ以外の時間帯では、0.5*SH で計算する。　　#【演習2】には該当しない。
(D) 「列X」（相当外気温度）は、4-2（p.62）の式④から計算する。

図1　相当外気温度を求めるためのワークシートの例

図2　毎時の相当外気温度データの作成結果

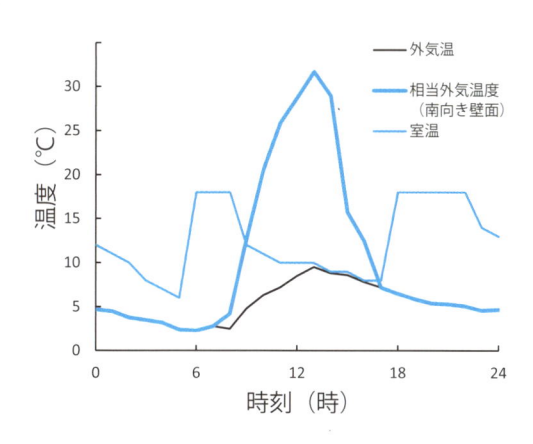

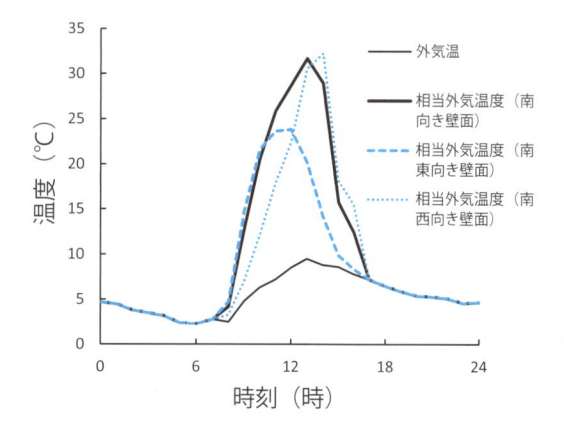

図3　壁体の向きによる相当外気温度の違い

次に、南向き壁面への入射日射量を求める。図2にそのプロセスを示す。

直達日射成分については、壁面に対する入射角の余弦を求めることになるが、南向き壁面の場合は、太陽高度の余弦と、太陽方位角の余弦を乗じることで求められる。

天空日射成分については、鉛直壁面で、かつ周囲に天空を遮るものが存在しない場合は、天空率は0.5であることから、水平面天空日射量に0.5を乗じればよい。

以上を合計し、日射吸収率0.9を乗じることによって、壁面の日射受熱量が得られる。

相当外気温度への変換は、図3の式から得られる。冬季日中、南向き外壁面に日射が当たっているときには、40℃以上の外気に曝露されていることに相当する伝熱量があることがわかる。

－時間ステップの設定－

以上で得られた毎時の相当外気温度、および室温変動について、数値計算に用いるため、ここでは180秒ごとの数値データに変換しておこう。少々面倒な作業であるが、毎時データの間にブランク行を挿入してから、前後にある毎時の値を直線補間しておく。あるいは、実測データの分析とは異なるので、スプラインなどの関数補間を利用しても良いだろう。

こうして、入力データのお膳立てが整ったことになる。

壁体内温度分布のシミュレーション

【演習1】と同様に、図4のようなワークシートを作る。断熱材が100mmであり、他の部材よりやや厚いので、適宜、層を分割してもよい。時間は3分ごととしている。より薄い層を設定する場合は、時間ステップを短くしなければならないこともある。詳しくは、4-5(6)の安定条件を参照のこと。

また、【演習1】では、長い時間進行をさせるためにかなり縦長のワークシートを作成したが、ここでは、**ゴールシーク**を使って周期定常解をよりスマートに求めることを考えよう。

図5のように、86400(s)の時点の計算結果が、初期の設定温度(0(s)における値)と一致することが必要である。このため、初期温度と86400(s)時点の温度との「温度差」をセル上に表示しておく。そして、これを0(ゼロ)とすることを目標としながら、初期の設定温度をトライアンドエラーさせて、見つけ出せばよい。

実験では、サイディングの表面温度を1回ゴールシークしただけでは、他の層の温度が周期定常解になっていない。各層について、ゴールシークを繰り返す必要がある。【演習2】のように、層の数が限られるのであれば、手作業で問題はないが、層の数が多い場合には、マクロを利用することなども考えると良いだろう。

図6(a)に、表面温度の周期定常解を求めた結果を表した。屋外側、室内側とも、日変化は5℃以内に収まっており、大きな変動ではないことが示されている。また、室内側の表面温度は、暖房中の室温よりも5℃程度低く、もし加湿をすることを考慮するならば、室内側表面の結露についても考えておく必要がありそうである。そこで、図6(b)のように、室内側表面温度において飽和するときの水蒸気圧を求めて、室内空気がその水蒸気圧となるときの相対湿度を求めてみた。およそ相対湿度が70％程度になると、室内側の表面で結露する可能性が示されている。このように、数値解析の結果は、室内の温冷感や省エネルギー、結露対策などを考える上で有効な資料を提供する。

> 補足
>
> 空気層の数式については、図5を参照のこと。

Advanced

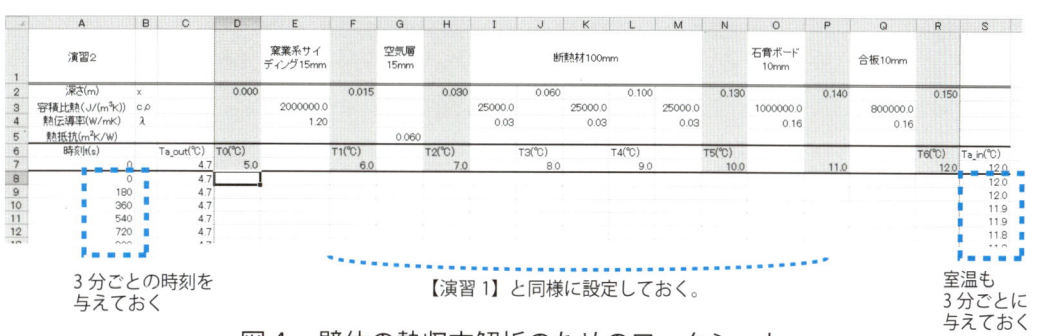

図4　壁体の熱収支解析のためのワークシート

3分ごとの時刻を与えておく

【演習1】と同様に設定しておく。

室温も3分ごとに与えておく

例えば、このセルには、「＝D490－D7」と入力する。（以下の各層も、同様。）
各層のセルの値が全て0となるように、ゴールシークを行う。
#完全に0とならなくても、誤差範囲と考えられるところで、適宜計算を終えても良い。

$=H7+((F7-H7)/0.06+I\$4/(J\$2-H\$2)*(J7-H7))/(I\$3*(J\$2-H\$2)/2)$
$=F7+(E\$4/(F\$2-D\$2)*(D7-F7)+(H7-F7)/0.06)/(E\$3*(F\$2-D\$2)/2)$

空気層の取扱い：　熱抵抗の与えられている空気層の熱流は、上記のように記述すればよい。

図5　ゴールシークを利用して、周期定常解を求める

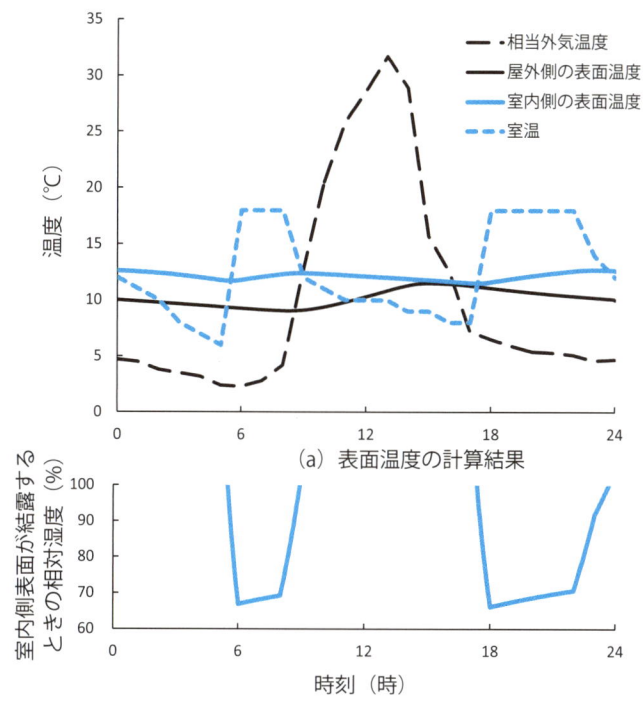

(a) 表面温度の計算結果

室内側は11〜13℃、屋外側は9〜12℃で変動する。外気や室温ほどの大きな変動ではない。

(b) 室内に表面結露が生じるときの室内の相対湿度

在室中、空気が乾燥しているときは、加湿器を使っても良いが、70%近くになると表面結露の可能性が出てくる。

図6　数値シミュレーションによる結果のグラフ表現の例

4章　5　非定常伝熱の数値計算法

4-5 非定常伝熱の数値計算法
（3）地表面熱収支

【演習3】

地表面から50cmの深さまで、図のような地層が形成されているとする。

真夏の晴天日における1日の日射量、気温、湿度、大気圧の変動が下表のとおり与えられているとき、地表面温度、および地中温度の周期定常解を求めよ。

時刻(時)	気温(℃)	相対湿度(%)	風速(m/s)	雲量	水平面全天日射量(W/m²)
0	26.5	70	3	6	0
1	26.0	69	1	10	0
2	25.3	70	1.8	10	0
3	24.4	72	1	9	0
4	23.4	76	0.3	9	0
5	23.1	79	0.5	9	0
6	23.5	79	0.5	2	14
7	25.3	71	0.9	2	122
8	26.6	70	1.2	2	294
9	27.8	65	1.5	0	486
10	29.3	62	1.4	0	619
11	30.3	62	1.9	0	722
12	30.9	61	3.2	2	775
13	31.4	61	1.7	2	761
14	31.1	59	2.4	2	694
15	31.4	59	3.3	2	556
16	30.2	60	2.5	2	386
17	29.8	62	2.5	2	192
18	28.4	67	2.8	7	42
19	28.0	72	2.7	7	0
20	28.0	72	2.8	7	0
21	28.0	65	2.9	6	0
22	27.8	65	3.7	6	0
23	27.0	69	3	6	0

G.L. [mm]
- アスファルト 100
- 砂利 100
- 土 300

	熱伝導率(W/mK)	容積比熱(kJ/m³K)
アスファルト	1.4	2000
砂利	0.3	1600
土	1.0	2000

不易層：深さ 50cm、温度 15℃
アスファルトの日射吸収率：0.9

【演習3～考察のヒント】

演習1、2と同様に、数値計算のためのワークシートを用意する。図1のように、日射量SR（W/m²）、気温（℃）、相対湿度（%）を入力するための列を左側にまとめておく。また、日射受熱量βSR、長波放射授受量LR、顕熱H（上向き）、地中熱伝導G（地表面の熱収支項）を計算する列を、気象条件に隣接させて用意しておく。熱収支項の単位は、すべてW/m²である。

－Pw（hPa）の計算－

Pw（hPa）は空気中の水蒸気圧である。空気温度から飽和水蒸気圧を計算できるので、これに相対湿度（%）を乗じることにより、空気中の水蒸気圧が得られる。

「G6」のセルに入力すべき計算式は以下のとおりである。

```
=D6*0.0001*EXP(-5800.2206/(C6+273.15)+1.3914993-0.048640239*
(C6+273.15)+0.000041764768*(C6+273.15)^2-0.000000014452093*
(C6+273.15)^3+6.5459673*LN(C6+273.15))        (1)
```

ジャンプ

(1) 式は、Wexler-Hyland 式を用いている。
→1-4 (p.23)
および
→4-5 (p.89)

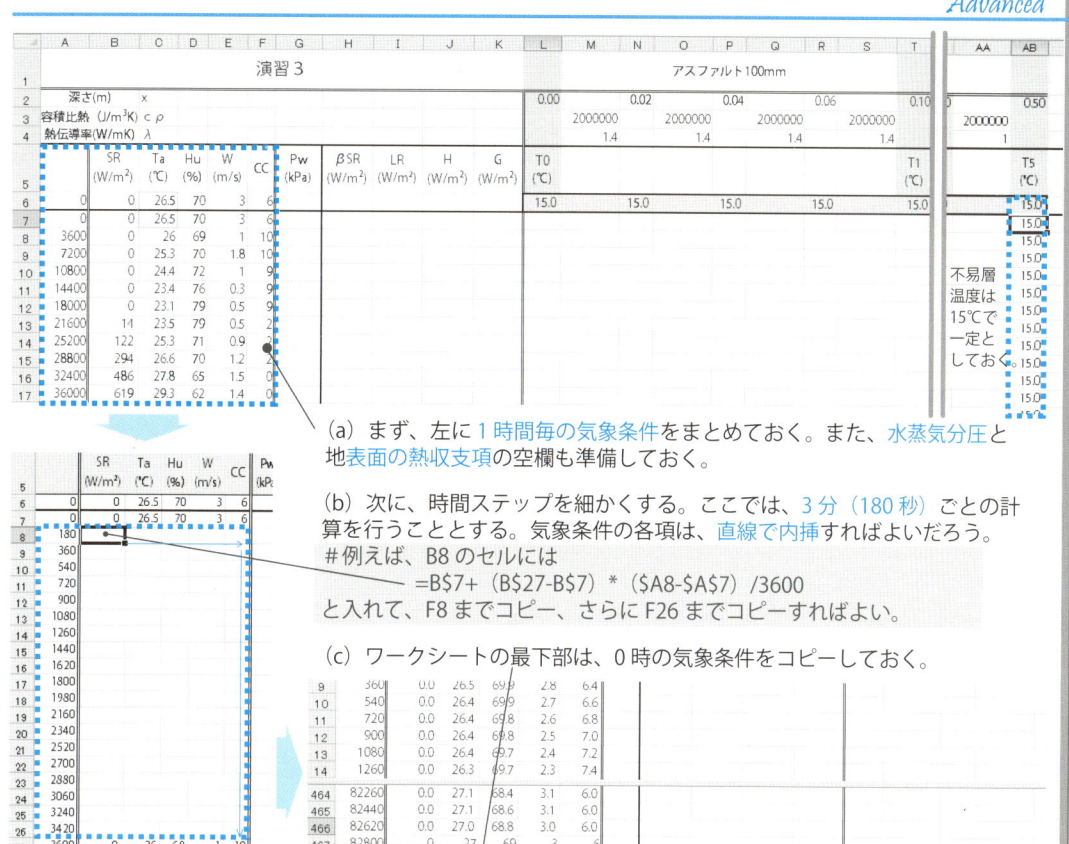

図1 計算のためのシートの準備

Pw を用いて、夜間放射量 LR（W/m²）が計算できる。「I6」のセルに以下のように入力する。気温、相対湿度、雲量、水蒸気分圧、そして地表面温度が参照される。

$$=1*0.0000000567*((C6+273.15)\verb|^|4*((1-0.062*F6)* \qquad (2)$$
$$(0.51+0.066*G6\verb|^|0.5)+0.062*F6)-(L6+273.15)\verb|^|4)$$

次に、日射による受熱量 βSR（W/m²）を求める。日射吸収率は 0.9 と与えられているので、「H6」セルには以下のように記述する。

$$=0.9*B6 \qquad (3)$$

次いで顕熱量 H（W/m²）である。ここでは、対流熱伝達率を、風速の関数として与えることにしよう。「J6」のセルに以下のとおり入力する。

$$=(5.8+3.9*E6)*(L6-C6) \qquad (4)$$

G（W/m²）は地中に吸収される熱量で、これまでのバランスで求められる。「K6」に入る数式は以下のとおりとなる。

$$=H6+I6-J6 \qquad (5)$$

－各層の温度の計算－

以上で求めた熱収支項の値を利用して、地表面および地中の温度はこれまでの演習と同様の式で求めることができる。「L7」セルには、

```
=L6+($A7-$A6)*(M$4*(N6-L6)/(N$2-L$2)+H6+I6-J6)/(M$3*(N$2-L$2)/2)    (6)
```

さらに「N7」セルには、

```
=N6+($A7-$A6)*(O$4*(P6-N6)/(P$2-N$2)-M$4*(N6-L6)/(N$2-L$2))/(O$3*
(P$2-N$2)/2+M$3*(N$2-L$2)/2)                                        (7)
```

なお、「N7」セルをそのまま「P7」以下の温度計算セルにコピー・ペーストしていけば、それぞれのセルの温度が計算できる。

86400秒分のセルに、すべて計算式をコピーペーストした後、既に【演習2】で行ったとおり、各層の初期温度と86400(s)との温度差を0とすべく、ゴールシークを図2のとおり行う。不易層の直上のセルから順に、ゴールシークを行っていくと、概ね効率が良い。

－計算結果の考察－

①各層の温度について

地中各層の温度の日変化をグラフにすると、おそらく図3のような形になる。これによれば、アスファルト表面の温度は、13:30ごろに最も高くなり、約50.0℃にも達している。また、気温とT_0を比較すると、早朝6〜8時を除いて常にT_0の方が高くなっている。すなわち、顕熱Hはほぼ1日中上向き(地表から大気に熱伝達される)となっていることがわかる。

②熱収支項について

地表面における熱のバランスを検討すべく、熱収支項であるβSR、LR、H(上向き)、Gの4つを、図4のように一つのグラフで表示してみよう。

これによれば、H(上向き)は早朝6〜8時のごくわずかな時間帯を除いて、全て地表面から大気に熱エネルギーの移動がある。すなわち、「1日中大気を暖めている」ことになるわけである。顕熱の値は、日中で最大約290W/m^2(14:40)であり、同時刻の水平面全天日射量の約50%が気温上昇に還元されている計算になる。このように、日中のH(上向き)が大きくなることは、気温の上昇を招き、冷房によるピーク電力消費量の増大に直結するという深刻な問題をはらんでいることを示している。

その一方で、「熱帯夜」も都市環境問題のひとつのキーワードである。計算によれば夕方〜夜間のH(上向き)の値は日中の値に比べれば小さいわけであるが、では、なぜそれほど熱帯夜が問題となるのであろうか。

対流圏(地上0〜通常10km程度をさすことが多い)の大気は、都市域を含めて広域にわたって、日中は不安定(上下方向の対流が盛ん)、夕方以降は安定(上下方向の対流が進まない)となる特徴がある。つまり、上下方向の対流のあまり進まない夕方以降は、H(上向き)の量がわずかであっても、地表面付近に気温の高い大気がとどまったままとなりやすいのであり、結果として、熱帯夜を生じやすい状況になる。

このように、Hの値とヒートアイランドとの関係については、Hの値の大小はもちろん、時間軸を含めて解釈すべきであることを理解しておきたい。

図2　ゴールシークにより、0(s) と 86400(s) の温度差を各層とも 0 にする

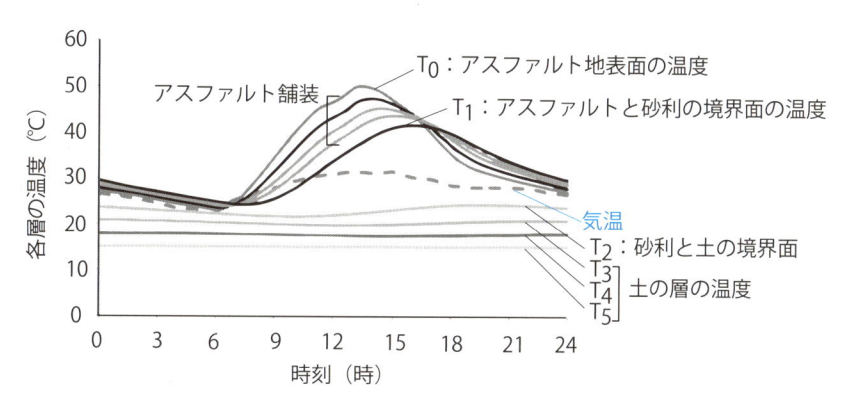

図3　演習3における地中各層の温度の日変化

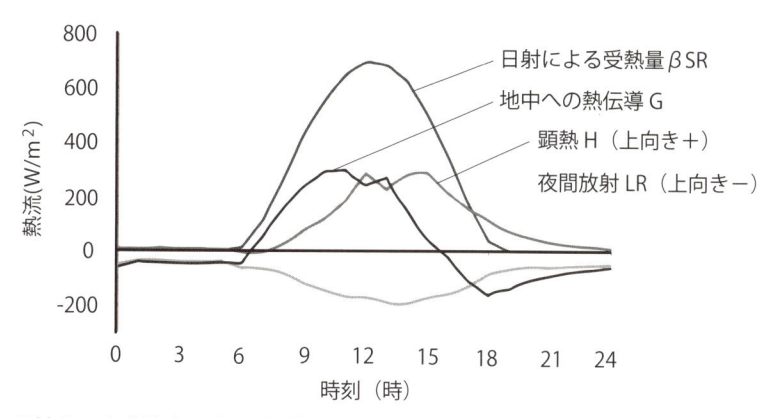

各層の温度の日変化を計算すると、日中、アスファルトは日射の影響を大きく受け、14時頃には約50℃に達している。また、T_0 は常に気温より高い値であり、1日中、周辺空気に放熱していることがわかる。地中10cmからは、砂利の熱伝導率のやや小さく、温度変化がアスファルトに比べて小さい。

地面は日中の日射 βSR を蓄熱するが、日没後も24時ごろまでは顕熱 H が上向きとなっている。すなわち、この地面が夜の気温を上昇させる要因となっていることがわかる。
夜間放射（実行放射）LR は、大気放射（下向き）と地表面放射（上向き）の差である。1日を通じて、常に負の値（1日の平均はおよそ $-100W/m^2$）である。

図4　各熱収支項の比較

Advanced

4-5 非定常伝熱の数値計算法
(4) 理論的背景～差分式の定式化

本章では、演習(1)～(3)でとりあげた、数値解析ロジックの詳細を解説する。

熱物性値について

地表面の熱収支解析を扱うためには、地表面及び地中を構成する材料の熱物性値に関する十分な知識を得ておく必要がある。以下の3つは、材料ごとに決まる定数であり、地中の熱伝導解析を行う上でその意味を理解しておかなければならない。

比熱C(J/kgK)は、ある物質1(kg)の温度を1(K)上昇させるために必要な熱エネルギー量(J)であり、密度ρ(kg/m^3)はある物質1(m^3)あたりの質量(kg)のことである。地中の熱伝導を解析する上では、これらの値が温度によって変化することはない(温度依存性がない)ことを前提にする場合が多いので、両者の積$C\rho$(J/m^{3}K、容積比熱という)のみがわかればよいことになる。

熱伝導率(W/mK)は、熱の伝わりやすさの度合いを表す値であるが、なぜこのような単位になるのかは直感的には理解しづらいところかもしれない。図1を参考に理解を深めてほしい。ある単一材料で半無限に満たされた空間において、1(m)はなれた2面間の温度差が1(K)であるときの熱流(W/m^2)をもって、熱の伝わりやすさと定義している。

さらに、これらの組み合わせによって熱拡散率($\lambda/C\rho$ (m^2/s)、熱伝導比抵抗($1/\lambda$ (mK/W))、熱伝導抵抗(x/λ (m^{2}K/W)、材料の厚さを熱伝導率で割ったもの)などが定義されている。ここで全てを覚える必要はないが、必要に応じて定義とその意味を1つ1つ確認して意味を取り違えないようにすることが必要だ。

なお、コンクリート、アスファルト、土壌や砂の容積比熱や熱伝導率の実際の値については演習編の問題文中で扱っているが、実際には空隙率や水分含有量によって値が大きく変わってくることもあるので注意が必要である。

熱伝導の差分式の定式化

「熱は、温度の高い方から低い方に流れる」「熱が流入した分、内部エネルギーは増加する」。これらの大原則を数式で表現すると、次の微分方程式のようになる。

$$\frac{\partial}{\partial t}(C\rho T) = \frac{\partial}{\partial x}(\lambda \frac{\partial T}{\partial x}) \tag{1}$$

これがいわゆる「**フーリエの熱伝導方程式**」と呼ばれる式である。これを、一次元の熱伝導に議論を限定して解釈してみよう。まず、コンピュータで計算するためには、これを積分方程式になおして考える。

> **関連**
> 1つの項に同じ変数の微分がある場合は、全方向微分の和とみなす「アンサンブル和」の考え方によれば、この式は任意次元の熱の移動を表現したものと考えることもできる。

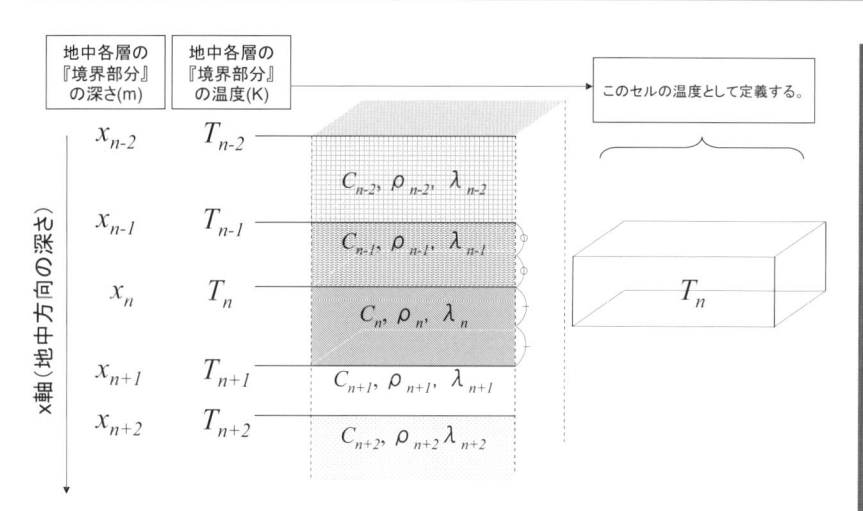

図1 地中を「層」に分割。各層間の境界の深さと初期温度が与えられている。また、各層の熱物性値（C、ρ、λ）は既知とする。

$$\iint \frac{\partial}{\partial t}(C\rho T)dxdt = \iint \frac{\partial}{\partial x}(\lambda \frac{\partial T}{\partial x})dxdt \quad (2)$$

これは、熱の移動方向xと時間tによって積分することを示している。ただし「積分区間」が明確になっていないので明確にしておこう。まず、時間積分については、t_0(s)から$t_0+\Delta t$(s)までのΔt(s)間の変化について積分することにする。また、x方向の積分については、図1のx_n上のセル（図中の右に描画されているセル）の温度を解析対象とするならば、

$$\frac{x_{n-1}+x_n}{2} \sim \frac{x_n+x_{n+1}}{2} \quad (3)$$

の間で積分することになる。すなわち、

$$\int_{\frac{x_{n-1}+x_n}{2}}^{\frac{x_n+x_{n+1}}{2}} \int_{t_0}^{t_0+\Delta t} \frac{\partial}{\partial t}(C\rho T)dxdt = \int_{\frac{x_{n-1}+x_n}{2}}^{\frac{x_n+x_{n+1}}{2}} \int_{t_0}^{t_0+\Delta t} \frac{\partial}{\partial x}(\lambda \frac{\partial T}{\partial x})dxdt \quad (4)$$

となる。順を追って、この積分を紐解いてみよう。まず左辺の積分を実行してみる。

$$(左辺) = \int_{\frac{x_{n-1}+x_n}{2}}^{\frac{x_n+x_{n+1}}{2}} \left\{ C\rho T\big|_{t_0=t_0+\Delta t} - C\rho T\big|_{t=t_0} \right\}dx$$

$$= \int_{\frac{x_{n-1}+x_n}{2}}^{\frac{x_n+x_{n+1}}{2}} C\rho \left(T_{t_0+\Delta t} - T_{t_0}\right)dx$$

$$= C'\rho'\left(T^n_{t_0+\Delta t} - T^n_{t_0}\right)\left(\frac{x_{n+1}-x_{n-1}}{2}\right) \quad (5)$$

ここで、C'、ρ'はそれぞれ、図1の点線枠内の比熱(J/(kg・K))と、密度(kg/m³)である。この積$C'\rho'$（これを定積比熱(J/(m³K))という）をC_n、ρ_nで表すには、隣接する層の定積比熱の体積割合で足しこめばよいだけである。

Advanced

$$C'\rho' = \frac{C_{n-1}\rho_{n-1}\left(\dfrac{x_n - x_{n-1}}{2}\right) + C_n\rho_n\left(\dfrac{x_{n+1} - x_n}{2}\right)}{\dfrac{x_{n+1} - x_{n-1}}{2}} \quad (6)$$

すなわち、

$$(左辺) = \left\{C_{n-1}\rho_{n-1}\left(\frac{x_n - x_{n-1}}{2}\right) + C_n\rho_n\left(\frac{x_{n+1} - x_n}{2}\right)\right\}\left(T_n|_{t=t_0+\triangle t} - T_n|_{t=t_0}\right) \quad (7)$$

次に、右辺の積分を実行してみよう。x方向の積分を先に実行するとわかりやすい。

$$\begin{aligned}(右辺) &= \int_{\frac{x_{n-1}+x_n}{2}}^{\frac{x_n+x_{n+1}}{2}} \int_{t_0}^{t_0+\triangle t} \frac{\partial}{\partial x}\left(\lambda \frac{\partial T}{\partial x}\right) dx\, dt \\ &= \int_{t_0}^{t_0+\triangle t}\left\{\lambda \frac{\partial T}{\partial x}\bigg|_{\frac{x_n+x_{n+1}}{2}} - \lambda \frac{\partial T}{\partial x}\bigg|_{\frac{x_{n-1}+x_n}{2}}\right\} dt \\ &= \int_{t_0}^{t_0+\triangle t}\left\{\lambda_n \frac{T_{n+1}-T_n}{x_{n+1}-x_n} - \lambda_{n-1}\frac{T_n - T_{n-1}}{x_n - x_{n-1}}\right\} dt\end{aligned} \quad (8)$$

最後にtによる積分が残った。このとき、$T_{n-1} \sim T_{n+1}$の値に、$t=t_0$のときの値を入れるか、$t=t_0+\triangle t$のときの値を入れるかによって、最終的な差分式が変わってくる。ここでは仮に、前者で積分を実行しよう。

$$\begin{aligned}(右辺) &= \int_{t_0}^{t_0+\triangle t}\left\{\lambda_n \frac{T_{n+1}-T_n}{x_{n+1}-x_n} - \lambda_{n-1}\frac{T_n-T_{n-1}}{x_n-x_{n-1}}\right\} dt \\ &= \triangle t\left\{\lambda_n \frac{T_{n+1}|_{t=t_0} - T_n|_{t=t_0}}{x_{n+1}-x_n} - \lambda_{n-1}\frac{T_n|_{t=t_0} - T_{n-1}|_{t=t_0}}{x_n - x_{n-1}}\right\}\end{aligned} \quad (9)$$

(7)と(9)を等号で結ぶと、

$$\begin{aligned}&\left\{C_{n-1}\rho_{n-1}\left(\frac{x_n - x_{n-1}}{2}\right) + C_n\rho_n\left(\frac{x_{n+1}-x_n}{2}\right)\right\}\left(T_n|_{t=t_0+\triangle t} - T_n|_{t=t_0}\right) \\ &= \triangle t\left\{\lambda_n \frac{T_{n+1}|_{t=t_0} - T_n|_{t=t_0}}{x_{n+1}-x_n} - \lambda_{n-1}\frac{T_n|_{t=t_0} - T_{n-1}|_{t=t_0}}{x_n - x_{n-1}}\right\}\end{aligned} \quad (10)$$

この式を解釈してみよう。$t=t_0+\triangle t$のときの温度$T_n|_{t=t_0+\triangle t}$は未知である。そして、その他の変数については全て既知であることに気づく。つまり、未来の温度$T_n|_{t=t_0+\triangle t}$は、現時点の近隣の温度と材料の熱物性値を使った加減乗除演算で求めることができるわけである。

> **関連**
>
> 一般に、$t=t_0$のときのTで定式化した場合を「前進差分(陽解法)」、$t=t_0+\triangle t$のときのTで定式化した場合を「後退差分(完全陰解法)」と呼ぶ。また、両者を1/2ずつ足しこむ方法(Crank-Nicolson法)などのバリエーションもある。目的に応じて適切な定式化の選択が必要になる。

$T_{n}|_{t=t_0+\triangle t}$について解いてみると、

$$T_{n}|_{t=t_0+\triangle t} = T_{n}|_{t=t_0} + \frac{\triangle t \left\{ \lambda_n \frac{T_{n+1}|_{t=t_0} - T_{n}|_{t=t_0}}{x_{n+1}-x_n} - \lambda_{n-1} \frac{T_{n}|_{t=t_0} - T_{n-1}|_{t=t_0}}{x_n-x_{n-1}} \right\}}{C_{n-1}\rho_{n-1}\left(\frac{x_n - x_{n-1}}{2}\right) + C_n\rho_n\left(\frac{x_{n+1} - x_n}{2}\right)} \quad (11)$$

右辺の分数の部分を見てみよう。分子は、T_{n+1}のセルからT_nのセルに$\triangle t$(s)間に流入する熱エネルギーと、T_nのセルからT_{n-1}のセルに$\triangle t$(s)間に流出する熱エネルギーとの差、つまりT_nのセル内に残るネットの熱エネルギー量(J)を示している。そして、分母はT_nのセルの熱容量(J/K)である。割り算すれば、T_nのセルの温度上昇分が出せる、というきわめて単純な理屈を表している。すなわち、T_nのセルの現時点の温度$T_{n}|_{t=t_0}$にこの分数式を足しこめば、未来の温度$T_{n}|_{t=t_0+\triangle t}$が算出できるのは自明だろう。

以上で、古い温度情報から新しい温度情報が割り出せることは理解できたことと思う。ただし、式(11)の導出までには、いくつもの仮定があることに注意しなければならない。

まず、左辺の定式化においては、

> 一次元の熱収支を仮定している： 式(1)、(2)
> C、ρに時間変化がないとしている： 式(5)
> x方向の積分区間内でC、ρ、Tには分布がないとしている： 式(5)

また、右辺の定式化においては、

> xが=x_{n-1}～x_nおよびx_n～x_{n+1}で、各々リニアに温度変化があるとしている： 式(8)
> t=t_0～t=$t_0+\triangle t$の間で、λは変化しないとしている： 式(9)
> t=t_0～t=$t_0+\triangle t$の間で、$T_{n}|_{t=t_0}$は変化しないとしている： 式(9)

これらの仮定は、地表面熱収支を考察してみる、という目的に沿って定式化しており、このような単純化が成立している。

言い換えれば、結果的に導出された式(11)が一人歩きしてしまうとまずい場合も考えられる。例えば、建物の壁や屋根の隅角部の温度解析などでは、そもそも一次元の熱収支を仮定できないので、式(11)は成立しないことになる。そのような場合は、式(1)に戻り、三次元の熱流を表現できるよう、あらためて解釈しなおして差分式を求めなくてはならない。

そうはいっても、「熱は、温度の高い方から低い方に流れる」という基本そのものは何も変わらないのであるから、テーマ設定に応じて仮定を十分意識しながら式展開を行っていけば、どんな複雑な形状の温度分布でも割り出すことができるはずである。興味のある諸氏は、ぜひトライしてほしい。

4-5 非定常伝熱の数値計算法
（5）理論的背景～境界条件

前項で、⊿t(s)後の温度を求める式の導出が完了した。セルとセルの間に挟まれている限りは、セルの両側からのネットの熱エネルギー流入量(J)を、セルの熱容量(J/K)で割り込めば温度上昇分(K)が出せるという単純な理屈だ。

では、地表面上のセルについては、熱収支をどう考えたらよいのだろうか。仮に気温Taと空気の熱物性値Ca、ρa、λa定義したとしても、例えば、冷たい風が強く吹くと地表面はよりさめやすいはずであるから、空気の熱物性値を一定値として固体同様に扱う、というわけにはいかないことは感覚的に理解できるだろう。さらに、地表面には「日射」が当たって温度上昇が起こるし、夜間には、「放射冷却」の現象によって気温以下になることもしばしばだ。単に地表面と近傍空気との熱のやり取りだけを考えればよいわけではないのである。

地表面における熱収支は、大きく以下の3つのステップで理解を進めるとわかりやすいのではないかと思う。具体的に解説してみよう。

〈ステップ①〉まず、空気との熱のやり取りだけを考えてみる

地表面が空気と触れている場合には、「対流熱伝達」と呼ばれる現象が起こる。地表面から大気に受け渡される熱エネルギー量H(W/m²)は、きわめて単純な式で表現される。

$$H = \alpha(T_0 - T_a) \tag{12}$$

αは対流熱伝達率(W/m²K)と呼ばれる値で、地表面付近の風の状態や地表面の状態（粗さ、温度等）によって大きく左右されるが、屋外の広大なフィールドでは、地表面の対流熱伝達率は風速の関数として与えられることが多い。以下の式はしばしば用いられるものの一つである。

$$\alpha = 5.8 + 3.9v \quad (v \leq 5\text{m/s})$$
$$\alpha = 7.14v^{0.78} \quad (v > 5\text{m/s}) \tag{13}$$

すると、T_0については表面の対流熱伝達があるものとすれば、前項の地中熱伝導の定式化結果である式(11)において、上部セルからの熱の流入部分を書き換えて、

$$T_0|_{t=t_0+\triangle t} = T_0|_{t=t_0} + \frac{\triangle t\left\{\lambda_0 \dfrac{T_1|_{t=t_0} - T_0|_{t=t_0}}{x_1} - \alpha(T_0 - T_a)\right\}}{C_0 \rho_0 \left(\dfrac{x_1}{2}\right)} \tag{14}$$

となる。上の固体(x_{n-1}のセル)に熱伝導で持っていかれるのではなく、空気からもらう式が入っているだけだ。

関連

ユルゲスの式として知られる実験式。地表面や建物表面などの熱収支解析にしばしば用いられる。その他、裸地や草地、水面などの被覆ごとに実験式も求められている。ただし、対流熱伝達率を正確に測定あるいは予測することはきわめて難しく、現在も精力的に測定手法、予測手法に関して研究が進められている。

〈ステップ②〉 太陽放射、さらには大気との放射授受も考える

ステップ①では近傍空気とのやり取りだけを考えたが、前章までの演習を進めてきた方であればお分かりのことと思う。実は、地表面ではさまざまな放射エネルギーの授受があり、表面セル内の内部エネルギーの収支に大きな影響を与えており、式(14)では不十分だ。

太陽放射（日射エネルギー）を考えてみよう。通常、気象台で取得されている日射量（正確には水平面全天日射量と呼ばれる）SR(W/m²)を熱収支解析に利用できるものとすれば、

$$T_0|_{t=t_0+\triangle t} = T_0|_{t=t_0} + \frac{\triangle t\left\{\lambda_0 \frac{T_1|_{t=t_0} - T_0|_{t=t_0}}{x_1} - \alpha(T_0 - T_a) + \beta SR\right\}}{C_0 \rho_0 \left(\frac{x_1}{2}\right)} \quad (15)$$

なる定式化ができる。β は地表面の日射吸収率。

実は、これでもまだ不十分だ。次に、大気放射エネルギーについて考えてみよう。地表面は大気の塊と長波長放射エネルギーの授受もある。一般にはBrunt-Philippsの式がよく用いられる。

$$LR = \varepsilon_0 \sigma \left[T_a^4 \left\{ \left(1 - 0.62 \frac{cc}{10}\right)(a + b\sqrt{P_w}) + 0.62 \frac{cc}{10} \right\} - T_0^4 \right] \quad (16)$$

> **ジャンプ**
> 式(16)は、Brunt式とPhillips式を用いている。
> →1-4 (p.23)
> および
> →4-5 (p.89)

ε_0 は前章までで解説のあった地表面の放射率、ccは雲量（0～10の10段階表記）a=0.51、b=0.066。Pwは水蒸気分圧(hPa)であり、気温T_a(℃)と相対湿度H(%)から次式により算出可能である。

$$\begin{aligned}Pw = &\frac{H}{10000} \\ &\times [\exp\{-5800.2206/(T_a+273.15)+1.3914993-0.048640239(T_a+273.15) \\ &+ 0.41764768\times10^{-4}(T_a+273.15)^2 - 0.14452093\times10^{-7}(T_a+273.15)^3 \\ &+ 6.5459673\log_e(T_a+273.15)\}]\end{aligned} \quad (17)$$

> **ジャンプ**
> 式(17)は、Wexler-Hyland式を用いている。
> →1-4 (p.23)
> および
> →4-5 (p.89)

すると、

$$T_0|_{t=t_0+\triangle t} = T_0|_{t=t_0} + \frac{\triangle t\left\{\lambda_0 \frac{T_1|_{t=t_0} - T_0|_{t=t_0}}{x_1} - \alpha(T_0 - T_a) + \beta SR + LR\right\}}{C_0 \rho_0 \left(\frac{x_1}{2}\right)} \quad (18)$$

これで、水平な地表面上における表面温度の差分式が完成したことになる。

なお、地中数mの深さともなると、年間にわたってほとんど温度変化がない層がある。これは「温度不易層」と呼ばれる。地表面熱収支解析では、ある深さの層に一定の「温度」を境界条件として与えておくことになる。

地中温度の観測データ豊富にある地域を解析対象とする場合には、そのデータを直接用いるのが望ましいが、一般にはそうもいかない。そのため、近似的に、解析対象地域の年平均気温を地下数mの層に与えて数値計算を実行することもしばしば行われている。

> **ジャンプ**
> このままでは、潜熱項すなわち水分蒸発に伴う熱収支の項が抜けていることに気づくかもしれない。潜熱項は土壌や植物を扱う上では欠かせない。いわゆる「熱水分の複合移動」の考え方が必要となる。
> →4-6 (p.92)

4-5 非定常伝熱の数値計算法
（6）理論的背景～前進差分の安定条件

【演習1～3】では、前進差分による差分式に基づいて、3分間隔の温度を計算した。これはこれで問題なく計算が進行したわけだが、例えば時間ステップをより長くとった場合には、ありえないほど高い（あるいは低い）表面温度が導出され、しまいには「計算不能」にならなかっただろうか。これは、「安定条件」が満たされなかったことによるエラーである。

$$T_n\big|_{t=t_0+\Delta t} = \frac{\Delta t\left\{\dfrac{\lambda_{n-1}}{x_n-x_{n-1}}\right\}}{C_{n-1}\rho_{n-1}\left(\dfrac{x_n-x_{n-1}}{2}\right)+C_n\rho_n\left(\dfrac{x_{n+1}-x_n}{2}\right)} T_{n-1}\big|_{t=t_0}$$

$$+\left(1-\frac{\Delta t\left\{\dfrac{\lambda_n}{x_{n+1}-x_n}-\dfrac{\lambda_{n-1}}{x_n-x_{n-1}}\right\}}{C_{n-1}\rho_{n-1}\left(\dfrac{x_n-x_{n-1}}{2}\right)+C_n\rho_n\left(\dfrac{x_{n+1}-x_n}{2}\right)}\right) T_n\big|_{t=t_0}$$

$$+\frac{\Delta t\left\{\dfrac{\lambda_n}{x_{n+1}-x_n}\right\}}{C_{n-1}\rho_{n-1}\left(\dfrac{x_n-x_{n-1}}{2}\right)+C_n\rho_n\left(\dfrac{x_{n+1}-x_n}{2}\right)} T_{n+1}\big|_{t=t_0} \quad (1)$$

簡単のため、これを次のように書き換える。

$$T_n\big|_{t=t_0+\Delta t} = aT_{n-1}\big|_{t=t_0} + bT_n\big|_{t=t_0} + cT_{n+1}\big|_{t=t_0} \quad (2)$$

ここで、a＞0、c＞0となることは自明であるが、bの正負は不明。この状態でもうΔtだけ時間を進めてみる。

$$\begin{aligned}T_n\big|_{t=t_0+2\Delta t} &= aT_{n-1}\big|_{t=t_0+\Delta t} + bT_n\big|_{t=t_0+\Delta t} + cT_{n+1}\big|_{t=t_0+\Delta t}\\ &= aT_{n-1}\big|_{t=t_0+\Delta t} + b\left(aT_{n-1}\big|_{t=t_0} + bT_n\big|_{t=t_0} + cT_{n+1}\big|_{t=t_0}\right) + cT_{n+1}\big|_{t=t_0+\Delta t}\\ &= \left(aT_{n-1}\big|_{t=t_0+\Delta t} + baT_{n-1}\big|_{t=t_0}\right) + b^2 T_n\big|_{t=t_0} + \left(cT_{n+1}\big|_{t=t_0+\Delta t} + bcT_{n+1}\big|_{t=t_0}\right)\end{aligned} \quad (3)$$

さらに時刻をΔt進めると、

$$\begin{aligned}T_n\big|_{t=t_0+3\Delta t} &= aT_{n-1}\big|_{t=t_0+2\Delta t} + bT_n\big|_{t=t_0+2\Delta t} + cT_{n+1}\big|_{t=t_0+2\Delta t}\\ &= aT_{n-1}\big|_{t=t_0+2\Delta t} + b\left(aT_{n-1}\big|_{t=t_0+\Delta t} + bT_n\big|_{t=t_0+\Delta t} + cT_{n+1}\big|_{t=t_0+\Delta t}\right) + cT_{n+1}\big|_{t=t_0+2\Delta t}\\ &= \left(aT_{n-1}\big|_{t=t_0+2\Delta t} + baT_{n-1}\big|_{t=t_0+\Delta t}\right) + b^2 T_n\big|_{t=t_0+\Delta t} + \left(cT_{n+1}\big|_{t=t_0+2\Delta t} + bcT_{n+1}\big|_{t=t_0+\Delta t}\right)\\ &= \left(aT_{n-1}\big|_{t=t_0+2\Delta t} + baT_{n-1}\big|_{t=t_0+\Delta t} + b^2 aT_{n-1}\big|_{t=t_0}\right) + b^3 T_n\big|_{t=t_0}\\ &\quad + \left(cT_{n+1}\big|_{t=t_0+2\Delta t} + bcT_{n+1}\big|_{t=t_0+\Delta t} + b^2 cT_{n+1}\big|_{t=t_0}\right)\end{aligned} \quad (4)$$

同様に繰り返して、Δtをm回時間進行させると、最終的に、

$$\begin{aligned}T_n\big|_{t=t_0+m\Delta t} &= \left(aT_{n-1}\big|_{t=t_0+(m-1)\Delta t} + baT_{n-1}\big|_{t=t_0+(m-2)\Delta t} + \cdots + b^{m-1}aT_{n-1}\big|_{t=t_0}\right)\\ &\quad + b^m T_n\big|_{t=t_0}\\ &\quad + \left(cT_{n+1}\big|_{t=t_0+(m-1)\Delta t} + bcT_{n+1}\big|_{t=t_0+(m-2)\Delta t} + \cdots + b^{m-1}cT_{n+1}\big|_{t=t_0}\right)\end{aligned} \quad (5)$$

と表せる。第1項は「上隣のセルの現在から過去に至る温度の影響の総和」、第2項は「自分自身の初期温度の影響」、第3項は「下隣のセルの現在から過去に至る温度の影響の総和」であると考えることができる。

ここで第2項に注目すると、0＜b＜1であれば、mが大きくなればなるほど、すなわち、時間が進行すればするほど、b_mはどんどん小さくなる。過去の温度の影響が時間とともに減衰していることを示している式となっている。これは、a然り、c然りである。いずれも0から1の値をとると考えれば納得しやすい。言い換えれば、第1項から第3項まで、隣や自分自身の現在・過去の温度が減衰しながら足しこまれることによって、自分自身の未来の温度が決まっている、という自然現象が表現されている。仮にbが1より大であるとすると、過去の温度が減衰せず増幅してしまい、物理現象として極めておかしな結果が生じる。これについても、a然り、c然り、である。

さて、bがもし負の値であるとすると、$T_n|_{t=t_0}$の係数b_mは、mが偶数のとき正の値、奇数のとき負の値となることになることに気づく。これもいささかおかしな現象である。例えば5分後の温度を求めようとしたとき、△tを1分で計算を進めると(m=5、つまりmは奇数)$T_n|_{t=t_0}$の係数は負の値となり、△tを30秒で計算すると(m=10、つまりmは偶数)$T_n|_{t=t_0}$の係数は正の値となる。熱力学の世界では10分後の温度の答えは1つだけのはずだが、bが負の値を持ってしまうと、2通りの答えを持つという、物理的に起こりえない事態を許してしまうことになりかねない。このようなおかしな現象が計算上起こらないようにするためには、bが負であってはまずい。これもa然り、c然りである。

以上から、0≦a＜1、0≦b＜1、0≦c＜1。ここで、aとcは式(1)によれば正であり、また、b=1-a-cを考えれば、b＜1も自明である。結果として、b≧0が成立すれば必要十分となる。これが、前進差分における「安定条件」とよばれるものであり、数式で表せば、

$$1 - \frac{\triangle t \left\{ \dfrac{\lambda_n}{x_{n+1} - x_n} - \dfrac{\lambda_{n-1}}{x_n - x_{n-1}} \right\}}{C_{n-1}\rho_{n-1}\left(\dfrac{x_n - x_{n-1}}{2}\right) + C_n\rho_n\left(\dfrac{x_{n+1} - x_n}{2}\right)} \geq 0 \quad (6)$$

△tについて解くと、

$$\triangle t \leq \frac{C_{n-1}\rho_{n-1}\left(\dfrac{x_n - x_{n-1}}{2}\right) + C_n\rho_n\left(\dfrac{x_{n+1} - x_n}{2}\right)}{\left\{ \dfrac{\lambda_n}{x_{n+1} - x_n} - \dfrac{\lambda_{n-1}}{x_n - x_{n-1}} \right\}} \quad (7)$$

式(7)は、△tはむやみやたらに大きい値にすることができない、という、時間ステップの決定に関する制約である。すなわち、計算対象となるセル全てに式(7)を適用して、算出される最も小さな△tよりも小さな△tにより計算を進めなければならない。なお、この安定条件は、前進差分(陽解法)で計算結果を破綻なく求める上での必要十分条件ではあるが、「計算結果の精度を保証する」というものではないことにも注意する必要がある。

外界条件の時刻変動がないときなどには、△tを大きくとりながら効率的に計算を進めたい。このような場合には、△tによらず無条件安定の**後退差分法**という選択肢もある。また、外界条件がなめらかな時刻変動をしている場合などには、前進差分と後退差分とをあわせて利用する、やはり無条件安定の**Crank-Nicolson法**などの計算スキームもある。

> 🐦 **関連**
>
> この解釈は、ある波形を減衰関数群の総和で表そうとする「ラプラス変換」の考え方を適用していることに他ならない。

Advanced

4-6 熱・水分の複合移動

建築物の壁体が吸放湿を行うと、壁体内部における水蒸気の移動がおこり、壁体内部の熱伝導や、壁体表面における熱伝達の状況は、【演習1〜3】で扱った状況とは大きく異なる。その理論的背景を紐解いてみよう。

ギブスの自由エネルギーと化学ポテンシャル

壁体の吸放湿について、数値解析を行うことを考えてみよう。

壁体内部は水蒸気の移動は、熱伝導と同様にゆっくり進む。このため、時間進行の1ステップのような短い時間の間では、壁体内のある層の空隙において、水蒸気の温度Tおよび水蒸気圧力pは、ほぼ一定と考えてもよい（**等温等圧過程**）。すると、熱力学第1法則によれば、Tおよびpによる微分は0となるので、$SdT=0$ かつ、$Vdp=0$。この条件下では、

> dU（内部エネルギーの微小変化）
> $+pdV$（外部への作用に伴うエネルギー流出）　　　青網掛け部分は、エンタルピー（H）の微小変化を示す
> $-TdS$（熱エネルギー流入）$=dG$　　Sはエントロピーである。 (1)

と書ける。このときの右辺のGを、**ギブスの自由エネルギーGとよぶ**（積分するとG＝H－TSと表される）。この値が大きいほど、水蒸気をその場所から拡散させる力（駆動力）が強くなることを表している。Gを単位水蒸気量における値で表現したものが、水分の**化学ポテンシャルμ**である。μの単位には、一般にJ/kgが用いられる。

水分の化学ポテンシャルは、水蒸気の温度T、水蒸気圧p、および水蒸気の定圧比熱によって、以下のように表現されることが報告されている。

定圧比熱 (J/(kgK))　　水蒸気温度 (K)　　飽和水蒸気圧 (Pa)　　ある層における水蒸気圧 (Pa)

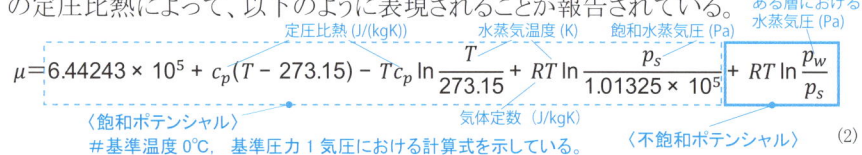

$$\mu = 6.44243 \times 10^5 + c_p(T-273.15) - Tc_p \ln \frac{T}{273.15} + RT \ln \frac{p_s}{1.01325 \times 10^5} + RT \ln \frac{p_w}{p_s}$$

〈飽和ポテンシャル〉　　　　　　気体定数 (J/kgK)　　〈不飽和ポテンシャル〉
＃基準温度0℃、基準圧力1気圧における計算式を示している。 (2)

方程式の差分化と数値計算

水蒸気拡散が支配的であって、液水の影響がない状態を想定すれば、図1に示すように、壁体内部の熱伝導と水分伝導に関する方程式群で記述できる。

数値計算のメインルーチンでは、①各層についてμの時間変化を前進差分で全て求める。また、②熱伝導方程式に**水蒸気拡散に伴う熱エネルギー拡散**の影響を加えて、熱伝導の時間を前進させる。図2に示したとおり、差分式はやや複雑であるものの、上記①②とも、陰的なプロセスを含まないので、【演習1〜3】のワークシートを応用することも可能である。

熱・水分の複合移動の計算では、建築材料の熱伝導率と容積比熱の他に、水蒸気伝導率や水分容量など、必要な物性値が多くなることから、精緻な実験等が重ねられながらデータベース化が進められている。一方で、数値の検証や評価のしにくい化学ポテンシャルを扱うなど、一般への普及という面ではややハードルが高い面もある。また、数値解析に、壁体の吸放湿に伴う室内空気の状態の変化を加味することや、結露や雨水などの液水の影響も合わせて評価すること、などの応用面での研究課題も指摘されている。

関連

ここでは、含水率が比較的低く、主として水蒸気の移動のみが起こっている状況を想定している。このような状況を特にHygroscopic領域とよぶことがある。

関連

気相の平衡状態を評価するための指標には、内部エネルギーU、エンタルピーH、ギブスの自由エネルギーG、さらに、ヘルムホルツの自由エネルギーAの4つが定義されている。
相互の関係は、以下のとおり。

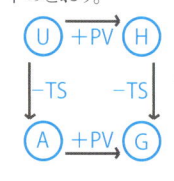

U →+PV→ H
↓-TS   ↓-TS
A →+PV→ G

補足

化学ポテンシャルは、物理学や化学の分野において、一般にはJ/molが使われる。

Advanced

熱・水分の複合移動の基礎方程式

熱移動	$c\rho \dfrac{\partial T}{\partial t} = \lambda \dfrac{\partial^2 T}{\partial x^2} + r\lambda'_g \dfrac{\partial^2 \mu_w}{\partial x^2}$	熱の境界条件	$-\lambda \dfrac{\partial T}{\partial x} = \alpha(T_a - T_s) + q_r$
水分移動	$\rho_{lw} \dfrac{\partial \phi}{\partial \mu} \dfrac{\partial \mu}{\partial t} = \lambda'_g \dfrac{\partial^2 \mu_w}{\partial \chi^2}$	水分の境界条件	$-\lambda'_g \dfrac{\partial \mu_w}{\partial x} = \alpha'(\mu_{wa} - \mu_{ws})$

図1　基礎方程式

差分式

熱移動
$$T_n|_{t=t_0+\Delta t} = T_n|_{t=t_0} + \dfrac{\Delta t \left\{ \left(\lambda_n \dfrac{T_{n+1}|_{t=t_0} - T_n|_{t=t_0}}{x_{n+1} - x_n} - \lambda_{n-1} \dfrac{T_n|_{t=t_0} - T_{n-1}|_{t=t_0}}{x_n - x_{n-1}} \right) + \left(r\lambda'_{g_n} \dfrac{(\mu_w^0+\mu)_{n+1}|_{t=t_0} - (\mu_w^0+\mu)_n|_{t=t_0}}{x_{n+1} - x_n} - r\lambda'_{g_{n-1}} \dfrac{(\mu_w^0+\mu)_n|_{t=t_0} - (\mu_w^0+\mu)_{n-1}|_{t=t_0}}{x_n - x_{n-1}} \right) \right\}}{C_{n-1}\rho_{n-1}\left(\dfrac{x_n - x_{n-1}}{2}\right) + C_n\rho_n\left(\dfrac{x_{n+1} - x_n}{2}\right)}$$

水分移動
$$\mu_n|_{t=t_0+\Delta t} = \mu_n|_{t=t_0} + \dfrac{\Delta t \left\{ \lambda'_{g_n} \dfrac{(\mu_w^0+\mu)_{n+1}|_{t=t_0} - (\mu_w^0+\mu)_n|_{t=t_0}}{x_{n+1} - x_n} - \lambda'_{g_{n-1}} \dfrac{(\mu_w^0+\mu)_n|_{t=t_0} - (\mu_w^0+\mu)_{n-1}|_{t=t_0}}{x_n - x_{n-1}} \right\}}{\rho_{lw_{n-1}}\dfrac{\partial \phi}{\partial \mu}\bigg|_{n-1}\left(\dfrac{x_n - x_{n-1}}{2}\right) + \rho_{lw_n}\dfrac{\partial \phi}{\partial \mu}\bigg|_n\left(\dfrac{x_{n+1} - x_n}{2}\right)}$$

図2　差分式

チェックテスト

(1) 図のように、シリンダの中に、圧力、温度が周囲と同じ理想気体が質量1kg入っている(図1)。
(a)このときのシリンダ内の空気の体積はV_1=■A■で表される。(ただし、気体定数R(J/(kgK))で表す)
(b)この気体を、外部から加熱して、定圧で体積が1.5倍になるまで膨張させた(図2)。このとき、気体の温度T_2は■B■[K]となる。(ただし、R=287[J/(kgK)]とする)
(c)このときの内部エネルギー増加は■C■[kJ]である。(ただし、定積比熱c_v=719[J/(kgK)]とする)
(d)このときの外部からの加熱量は■D■[kJ]である。(ただし、定圧比熱c_p=1006[J/(kgK)]とする)
(e)このときのエントロピーの増加は■E■[J/K]である。
(f)このときの空気の得た有効エネルギー(エクセルギー)は■F■である。
(エネH17改)

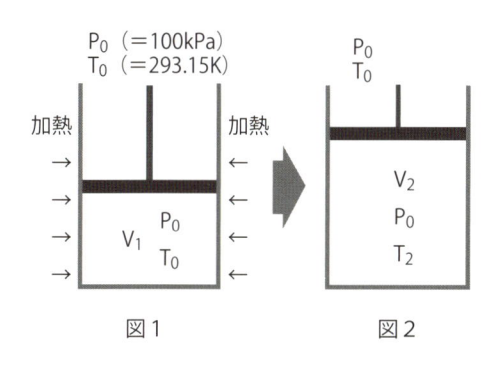

図1: P_0 (=100kPa), T_0 (=293.15K), 加熱, V_1, P_0, T_0

図2: P_0, T_0, 加熱, V_2, P_0, T_2

解答

(1) 熱・水分の複合移動を理解するには、「熱力学」の基礎を理解しておくことが求められる。高度な内容となるが、この分野への取り組みを考えている諸氏への導入として、「エネルギー管理士」の資格試験問題に基づいて、用語と概念を整理しておこう。

(a) 理想気体の状態方程式は、PV=nRT (この場合、Rの単位から、nは気体の質量[kg]。) 気体は1kgなので、$V_1 = RT_0 / P_0$ となる。

(b) 理想気体の状態方程式を変形して、
$T_2 = P_0V_2/nR = 1.5P_0V_0/nR = 1.5T_0$ = **439.73[K]**

(c) 内部エネルギー増加分は、$\Delta U = n \cdot c_v \cdot \Delta T$ と表せる。よって、$1 \times 719 \times (439.73 - 293.15) = 105391[J] \fallingdotseq$ **105[kJ]**

(d) 外部からの加熱は、$\Delta Q = n \cdot c_p \cdot \Delta T$ と表せる。よって、$1 \times 1006 \times (439.73 - 293.15) = 147459[J] \fallingdotseq$ **147[kJ]**
なお、(c)が(d)より小さいのは、外部への仕事を差し引いているから。

(e) エントロピーの増加は、絶対温度の逆数 1/T を、Qの変化プロセスで積分することで得られる。すなわち、
$\Delta S = \int (1/T)dQ = n \cdot c_p \int (1/T)dT = n \cdot c_p \cdot \ln(T_2/T_1)$
$= 1 \times 1006 \times \ln(1.5) \fallingdotseq$ **408[J/K]**

(f) エクセルギー E は、平衡になるまでに取り出しうる最大仕事。前ページの「ギブスの自由エネルギーの変化量」と考えるとわかりやすいかもしれない。
$\Delta E = \Delta U - T\Delta S + P\Delta V (= \Delta U - T\Delta S + n \cdot R \cdot \Delta T)$
$= 105391 - (293.15 \times 408) + \{1 \times 287 \times (439.73 - 293.15)\}$
$\fallingdotseq$ **27.8[kJ]**

コラム 4

数値流体力学（CFD）へのいざない

　流体力学は、理系の大学生、大学院生が超えなければならない一つの大きなハードルだろう。ナビエ・ストークスの方程式を見てもサッパリ…という方も多いかもしれない。実は、この本章の演習がある程度理解できていれば、あとチョットで「感覚的に」流体力学を理解できるところまで来ているのである。

　本章で演習したのは、「熱エネルギーの移動」である。これは、固体の中の移動で、媒体そのものは崩れないし流れていかない。こういう場合、定式化はさほど困難ではなく、式の長さもエクセルに比較的ラクに入力できるぐらいになる。

　流体力学で面倒なのは、媒体そのものが動いてしまう（流れてしまう）点にある。媒体が流れることによって熱が動く、という項（これを移流項、対流項などと呼んでいる）が、式に一つ追加される。流体力学ではこれをエネルギー保存の式などと呼ぶことがあるが、要するにフーリエの熱伝導方程式の発展形である。

　さらに、流体力学では媒体の動きそのものにもある程度制限を加える。つまり「媒体は勝手に増えたり、消滅したりしない」（質量保存の法則）、「媒体の運動量も勝手に増えたり、消滅したりしない」（運動量保存の法則）が加わって、「ナビエ＝ストークス方程式群」が完成する。ここでは全てを記述しないが、もはや複雑な連立方程式であるから、これをコンピュータで解こうとすると、何とどこから解いていくかのロジックが重要になってくるし、差分式に展開していく上での仮定もより多くなってくる。解き方（スキーム）をしっかり設計して、間違いのない差分式の導出を行う必要がある…面倒くさい作業に感じることと思う。そう、確かに「面倒くさい」のである。大学生が「流体力学は難しい」と言っているのは、たぶん式の解釈と積分実行のあたりのことだろうが、要は「根気」の問題であって、面倒くさいには違いないが、さほど難しくはない。

　では、流体力学が本質的に難しいといわれるのは、どういうことだろうか。

　演習では、熱伝導率λは材料ごとに一定の値であった。ところが、空気や水は計算メッシュより小さな無数の渦を形成しており、これが熱や運動量の伝導率を、見かけ上増大させるのである。どのくらい増大させるかについては、メッシュごとに状況が異なるので、予測は大変に難しい。メッシュをもっと小さくして、小さい渦まで全部解くという「チカラワザ」によればよいではないか、と考える人もあろうが、コンピュータにはどうしてもメッシュ数（メモリ）や計算時間（CPU）の制約がある。結局のところ、設定したメッシュより小さい渦は直接計算せずに、「当該メッシュとその周辺の状況から判断すると、このくらいの増大なるだろう」という推算モデル（乱流モデルとよぶ）を導入して解決せざるを得ないことになる。

　乱流モデルは、今のところあらゆる場合に適用可能なものはなく、解きたいケースごとにいろいろなモデルを経験的に使い分けなければならないという状況にある。CFD（Computational Fluid Dynamics、数値流体力学）研究の分野では、世界中の研究者がしのぎを削って乱流モデルの開発を進めている。

速度差で空気に回転が起こる。これを「渦」と呼んでいる。

チョット空気が動くととたんに「渦」がたくさんできる。風速計では不規則な風速のゆらぎとして観測される。

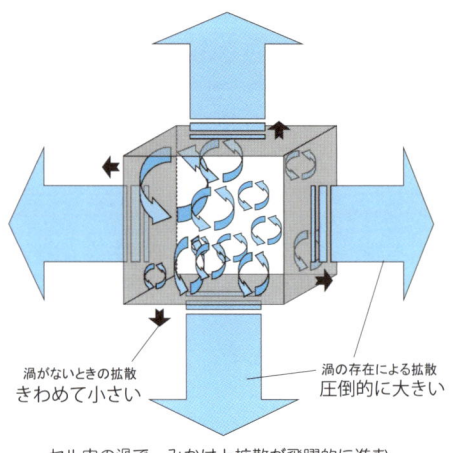

渦がないときの拡散　きわめて小さい

渦の存在による拡散　圧倒的に大きい

セル内の渦で、みかけ上拡散が飛躍的に進む。

5章

人体の温冷感

5-1 温熱環境の6要素

人体の熱平衡式

人体は常に、周囲環境との熱の授受がおこっており、その状況によって、暑さ、寒さを感じることになる。この熱の授受を、数式で表したものが、熱平衡式である。

人体では、産熱Mによって温度が上がり、これは運動エネルギーW、呼吸による熱損失(顕熱分Cresおよび潜熱分Eres)、皮膚表面からの熱損失(対流分C(顕熱)、放射分R(顕熱)、および潜熱分E)によって熱が放散される。それら、時々刻々と変化しているが、人体は生命維持のためにそのバランスを保っている。

人体の蓄熱分をLとすると、

$$L = M - (Cres + Eres) - (C + R + E)$$

と表せる。L＞0であれば「暑い」と感じ、血流の増加や発汗が促される。また、L＜0であれば「寒い」と感じ、血流の現象やふるえ(シバリング)によって産熱Mを増大させようとする。L＝0は中立状態とよばれる。

なお、これらの熱収支項はすべて、人体表面1m^{2}あたりの値、すなわち[W/m^2]の単位で表記されることが多い。

環境側4要素と人体側2要素

人体の熱収支に影響するのは、周囲環境の要素としては、**気温**[℃]、**湿度**[%]、**気流**[m/s]、**放射**[℃]、の4つである。

この中で、湿度については、高湿であるほど汗の蒸発が進みにくく、より暑さを感じやすくなる、という影響がある。また、気流については、場の空気の移動速度のほか、気流の乱れの強さの影響も受ける。放射については、周囲から人体への赤外線放射の総量をもとに、これと等価な周囲物体の温度を算出した**平均放射温度(MRTと略されることもある)**[℃]で表される。熱環境の測定時には、厳密ではないが、周囲の壁面、天井面、床面などの表面温度の単純平均などで、そのオーダーを見積もることもある。

一方、人体側の要素としては、**着衣量**[clo]、**と代謝量**[met]、の2つがある。着衣量は、着衣の熱抵抗が0.155[m^2・K/W]の場合を1[clo](クローとよむ)と定義しており、おおよそスーツ姿の成人男性の着衣量が1[clo]に相当する。また、代謝量は、座って安静にしている状態(椅座安静状態;いざあんせいじょうたい)の代謝量を1[met]としている。熱流で表せば、単位体表面積あたり約58.2[W/m^2]の状態である。成人の体表面積1.7[m^2]を乗じると、1人あたりで100[W/人]程度となる。

チェックテスト

(1) 冬季の暖房室において、室内の空気温度が同じであっても、断熱が不十分な場合には、断熱が十分な場合に比べて人体表面からの熱損失が増加する。(建H20)

(2) 気温が同じでも、湿度が高くなると、涼しくなったように感じる。(建H04)

(3) 椅座安静状態における成人の単位体表面積あたりの代謝量は、約100W/m^{2}である。(建H15)

解答

(1) ○ 空気暖房で室温を保った状態であっても、壁体の室内側の表面温度が低くなってしまう。人体表面からは、放射による熱損失が増加することになる。

(2) × 湿度が高くなると、汗が乾きにくくなるので、蒸発による皮膚表面の冷却が進まなくなる。

(3) × 約58W/m^{2}である。なお、成人の体表面積は、およそ1.7m^{2}程度なので、成人1人あたりに換算すると、58×1.7＝100W/人となる。

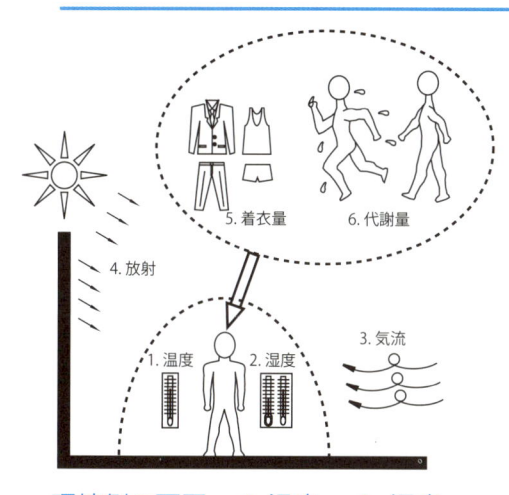

環境側の要因　1. 温度　2. 湿度
　　　　　　　3. 気流　4. 放射
人体側の要因　5. 着衣量　6. 代謝量

温熱環境の6要素

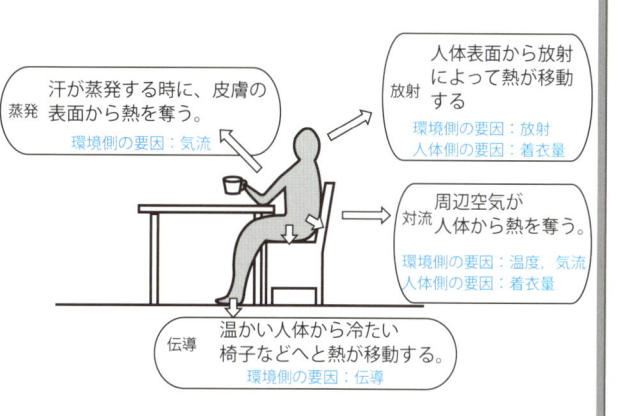

蒸発　汗が蒸発する時に、皮膚の表面から熱を奪う。
環境側の要因：気流

放射　人体表面から放射によって熱が移動する
環境側の要因：放射
人体側の要因：着衣量

対流　周辺空気が人体から熱を奪う。
環境側の要因：温度，気流
人体側の要因：着衣量

伝導　温かい人体から冷たい椅子などへと熱が移動する。
環境側の要因：伝導

体温調節機構
ヒトの体は、常に体温をほぼ一定に保とうとして、『体内で作られた熱』と『体外に放出される熱量』とのバランスをとっている。

MRT

放射を数値化した指標。「平均放射温度」ともよばれる。

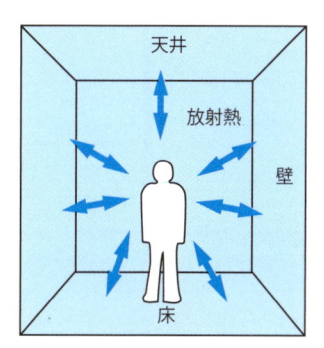

$$MRT(℃) = \frac{\sum_{k=1}^{n} t_{sk} S_k}{\sum_{k=1}^{n} S_k}$$

t_{sk}：k番目の面の表面温度（℃）
S_k：k番目の面の面積（m²）

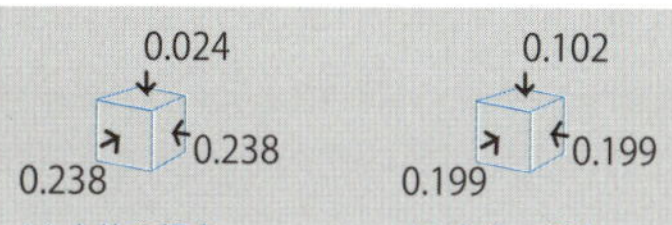

(a) 立位の場合　0.024／0.238／0.238
(b) 座位の場合　0.102／0.199／0.199

人体を微小立方体とみなす場合の重み係数（中村（1987））

グローブ温度

気温、放射、気流を数値化した指標。「グローブ温度計」で計測できる。

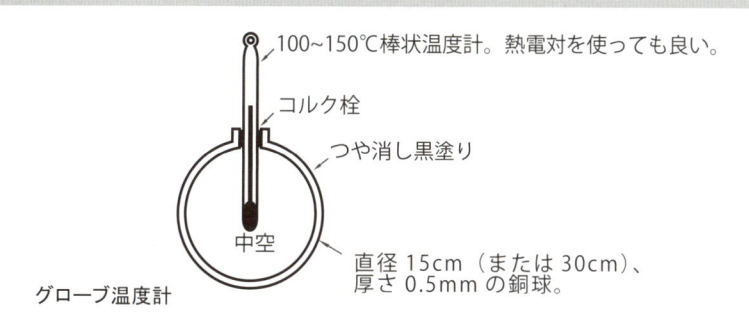

100~150℃棒状温度計。熱電対を使っても良い。
コルク栓
つや消し黒塗り
中空
直径15cm（または30cm）、厚さ0.5mmの銅球。

グローブ温度計

OT

気温、放射、気流を数値化した指標。「作用温度」ともよばれる。

$$作用温度 OT = \frac{\alpha_c × 気温 + \alpha_r × MRT}{\alpha_c + \alpha_r} ≒ \frac{(室温 + MRT)}{2}$$

※18～24℃が快適範囲とされている

5-2 温熱環境の評価指標
(1) PMV・SET*・OT

PMV(予測平均温冷感申告)
デンマーク工科大学のファンガー(P.O. Fanger)により、1967年に「快適方程式」が提案された。PMVは、この考え方を発展させてつくられた、総合温熱環境評価指標の1つである。人体周りの熱平衡式と、多数の被験者による生理的実験とから導いていることから、信頼性の高い評価指標として、広く用いられている。

PMVは、−3(非常に寒い)から＋3(非常に暑い)までをスケーリングしており、PMV＝0が中立状態を示す。そして図1のように、その数値における不満足者率(PPD)とが対応づけられている。

PMVは、多数の在室者の平均的な温冷感を表している。このため、PMV＝0であっても、PPDは0とはならず、概ね5％程度の不満足者率を見込んでいる。また、PMVが中立から離れるほど、不満足者率の予測値はばらつくことが知られており、中立に近い範囲(概ねPMVが−1〜＋1の範囲)で使用することが望ましいとされている。ISOでは、PPDが10％の範囲、すなわちPMVが−0.5〜＋0.5の範囲を、建築物内における推奨域としている。

SET*(新標準有効温度)
ある環境下における被験者の人体熱収支の状態と、その温冷感を、実験室内で再現することを考える。このとき、実験室内を相対湿度50％、気流は静穏、MRTは室温に等しい、という状況にしておき、さらに被験者の着衣量を0.6[clo]、代謝量を1.2[met]に固定しておく。すなわち、可変とするパラメータは室温とMRTだけとなる。さらに、室温＝MRTという条件を加える。

この実験室内で人体熱収支の状態と、その温冷感が再現できたとき、この室温(＝MRT)を、SET*(エス・イー・ティー・スターと読ませる)という。SET*の単位は[℃]である。

SET*では、15℃までを「寒い(不快)」、15〜20℃を「涼しい(やや不快)」、20〜22℃を「やや涼しい(許容できる)」、**22〜26℃を「快適(許容できる)」**、26〜30℃を「やや暖かい(許容できる)」、30〜35℃を「暖かい(不快)」、35度以上を「暑い(非常に不快)」と区分している。

OT(作用温度)
気温、平均放射温度、気流、の3つの要素を加味して、温冷感を評価する指標である。人体表面の対流熱伝達率α_cと放射熱伝達率α_rを使って、以下の式で評価する。

$$OT = (\alpha_c \cdot Ta + \alpha_r \cdot MRT)/(\alpha_c + \alpha_r)$$
$$\fallingdotseq (Ta+MRT)/2 \quad \text{\#静穏気流下の場合}$$

> **補足**
> 作用温度は、グローブ温度計で計測した値とほぼ等しい。

チェックテスト
(1) 新有効温度ET*は、人体の熱負荷に基づき、熱的中立に近い状態の人体の温冷感を表示する指標である。(建H17)

(2) 標準新有効温度SET*が24℃の場合、温冷感は「快適、許容できる」の範囲内とされている。(建H18)

(3) 作用温度は、空気温度、放射温度および湿度から求められる。(建H18)

解答
(1) × ET*は、ある程度の寒冷な環境や暑熱環境にも適用できる。なお、中立に近いところを中心に精緻な評価をするための指標には、PMVがある。

(2) ○ SET*の快適範囲は、およそ22〜26℃。

(3) × 作用温度(OT)には、湿度は考慮されない。

PMV

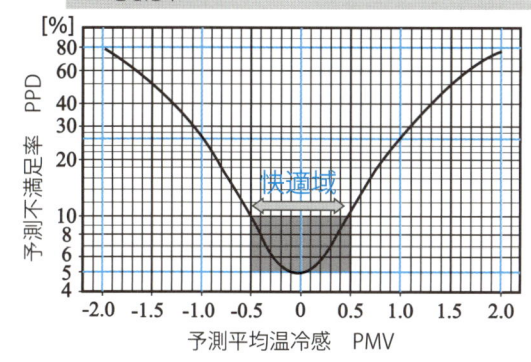

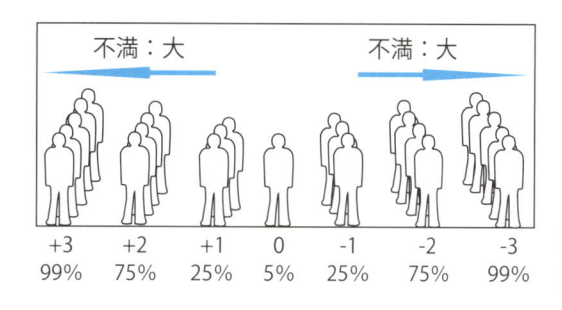

予測平均温冷感 PMV と 予測不満足率 PPD の関係

PMV値	-3	-2	-1	0	+1	+2	+3
	とても寒い	寒い	やや寒い	快適	やや暑い	暑い	とても暑い
PPD	99%	75%	25%	5%	25%	75%	99%

PMV（予測温冷感申告）とPPD（予測不満足率）の関係

−0.5＜PMV＜＋0.5（PPD＜10%）の範囲が快適

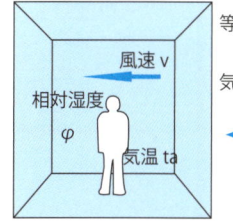

ET

気候室Aの条件：風速v、相対湿度φ、気温 t_a
気候室Bの条件：風速0m/s、相対湿度100%、気温=ET

等しい温熱環境のときの、気温を指している

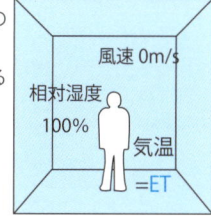

この2つの人工気候室で被験者実験を行った際、気候室AとBの温熱感覚が等しい場合に、気候室Bの気温を、気候室Aの気温・湿度・風速を総合化してETと定義している

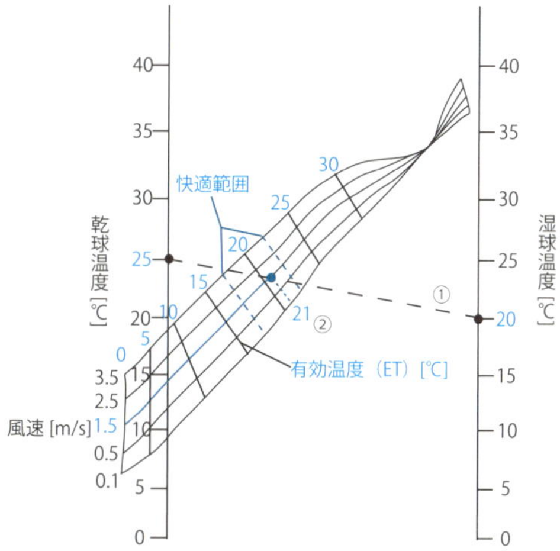

例題をもとにした有効温度（ET）の求め方

例題：乾球温度25℃、湿球温度20℃、風速1.5m/sのときの有効温度（ET）を求めよ。

回答：①左軸の乾球温度と、右軸の湿球温度の軸を合わせて、直線で結ぶ。
②結んだ直線と風速の交わる座標の有効温度を読み取る。

この場合、有効温度は21℃ということになる。

図中に示す快適範囲とはその温度間であれば快適に過ごせることを表す。

快適な温度条件は
冬季は17〜22℃、夏季は19〜24℃
（いずれも湿度40〜60%、風速0.5m/s以下）

SET*

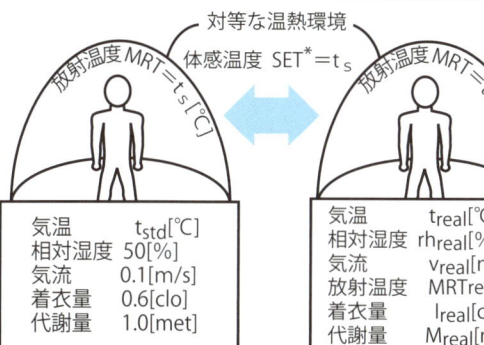

対等な温熱環境
体感温度 SET* = t_s

標準環境：
放射温度 MRT = t_s [℃]
気温 t_{std} [℃]
相対湿度 50[%]
気流 0.1[m/s]
着衣量 0.6[clo]
代謝量 1.0[met]

実在環境：
放射温度 MRT = t_s [℃]
気温 t_{real} [℃]
相対湿度 rh_{real} [%]
気流 v_{real} [m/s]
放射温度 MRT_{real} [℃]
着衣量 I_{real} [clo]
代謝量 M_{real} [met]

ET（有効温度）：室温、湿度、気流の3条件。被験者実験による。
↓
CET（修正有効温度）：室温の代わりにグローブ温度を使用。被験者実験による。
↓
ET*（新有効温度）：6要素を含む指標に発展。人体の熱平衡式から算出。相対湿度50%、室温＝MRT、静穏気流の条件で、実在環境と等価な室温を算出。
↓
SET*（標準新有効温度）：気温 t_s、相対湿度50%、気流0.1m/s、MRTは t_s に等しい、着衣量0.6clo、代謝量1.0metを標準環境とする。図の右と左の温熱環境が等しい場合の気温 t_s（=MRT）で定義する。PMVより幅広い温熱環境に適用可能。

5章　2 温熱環境の評価指標

5-2 温熱環境の評価指標
(2) WBGT・DI・局所温冷感

WBGT

WBGTは、**湿球黒球温度**と訳される。労働環境における作業者が受ける暑熱環境、およびそこからのストレスを評価するものである。近年の熱中症例の増加とともに注目されつつある指標である。主に、ある程度長時間の暑熱環境への曝露時に適用可能である。

WBGTの算出は、湿球温度と乾球温度、および黒球温度（グローブ温度）から、以下の式で算出される。この数値により、表1のように、熱中症予防のためのガイドラインが提示されている。

屋外（日射あり）：WBGT＝0.7×湿球温度＋0.2×黒球温度＋0.1×乾球温度
屋内（日射なし）：WBGT＝0.7×湿球温度＋0.3×黒球温度
いずれも、温度の単位は[℃]

DI

DIは、**不快指数**と訳される。蒸し暑さの指標として古くから使われている。

DI=0.81T+0.01U(0.99T−14.3)+46.3　　T:気温[℃]、U:相対湿度[%]

あるいは、　　DI=0.72(TD+TW)+40.6　　TD:乾球温度[℃]、TW:湿球温度[℃]

DIが60〜70は快適であるが。75では半数が不快、80以上ではほぼ全員が不快を示すとされる。

局所温冷感

－気温の分布－

椅座位（椅子に座っている状態）のとき、約1.1mの高さの頭部の気温と、約0.1mの高さの足下との間の温度差について、図1左のような実験結果が示されている。不満足者率を5%以内とするためには**約3℃以内**が望ましいとされている。

－気流の分布－

冬季の暖房時に、窓面や、断熱の不十分な壁面などにおいて室内空気が冷やされ、足下に降りてきて不快な気流感を感じることがある。これを**コールドドラフト**という。なお、ドラフト感は、気流速度だけでなく、気流の乱れの強さにも影響される。

－表面温度の分布－

図1右は、壁面や天井面など間の温度差と、不満足者率との関係について、実験的に求めたものである。不満足者率5%で判断すると、壁面間については、特に暖かい壁がある場合は25[K]差まで、冷たい壁がある場合は10[K]差までが許容される。しかし、暖かい天井については5[K]差までであり、より不快感を感じやすいことが知られている。

用語

一般に室内で感じる気流による不快感は、**ドラフト**とよばれる。
ドラフトを表す指標には、次の2つがよく使われる。
EDT（Effective Draft Temperature）有効ドラフト温度。室内のある点において、平均温度との温度差、および気流速度の2つの要素をもとに、快適感を判断する。
ADPI（Air Diffusion Performance Index）室内において、EDTが快適範囲にある（測定点の）割合。大きいほど良い

補足

床暖房の場合は、やけどなどの側面も考慮して、床面を最高で30℃までとする。

チェックテスト

(1) 気流の乱れの強さが大きいと、平均風速が低くても不快に感じることがある。(建H18)

(2) 全身温冷感が中立状態に保たれていても、局所温冷感に係わる不快要因が存在すると、快適な状態とはならない。(建H14)

(3) 椅座位の場合、くるぶしの高さ（床上0.1m）と頭の高さ（床上1.1m）との上下温度差は3℃以内が望ましい。(建H23)

解答

(1) ○ 記述のとおり。

(2) ○ 記述のとおり。

(3) ○ 記述のとおり。

表1　熱中症予防のための運動指針とWBGT
日本体育協会（1994）より

WBGT	指針	
31〜	運動中止	特別の場合以外は中止する。
28〜	厳重警戒／激しい運動中止	激しい運動や持久走は避ける。積極的に休憩を取り、水分補給。体力のない者、暑さになれていない者は運動中止。
25〜	警戒／積極的休憩	積極的に休憩し水分補給。激しい運動では30分おきに休憩。
21〜	注意／積極的水分補給	死亡事故が発生する可能性。熱中症の兆候に注意。運動の合間に積極的に飲む。
〜21	ほぼ安全／適宜水分補給	通常は熱中症の危険は小さい。適宜水分補給。市民マラソンなどでは要注意。

表2　不快指数 DI

DI	状況	
85〜	非常に暑い	全員不快
80〜	かなり暑い	
75〜	暑い	半数以上の人が不快
70〜	やや暑い	不快感を持つ人が出始める
65〜	快い	最も快適
60〜	涼しい	
55〜	肌寒い	
〜55	寒い	

	温度	湿度	気流	放射	代謝量	着衣量
PMV	○	○	○	○	○	○
SET*	○	○	○	○	○	○
ET*	○	○	○	○	○	○
CET	○	○	○	○		
ET	○	○	○			
OT	○			○		
グローブ温度	○			○		
DI（不快指数）	○	○				
WBGT	○	○	○	○		

表3　温熱環境評価指標に考慮されている要素

PMVは、熱的中立に近い温熱環境を評価する。

SET*は、中立状態区に加えて、より寒暖な環境をも精度良く評価できるとされる。

WBGTは、特に作業時の暑熱環境を評価するための指標として開発されている。

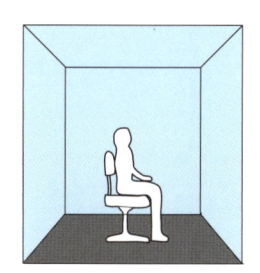

室温の上下温度分布

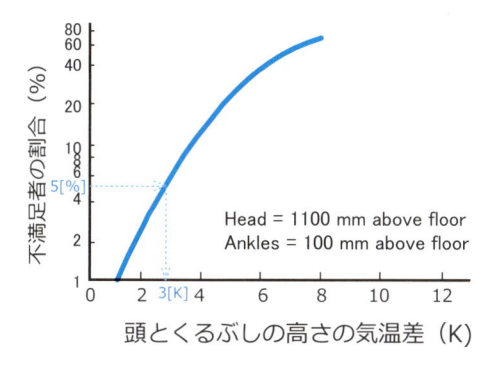

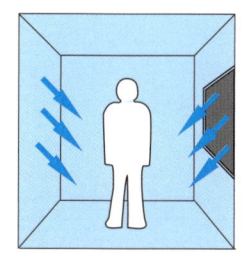

不均一な放射

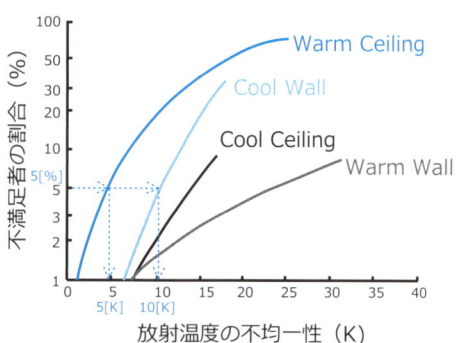

Head = 1100 mm above floor
Ankles = 100 mm above floor

頭とくるぶしの高さの気温差（K）

Warm Ceiling
Cool Wall
Cool Ceiling
Warm Wall

放射温度の不均一性（K）

図1　局所不快感（ASHRAE Fundamentals Handbook（2001））

Advanced

5-3 人体熱収支の計算

2ノードモデル

さまざまなシーンに適用可能とすべく、精緻な人体熱収支モデルの開発が国内外において盛んに進められている。ここでは、比較的単純なモデルでありながら、現在も広く用いられている2ノードモデル（2MNと略されることも多い）を解説し、さらに、これを用いてPMVを算出するプロセスを解説する。

－人体の構成－

2NMでは、人体を球体であり、**体心（コア）部**と**皮膚（シェル、またはスキン）部**の2層で成り立っている。体心部と皮膚部は、熱伝導は考慮せず、血流による熱移動を想定する。皮膚部の周りには、空気層をはさんで着衣があり、着衣は与えられた外界条件に直接曝露される。着衣は、皮膚部の表面積より大きい値を見積もる。

－体心部の熱収支－

入力された代謝量に基づいて発熱を与える。さらに、体心部と皮膚部の温度がいずれもある一定値を下回った場合には、ふるえによっても産熱する（これを**シバリング**という）。一方、体心部の熱は、血流による皮膚部への熱移動、さらには、呼吸による外気への顕熱・潜熱の直接放出がある。

－皮膚部の熱収支－

皮膚部は、血流により体心部からの熱取得がある。周囲環境との間の熱・湿気伝達量は、着衣による熱・湿気伝達抵抗と、着衣と外界との間の熱・湿気伝達抵抗とを直列合成して与える。また、皮膚面からの蒸発は、**（蒸気）発汗**と**不感蒸泄**の2つを考慮する。

－計算手順－

図1の■を付した項目について、入力値をまず決定する。そして、黒太字の各熱収支項を算出して、熱収支計算のための境界条件を設定する（ただし、Tclは境界条件扱い）。これに基づいて、T_{sh}, T_{cr}, T_{mb}について、次の時間ステップの値を求める。

初期値 ※中立平衡状態の値を入れておく				反復計算による収束。			その他の数式			
	t(s)	Tsk(℃)	Tcr(℃)	Tmbn(℃)	αr (W/m2K)	Tcl(℃)	Fcl	Qdry	Cres(W/m2)	Eres(W/m2)	La(K/kPa)
15											
16	0	33.700	36.800	36.4					0.615	4.034	
17	0										
18	60										
19	120										
20	180										

1分ごとの時間進行　　t=0の値を全て求めてから、　　t=60におけるT_{sh}, T_{cr}を算出
　　　　　　　　　　　t=60までの体心部、皮膚　　※T_{mb}は両者の体重による重み
　　　　　　　　　　　部の温度変化分を算出　　　　づけ平均値を入れる

付図　Excelによりワークシートの例。反復計算を伴うため、VBAマクロを利用したい。

近年では、2NMの考え方を発展させて、人体の多くの部位に分割して熱収支を解くモデルなども開発されている。

PMV、PPDの算出

上記で得られた定常状態の各熱収支項から、以下のL(W/m²)を求める。

$$L = M + M_{shiv} - W - C_{res} - E_{res} - E_{rsw,conf} - E_{diff} - C - R \quad (1)$$

ただし、$E_{rsw,conf} = 0.42 \times (M + M_{shiv} - 58.2)$　#快適状態での蒸発放散量

このとき、PMVは以下の式で求められる。

$$PMV = [0.303 \times \exp\{-0.036 \times (M + M_{shiv})\} + 0.028] \times L \quad (2)$$

さらに、以下の式によって、PMVとPPD[%]が対応づけられる。

$$PPD = 100 - 95 \times \exp(-(0.03353 \times PMV^4 + 0.2179 \times PMV^2)) \quad (3)$$

関連

平均皮膚温度を測定する場合には、Hardy&DuBois（1938）提案の7点法がしばしば用いられる。
平均皮膚温度＝0.07×額＋0.35×腹＋0.14×前腕＋0.05×手背＋0.19×大腿＋0.13×下腿＋0.07×足背。
また、平均体心温度としては、口内温度や耳内温度、直腸温などが計測される。

関連

ここでは、液体発汗のモデルについては触れていない。取扱う場合には、参考文献を参照のこと。

補足

Lは、生理反応による熱収支バランスがとれない場合の人体熱負荷を表している。

用語

PPD
Predicted Precentage of Dissatisfied.
予測不満足者率。

Advanced

**活動による体心部の
エネルギー損失 W**

椅座安静時には、通常 0 として扱う。

**呼吸による体心部の熱損失：
顕熱分 C_{res}、潜熱分 E_{res}**

C_{res} [W/m²] = 0.0014×M×(34.0−T_a)
E_{res} [W/m²] = 0017251×M×(5.8662−p_a)

※P_a [kPa] は周囲空気の水蒸気圧。T_a と RH から求められる (p.23)。

**■身長 H [cm]
■体重 W [kg]**

A_D [m²]：体表面積 (DuBois の式)
A_D = 0.007184×H[cm]$^{0.725}$×W[kg]$^{0.425}$

**皮膚温度
T_{sh} [℃]**

着衣面積の皮膚面積に対する割合
f_{cl} [-] = max (1.0 + 0.2 I_{cl}, 1.05+0.1 I_{cl})
※I_{cl} [clo] は着衣の clo 値。

T_{sh}[℃]　　　　T_{cl}[℃]　　　　OT[℃]
〜〜〜〜〜〜〜〜〜〜〜〜〜〜〜〜〜〜
0.155·I_{cl}·f_{cl}　　1/($α_c+α_r$)
[m²·K/W]　　　[m²·K/W]

全抵抗に対する OT-T_{cl} 間の抵抗の割合
Fcl [-]は、上図から
F_{cl} [-]= 1/(1+0.155·I_{cl}·f_{cl}×($α_c+α_r$))
作用温度 OT [℃]
　= ($α_c T_a+α_r T_r$) / ($α_c+α_r$)
とすれば、着衣温度は
T_{cl} [℃] = OT (1−F_{cl}) + T_{sh} F_{cl}

**■着衣量　■代謝量
I_{cl} [clo]　MET [met]**

**体心温度
T_{cr} [℃]**

体心部の代謝 M

M [W/m²] = MET×58.2

■人体の比熱 C [J/(kg·K)]
体心部，皮膚部ともに
3500 [J/(kg·K)]

**ふるえによる体心
部の産熱 M_{shiv}**

M_{shiv} [W/m²] = 19.4×$cool_{sh}$×$cool_{cr}$
cool+ 添字は、T_{cr}、T_{sh} の快適状態からの
温度乖離。計算方法は H_{cr_sh} 欄参照。

**着衣温度
T_{cl} [℃]**

**平均体温
T_{mb} [℃]**

$T_{mb}= βT_{sh} + (1-β)× T_{cr}$
β [-]：総重量に対する皮膚部の重量率
β=0.0417737
　+ 0.7451832 / (SKBF+0.585417)

**■周囲気温
T_a [℃]
■相対湿度
RH [%]
■気流
v [m/s]
■平均放射温度
T_r [℃]**

$α_r$ と T_{cl} は陰的に扱われているため、反復計算により収束させる

**血流による
体心部から皮膚部への
熱移動 H_{cr_sh}**

H_{cr_sh} [W/m²]= 5.28+1.163×SKBF
ただし、
1) SKBF [L/h] は血流量。以下の式で算出する。
　SKBF [L/h] = (SKBFN + C_{dil}·$warm_{cr}$)/(1+S_{tr}·$cool_{sk}$)
　SKBFN [L/h]：快適状態の血流量 (=6.3)
　C_{dil} [L/(m²hK)]：血流増加の係数 (=200)
　S_{tr} [-]：血管収縮の係数 (=0.1)
2) warm+ 添字、cool+ 添字は、T_{cr}、T_{sh} の快適状態
からの温度乖離。以下の式で計算する。
　$warm_{cr}$ = max (T_{cr} − 36.8, 0)
　$warm_{sh}$ = max (T_{sh} − 33.7, 0)
　$warm_{mb}$= max (T_{mb} − 36.49, 0)
　$cool_{cr}$ = max (36.8 − T_{cr}, 0)
　$cool_{sh}$ = max (33.7 − T_{sh}, 0)

皮膚表面における顕熱損失 Q_{dry}

対流熱伝達率 $α_c$ [W/(m²·K)] = 8.3 v $^{0.6}$

放射熱伝達率
$α_r$ [W/(m²·K)]
　= 4 ε σ (A_r/A_D)×(273.15+($T_{cl}+T_r$))
A_r [m²]：放射熱損失の起こる人体表面面積
A_D [m²]：体表面積
　※一般に、A_r/A_D = 0.72 を与える。
ε [-]：着衣の放射率 (=1.0)
σ [W/m²K⁴]：
　ステファンボルツマン定数 (=5.67×10^{-8})

上記の反復計算により、$α_r$ を求めてから

Q_{dry} [W/m²]
　= f_{cl} × ($α_c$·($T_{cl} − T_a$) + $α_r$·($T_{cl} − T_r$))

発汗による皮膚部の熱損失：蒸発発汗 E_{rsw}, 不感蒸泄 E_{diff}

湿気伝達率 $α_e$ [W/(m²·kPa)] = $α_c$×L_a
　※ただし、ルイス係数 L_a [K/kPa]= 15.15 (T_{sh}+273.15) / 273.15 で与える。
着衣の透湿抵抗 R_{e_cl} [m²·kPa/W] = I_{cl}/(0.45L_a)

p_{s_sh}[kPa]　　p_{s_cl}[kPa]　　p_a[kPa]
〜〜〜〜〜〜〜〜〜〜〜〜〜〜〜〜〜〜
R_{e_cl}·f_{cl}　　1/$α_e$
[m²·K/W]　　[m²·K/W]

すると、全透湿抵抗に対する $p_a−p_{s\_cl}$ 間の透湿抵抗の割合は、
右上図から F_{pcl} [-]= 1/ (1 + R_{e_cl}·f_{cl}·$α_e$)　と計算される。これを用いると、
1) 蒸発発汗による最大の熱損失　E_{max} [W/m²] = f_{cl}·$α_e$·F_{pcl}×($p_{s\_sh}−p_a$)
　※ただし、p_{s_sh} [kPa] は皮膚温相当の飽和水蒸気圧、P_a [kPa] は周囲空気の水蒸気圧。いずれも T_a と RH から求められる (p.23)。
2) 実際の蒸発発汗量　SWEAT [g/(m²·h)] = 170×$warm_{mb}$×exp ($warm_{sh}$ / 10.7)
3) 蒸発発汗による熱損失　E_{rsw} [W/m²] = 0.68 [W·h/g] × SWEAT [g/(m²·h)]　※0.68 は水の蒸発潜熱。
4) 不感蒸泄は、最大蒸発発汗までの「余裕分の 6%」を見込んで、E_{diff} [W/m²] = 0.06× ($E_{max}−E_{rsw}$)

図1　人体の 2NM（2 ノードモデル）における熱収支項の計算方法

コラム 5

環境への共感。そのためのアンテナ。

人体温冷感は、ヒトの生体反応に関する科学的アプローチの「一断面」である。血流、発汗、呼吸量などを扱う数値モデルを知ると、何となく人体、いや生物のメカニズムのコアの部分まで知ってしまったような気にもなるのだが、物事はそう単純ではないようだ。

人体は、神経中を流れる電流のリレーによって制御されていることは、知っている人も多いだろう。あらゆる微弱電流によって、脳が、そして筋肉がトータルでコントロールされている。この電流を取り出せば、脳からの信号を外部の機械に与えて、動作させることも可能である。本章で扱った寒暖感に対するいろいろな生理反応も、その電子制御の一環で行われている。さしずめ、人体の皮膚の下はセルラダクト方式で、弱電ケーブルが縦横に行き交っているわけである。

■観葉植物は生きている

新たなサウンドスケープのあり方の模索をしていたところ、最近、とても印象深い映像に出会ったので、ここに紹介しよう。

植物にも、常に微弱な**生体電流**が流れている。作曲家の藤枝守氏らは、植物の生体電流の波形をリアルタイムに記録し、それを自動的に音にトランスレートしながら、ピアノが鳴るしくみを開発した。そして、観葉植物に電極を取り付ける…人が観葉植物に近づいていくと、ピアノが激しく鳴り出す。しかし、しばらくそっと植物のそばに寄り添っていると、やがてゆったりとした音が奏でられはじめる。生体反応をベースにした音であるため、ある周期で似た音型がリピートされ、気がつくと、大変に心地の良い音楽空間ができあがっている…そんな映像であった。この観葉植物は周囲の環境を感じ取っており、そして何より、それが生きているのだということを、我々自身が実感するのである。

…植物への「共感」とは、こういうことか。

■「桜の樹の記憶」

トキはバブル全盛期。都内某所にて、高層マンション建築のプロジェクトが走り始めた。このとき、敷地内のど真ん中に鎮座する桜の大木をどうするか、が住民の間で議論となった。もちろん、当時のご時世である。程なく切断が決まってしまった…藤枝氏は、この樹の生きた証を、と考え、この桜の樹を切り倒す直前に、この樹から生体電流のデータを収録した。ほどなく、楽譜にトランスレートされ、箏とビオラ・ダ・ガンバの音色として演奏された作品「桜の樹の記憶」。これに耳をゆだねていると、我々は、何に目を向け、何に耳を傾け、何に共感していくべきなのかについて、大いに考えさせられる。

■敷地のポテンシャルを読み解けるか

「不定形の狭小敷地内に、大きな桜の木が2本。さあ、この敷地内に、シングルマザーと5人の子どもたちのための住宅を設計せよ」…建築家の栗原一成先生らとともに、毎年実施している大学の設計製図の課題の1つである。学生たちの優しさ、というよりむしろ、課題主旨の嗅ぎ分けに長けているというべきか。木を切ってしまおうという「漢」は今のところ現れていない。が、やはり建物の設計には、学生たちは皆苦労する。なかなか決定版となる図面は出てきていない。

新聞のコラムに、安藤忠雄氏。「樹木を切断するも、そのままの姿で建築に取り込むも、あるいは移し替えるも、そのどれもが、優れた建築になる可能性を秘めている。」「人生も同じで、正答があるわけではない。自分自身で悩んで、考え抜いて、そして結論を出していくしかないのである。」

■アンテナの感度を高めることの大切さ

著者のフルートの師匠、高垣千枝先生。「音楽家になるわけじゃなくたって、本気で取り組めば、その分野に鋭いアンテナが立つ。学校の勉強もそう。感度の良いアンテナをいろんな分野にたくさん持つ。これが大切なんじゃないかな」…環境のポテンシャルに共感できるアンテナを、はたして、我々は本当に持っているか。身の回りの微弱信号に耳を傾けながら、日々アンテナを鍛え上げていくことこそ、我々に求められるところなのかも知れない。

■参考資料

1)「Patterns of Plants」Mamoru Fujieda（CD、1997）
2) 中川真『サウンドアートのトポス～アートマネジメントの記録から』昭和堂（2007）
3) 安藤忠雄「安藤忠雄の遠めがね虫めがね」2002年6月30日付「朝日新聞」朝刊
4) 高垣千枝；ブログ「多事奏論」より、2012年6月11日、http://takagakki.blog16.fc2.com/

6章

換気・通風

6-1 換気の種類

機械換気の方式
機械換気は、下記のとおり分類されている。

－第1種換気方式－
給気側、排気側ともに機械換気を行う方法。確実に換気量の確保ができる。室内は、正圧にすることも、負圧にすることも可能である。

－第2種換気方式－
給気を機械で行い、排気側を自然換気とする方法。室内が正圧になる。

－第3種換気方式－
給気側は自然換気とし、排気を機械設備とする方式。室内が外部より負圧になる。室内で発生する汚染物質などを除去する場合に用いられる。

なお、給気側と排気側の両方を自然換気とする方法を**第4種換気方式**とよぶ考え方もある。

燃焼器具の燃焼方式と換気
燃焼器具は、燃焼のための新鮮空気の取り入れと、安全かつ速やかな排ガスの廃棄が求められる。大きく、以下の3つの方式がある。

－密閉型燃焼器具－
新鮮な外気を取り入れ、排ガスも外に放出する。壁体にダクトを貫通させることになるため、設置後の移動は難しい。FFファンヒーターなどが該当する。

－半密閉型燃焼器具－
室内空気を燃焼させ、排ガスは外に排出する。一般の湯沸器が該当する。

－開放型燃焼器具－
室内空気を燃焼させ、室内にそのまま燃焼ガスを放出する。一般の可搬型の石油ストーブや、キッチンのガスコンロなどが該当する。

置換換気と混合換気
置換換気は、供給される空気と室内空気とを、混合することなく換気するものである。一般には、室内気温よりやや低温の空気を、床下などから徐々に送り込むことでピストンフローを形成する。このときの換気効率は最大で1となる。また、供給される空気と室内空気とを十分に混合してから排気する換気は、**混合換気**とよばれる。混合換気の換気効率は、理論上は0.5となる。

外気が室内に取り込まれてからの時間を**空気齢**といい、小さいほど新鮮である。また、ある時刻から室を出るまでの時間は**空気余命**という。

補足

換気方式別の主な用途
第1種は、主に、確実な換気が求められる高気密住宅、屋内駐車場、クリーンルームなどに用いられる。
第2種は、燃焼空気を確実に必要とするボイラー室や、外部からの汚染物質などの流入を防ぐクリーンルームなどで用いられる。住宅の居室などにおいて、天井裏からのホルムアルデヒドなどが流入することを防ぐ対策としても用いられる。
第3種は、水蒸気や熱気を発生する厨房、臭気を発生するトイレなどに用いられる。

用語

換気効率
換気効率の定義は、「換気回数1回分の給気時間」÷「室内空気が全て置き換わるまでの時間」である。

チェックテスト

(1) 第一種換気方式によって居室ごとに個別換気を行う場合、居室と廊下等を隔てる扉には、換気経路の確保を目的としたアンダーカットやがらりを設けなくてもよい。（建H21）

(2) 第二種機械換気方式は、室外よりも室内の気圧を下げるので、汚染質を発生する室に適している。（建H16）

(3) 第三種換気方式は、厨房、便所、浴室のように、一般に、室内で臭気や水蒸気等が発生し、これを他室に流出させない注意が必要な空間に用いられる。

解答

(1) ○ 記述のとおり。第一種は、給気と排気の量のそれぞれを、機械で精密にコントロールしようとするものである。ガラリなどによる自然換気は、コントロールの精度が悪くなるため、基本的には利用しない。

(2) × 導入された新鮮空気が室内の汚染空気と混合せずに、古い空気を押し出す方式で、室内の気圧は高くなる。外部から汚染物質が侵入するのを防ぐ効果がある。

(3) ○ 記述のとおり。第三種といわれたら、いわゆる一般の換気扇をイメージすること。

第1種換気方式　機械＋機械

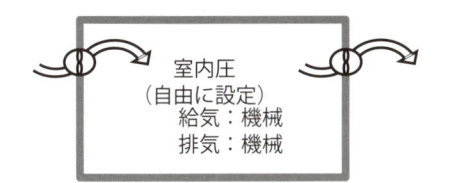

第1種換気方式

特徴）給気排気共にファンなどの機械で行う最も完全な方式。
例）劇場、映画館、地下室、実験室、厨房、高気密住宅、屋内駐車場など、換気量を調節する必要の高いところ

室内圧（自由に設定）
給気：機械
排気：機械

第2種換気方式　機械＋自然

第2種換気方式

特徴）給気を機械、排気を自然で行う方式。室内が正圧に保たれることで、屋外からの汚染物質の侵入を防ぐ効果がある。
例）常に清潔にしなければならない清浄室、燃焼用空気が必要なボイラー室など

室内圧（正圧）
給気：機械
排気：自然

第3種換気方式　自然＋機械

第3種換気方式

特徴）給気を自然、排気を機械で行う方式。室内が負圧に保たれるため、室内で発生した臭いや水蒸気が周囲に漏れない。
例）住宅では台所、便所、浴室など。他に倉庫など。

室内圧（負圧）
給気：自然
排気：機械

第4種換気方式　自然＋自然

第4種換気方式

特徴）給気排気共に自然で行う方式（自然換気）。機械による動力は不要だが、換気量は安定しない。
例）室内発熱の大きな工場

室内圧（やや負圧）
給気：自然
排気：自然

図1　機械換気の方式

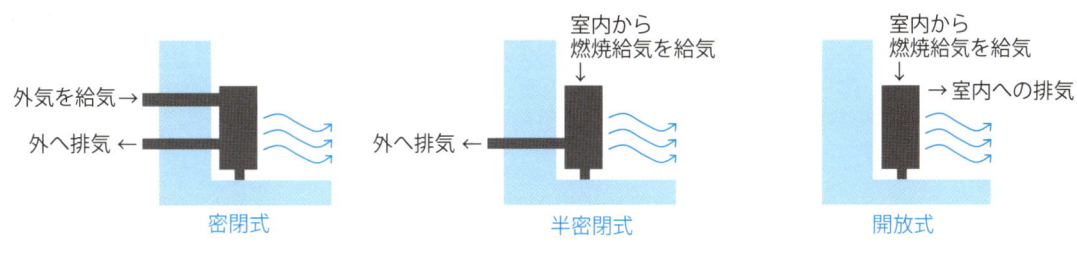

密閉式：外気を給気→　外へ排気←
半密閉式：室内から燃焼給気を給気　外へ排気←
開放式：室内から燃焼給気を給気　→室内への排気

図2　燃焼器具の種類

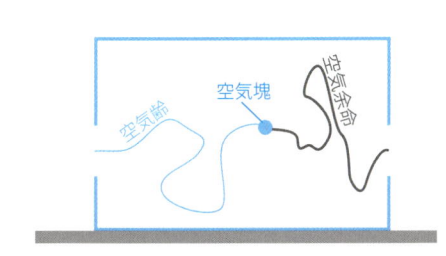

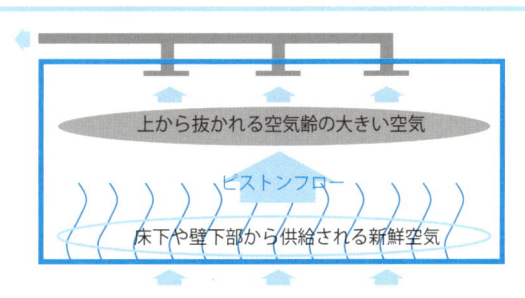

空気齢　空気塊　空気余命

上から抜かれる空気齢の大きい空気
ピストンフロー
床下や壁下部から供給される新鮮空気

図3　置換換気（ディスプレースメントベンチレーション）

6-2 必要換気量の算定
（1）ザイデル式・換気回数

必要換気量

室内で日常的に発生する、呼気中の二酸化炭素、水蒸気、タバコの煙、あるいは建材屋家具からのホルムアルデヒドなどは、十分な換気によって希釈し、快適性や健康性へ影響のないようにしなければならない。

室内空気中の汚染物質の濃度を、許容濃度以下にするための必要換気量は、ザイデル式によって算出できる。左辺の必要換気量は、一般に[m³/h]、または[m³/s]で表記する。右辺の分母は、室内の許容濃度と導入外気における濃度との差であり、1m³あたりの体積または質量である。右辺の分子は、1時間あたり、または1秒あたりの（左辺の時間の単位に合わせる）体積または質量で表す。図中に示す分母と分子の単位については、○の部分の単位は同一である必要がある。

濃度が[％]や[ppm]で与えられている場合には、無次元の小数表現をすることにより、言い換えれば[m³/m³]で表す（○にはm³が対応することになる）ことにより、ザイデル式の適用が可能となる。

― 排熱・排湿のための必要換気量の算定 ―

右辺分子が発熱量で（単位が[W]=[J/s]など）、かつ、右辺分母が室内外の温度差（[K]）で与えられている場合には、分母に空気の定圧比熱約1.0[J/(kg・K)]と密度1.2[kg/m³]を乗じれば、その単位を[J/m³]にできる。

また、右辺分子が排湿量（単位が[kg/h]）、右辺分母が絶対湿度[kg/kgDA]で与えられている場合は、分母に空気密度1.2[kg/m³]を乗じれば、その単位を[kg/m³]とすることができる。

換気回数

室容積V[m³]の室内に、換気量Q[m³/h]がある場合、QがVの何倍であるかを表す数値Nを換気回数とよぶ。単位は[回/h]である。この値を用いて、建物の部屋の用途ごとに、必要な換気量の目安が、表1のとおり定められている。住宅では、便所の臭気や浴室の湿気のすみやかな排出に、数[回/h]以上の換気回数が求められる。レストランなどの厨房は、給気量以上の換気量とすることにより、熱、湿気、においなどの排出を優先する。ボイラー室などは、換気量に加えて、燃焼空気量についても十分な量を確保すべく、換気回数を定めている。

チェックテスト

(1) 必要換気量は、「室内の汚染質濃度の許容値と外気の汚染質濃度との差」を「単位時間あたりの室内の汚染質発生量」で除して求める。(建H14)

(2) 第二種機械換気方式は、室外よりも室内の気圧を下げるので、汚染質を発生する室に適している。(建H16)

(3) 営業用厨房の換気計画において、厨房換気排気量は、一般に、給気量に比べて大きくする。(建H23)

解答

(1) × ザイデル式の説明であるが、分母と分子が逆になっている。

(2) × 導入された新鮮空気が室内の汚染空気と混合せずに、古い空気を押し出す方式で、室内の気圧は高くなる。外部から汚染物質が侵入するのを防ぐ効果がある。

(3) ○ 記述のとおりである。結果として厨房は負圧になる。

必要換気量 室内の空気を衛生的に保つために、換気しなければならない空気量

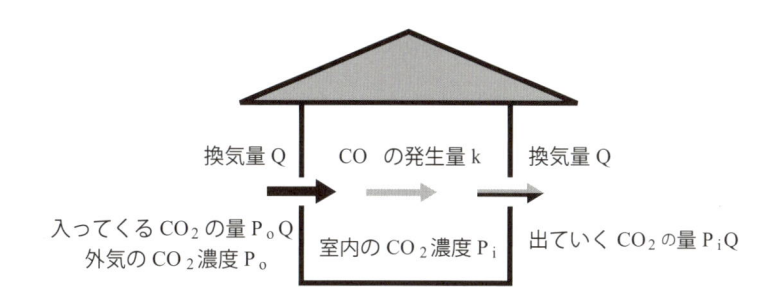

換気量 Q　　CO₂の発生量 k　　換気量 Q
入ってくる CO_2 の量 P_oQ　　室内の CO_2 濃度 P_i　　出ていく CO_2 の量 P_iQ
外気の CO_2 濃度 P_o

サイデル式

$$必要換気量\ Q\ [m^3/h] = \frac{発生量\ k\ [○/h]}{室内の許容濃度\ P_i - 屋外の濃度\ P_o\ [○/m^3]}$$

換気回数 部屋の容積に対して、1時間に入れ換わる空気の割合

建築基準法では、住宅などの居間の換気回数は、0.5回/h以上と定められている。

2時間で全ての空気が入れ換わる
（1時間で1/2＝0.5回）

24時間換気システム
シックハウス対策により、機械を用いた換気が義務付けられている。

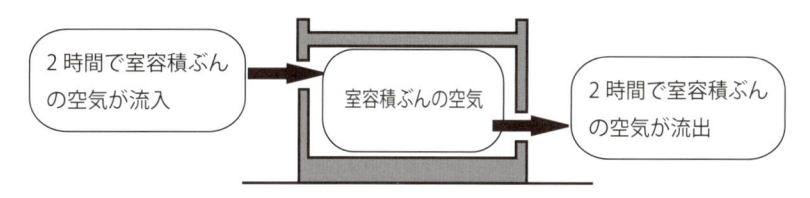

2時間で室容積ぶんの空気が流入　　室容積ぶんの空気　　2時間で室容積ぶんの空気が流出

換気回数の式

$$換気回数\ N\ [回/h] = \frac{換気量\ Q\ [m^3/h]}{室容積\ V\ [m^3]}$$

表1　必要換気回数の目安

住宅	商業施設関連
浴室　～5	厨房　～40（小）／40～（大）
便所　～10（利用頻度小）／10～（同大）	駐車場　10～
機械室関連	教育施設関連
一般　4～（ボイラーは6～）	体育館　5
自家発電機室　10～	

6-2 必要換気量の算定
（2）風力換気・温度差換気

風力換気は、風によって生じる室内外の風圧力の差を利用した換気方式であり、温度差換気は、空気の温度差による浮力を利用した換気方式である。それぞれ、以下のように計算される。

風力換気の計算方法

建物壁面に外部風があたったとき、一般に、風上側では壁面に正圧がかかり、風下では負圧がかかる。このときの風圧力は、

$$P = C(\rho v^2 / 2)$$

P:風圧(N/m^2)、C:風圧係数、ρ:空気の密度(kg/m^3)、v:風速(m/s)

このとき、風力換気による換気量は以下の式で表される。

$$Q = \alpha A v \sqrt{(C_1 - C_2)} \times 3600 \ (m^3/h)$$

α:開口面積率（流量係数）、A:開口面積(m^2)、
C_1:流入口における風圧係数、C_2:流出口における風圧係数

温度差換気の計算方法

外部風が無視できる状態において、室内の上下に開口部がある場合には、室内の温度が高い場合に、室内に上方向への空気流動が生じる。これを温度差換気という。温度差換気による換気量は、以下の式で計算される。

$$Q = \alpha A \sqrt{2gh \Delta t / T_i} \times 3600 \ (m^3/h)$$

g:重力加速度(m/s^2)、h:上下の開口部の高さの差(m)、
Δt:内外温度差(K)、T_i:室内温度(K)

この式によれば、上下の開口部の高さの差が大きくなるほど、換気量が大きくなることから、高層建物においては、低層階での流入風速に注意する必要がある。

また、温度差換気が発生している状況においては、内外壁の圧力がともに0となる部分が生じる。これを中性帯という。上下の開口面積が異なる場合には、中性帯の高さは、より大きい側の開口部に近い側となる。

> **関連**
> 風圧の単位[N/m^2]は、単位体積あたりのエネルギー[J/m^3]と次元が等しい。すなわち、風の運動エネルギーを表していると考えて良い。

チェックテスト

(1) 室内の排気口の位置は、一般に、室内における汚染質の濃度分布に影響を与える。（建H16）

(2) 大きさの異なる開口部が上下にある室内において、無風、かつ、室内外に温度差がある場合、中性帯の位置は、開口部の大きい方に近づく。（設H16）

解答

(1) ○ 給気口と排気口の位置が近いと新鮮空気がすぐ排出されて室内を十分に換気できない。よって適当。

(2) ○ 中性帯の位置は、開口部が大きい方に近づく。

風力換気

$$Q_W = \alpha A v \sqrt{(C_1 - C_2)} \times 3600 \ [m^3/h]$$

αA：相当開口面積（実行面積）〔m^2〕
v：風速〔m/s〕
C_1：風上側風圧係数
C_2：風下側風圧係数

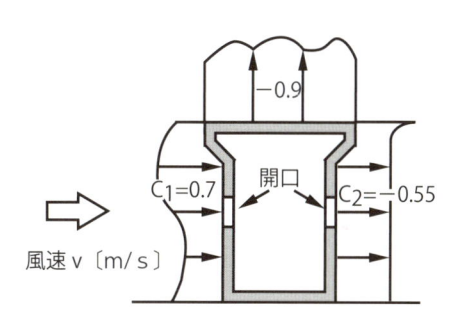

上式より、風力による換気量は、
① 風速に比例する。
② 風圧係数の差の平方根に比例する。

図1　風力換気

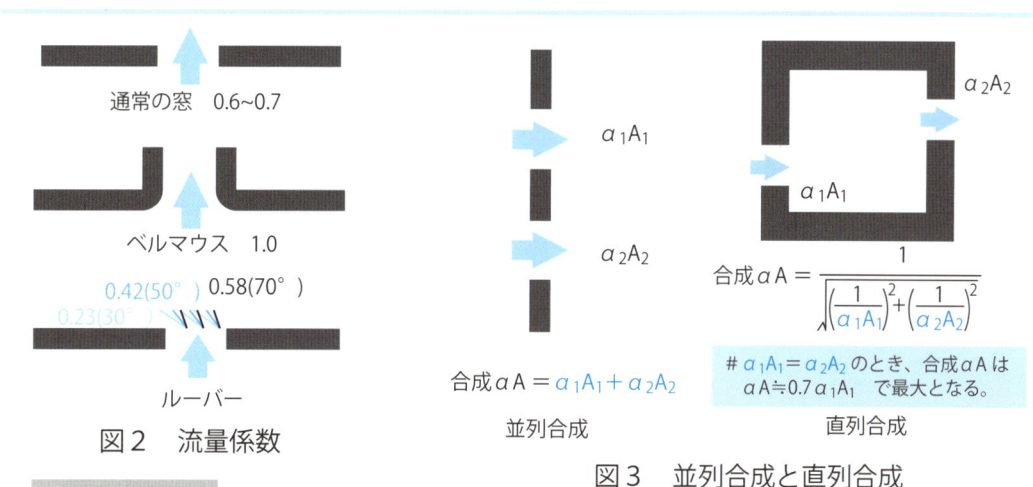

通常の窓　0.6〜0.7
ベルマウス　1.0
0.23(30°)　0.42(50°)　0.58(70°)
ルーバー

図2　流量係数

合成 $\alpha A = \alpha_1 A_1 + \alpha_2 A_2$
並列合成

合成 $\alpha A = \dfrac{1}{\sqrt{\left(\dfrac{1}{\alpha_1 A_1}\right)^2 + \left(\dfrac{1}{\alpha_2 A_2}\right)^2}}$

$\alpha_1 A_1 = \alpha_2 A_2$ のとき、合成 αA は $\alpha A ≒ 0.7 \alpha_1 A_1$ で最大となる。

直列合成

図3　並列合成と直列合成

温度差換気

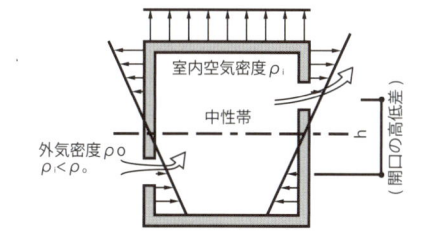

$$Q_t = \alpha A \sqrt{2gh \dfrac{(t_i - t_o)}{T_i}} \times 3600 \ [m^3/h]$$

室内空気密度 ρ_i
中性帯
外気密度 ρ_o
$\rho_i < \rho_o$
（開口の高低差）

g：重力加速度〔m/s^2〕
h：開口部の高低差〔m〕
$(t_i - t_o)$：室内外の温度差〔K〕
T_i：室内の絶対温度〔K〕

中性帯：温度差換気において、ある高さで室内外の圧力差が0になる部分

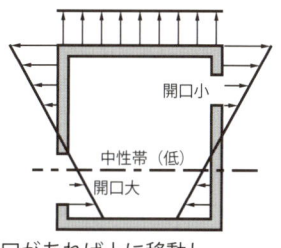

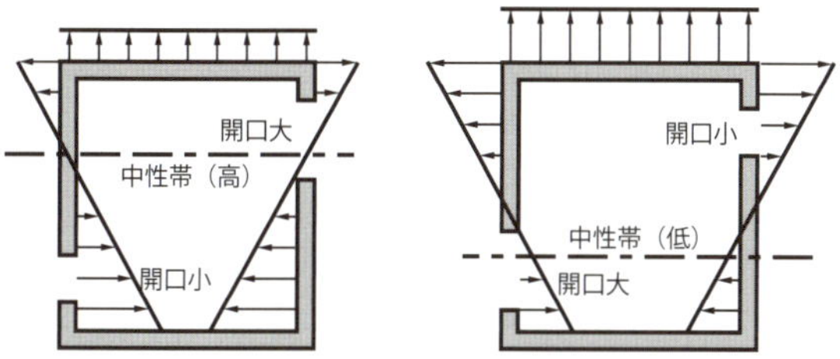

左式より、温度差による換気量は、
① 開口部の高低差の平方根 $\sqrt{h}$ に比例する。
② 室内外の温度差の平方根 $\sqrt{t_i - t_o}$ に比例する。

開口大／中性帯（高）／開口小
開口小／中性帯（低）／開口大

中性帯は上部に大きな開口があれば上に移動し、下部に大きな開口があれば下に移動する。

図4　温度差換気（重力換気）

6-3 必要換気量に関する演習
（1）ザイデル式応用のバリエーション

チェックテスト

(1) 気体の汚染物質が発生する室において、イ〜ニの条件における汚染物質濃度からみた必要換気回数に、最も近いものは、次のうちどれか。ただし、発生した汚染物質は、すぐに室全体に一様に拡散するものとする。(建H17)
条件
イ．室の容積　$25m^3$
ロ．室内の汚染物質発生量　$1500\mu g/h$
ハ．大気中の汚染物質濃度　$0\mu g/m^3$
ニ．室内空気中の汚染物質許容濃度　$100\mu g/m^3$

1. 0.4回/h　2. 0.6回/h　3. 0.8回/h
4. 1.0回/h　5. 1.2回/h

解答

(1) 換気量、換気回数に関する、基本問題（資格試験でいえば、誰もができるために、差がつかない問題）といえるだろう。
　まず、ザイデル式で必要換気量Qを計算する。
　　Q = $1500[\mu g/h] / (100-0)[\mu g/m^3]$ = $15 [m^3/h]$。
これを、室の容積で除すことによって **0.6 回 /h** と計算されるので、答えは 2. である。
　なお、おそらくであるが、この問題設定は、ホルムアルデヒドの許容濃度 $0.1[mg/m^3]=100[\mu g/m^3]$ を想定しているものと思われる。

---

(2) 室容積$150m^3$の居室において、室内空気を攪拌（かくはん）しながら$0.2m^3/h$のCO_2を連続発生させ、十分時間が経過した後のCO_2濃度を測定すると2,500ppmであった。室内で他のCO_2の発生はなく、室外のCO_2濃度が400ppmであったとすると、この居室の換気量に最も近いものは、次のうちどれか。

1. $10m^3/h$　2. $20m^3/h$　3. $50m^3/h$
4. $100m^3/h$　5. $200m^3/h$

(2) 2,500[ppm] や 400[ppm] を、ザイデル式でどう扱うか、であるが、体積割合として考えるのが、最もわかりやすいのではないかと思う。すなわち、
$$2,500[ppm] = 2,500[m^3]/1,000,000[m^3]$$
$$400[ppm] = 400[m^3]/1,000,000[m^3]$$
と置き換えてしまう。すると、ザイデル式の単位系が左右で明確となり（青い網掛けが上下で共通なので消えて）、
$$Q[m^3/h] = \frac{0.2[m^3/h]}{\frac{2,500}{1,000,000} - \frac{400}{1,000,000}[m^3/m^3]}$$
これを解いて、Q ≒ $100[m^3/h]$。答えは4.。この問題では、室容積の値はダミーである。

---

(3) 容積が$100m^3$の室において、室内の水蒸気発生量が0.6kg/h、換気回数が1.0回/hのとき、十分に時間が経過した後の室内空気の重量絶対湿度として、最も適当なものは、次のうちどれか。ただし、室内の水蒸気は室全体に一様に拡散するものとし、外気の重量絶対湿度を0.010kg/kgDA、空気の密度を$1.2kg/m^3$とする。

1. 0.005kg/kgDA　2. 0.010kg/kgDA
3. 0.015kg/kgDA　4. 0.030kg/kgDA

(3) 換気量 $Q=NV=1.0×100=100[m^3/h]$。ザイデル式右辺分子 0.6[kg/h]。右辺分母は、絶対湿度差 x-0.010 [kg/kgDA] に空気密度を乗じて $1.2(x-0.010)[kg/m^3]$。青い網掛け部分が上下で消える。
　　$100=0.6/\{1.2(x-0.010)\}$　∴$x=0.015[kg/kgDA]$　答えは 3.。

---

(4) 容積の異なる2つの室において、壁面等における水蒸気の吸放湿がなく、外気の絶対湿度[kg/kgDA]、室内の水蒸気発生量[kg/h]、および換気回数[回/h]がそれぞれ同じ場合、定常状態における室内の絶対湿度[kg/kgDA]は、容積が大きい室より小さい室の方が高くなる。(建H20)

(4) ○　換気回数の式と、ザイデル式を連結させて考えてみる。すなわち、式は、$NV = k / (x-x_0)$ と書ける。
　さて、問題文によればx_0、k、N が 2 室で共通。残った V と x の関係では、V が小さいときに x は大きい。よって、問題文は正しいことになる。

---

(5) 換気量が同じであれば、室の形状、換気方式が異なる場合においても、室内汚染物質の濃度の低減量は等しくなる。(建H13)

(5) ×　ザイデル式の成立条件は、「定常状態」、かつ「室内の瞬時一様拡散＝濃度分布なし」であることである。このとき、換気量Qと発生量kが同じなら、汚染物質の低減量（すなわち右辺の分母）は等しくなる。しかし、室の形状や換気方法は、汚染物質の濃度分布に大きく影響する。場所によって低減量の異なることがあることは容易に想像できるだろう。

　ザイデル式の原則は、右辺分子の[○/h]と分母の[○/m^3]で、○の部分に必ず同じものが入ることである。例えば、熱は温度差、水蒸気は湿度差が分母に入ることになるが、空気の比熱[kJ/(kg・K)]や密度[kg/m^3]を分母側に乗じれば、分子の単位と合わせられる。また、発熱量が[kW]で与えられている場合もあるが、このときは、[W]→[kJ/s]と読み替えて、3600[s/h]を乗じればよい。
　また、(4)のような問題は、**ザイデル式と換気回数の式とを連立させる**と解釈しやすい。

チェックテスト

(6) 下図のような換気設備において、次の条件を用いて算出した換気量(m^3/h)の数値として、最も適当なものは次の(イ)〜(ホ)のうちどれか。(工設H11)

条件
1. 在室人員　50人
2. 在室者1人あたりの発じん量　10mg/(h・人)
3. 室内の許容粉じん量　0.15mg/m^3
4. 外気の粉じん量　0.1mg/m^3
5. フィルタの効率　90%
6. すきま風は無視する。

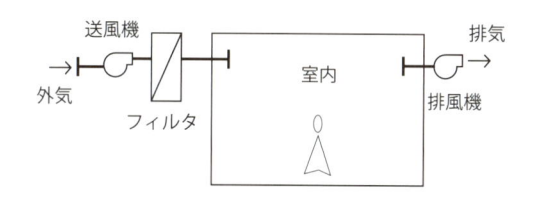

[図：送風機→フィルタ→室内→排風機→排気、外気から入る]

(イ) 2000　(ロ) 2600　(ハ) 3000　(ニ) 3600　(ホ) 4200

解答

(6) ザイデル式の応用としては、やや高度な問題である。このテの問題は、例外なく、ザイデル式の分子の「**発生量をフィルタが減少させている**」と考えることで、式がつくれる。

①まず、図を以下の点線の中と外という、2つの「系」に分ける。

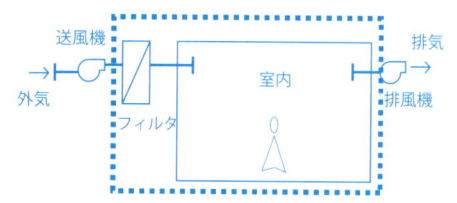

[図：点線枠で室内を囲む]

点線枠外の濃度は0.1、点線枠内の濃度は0.15。ザイデル式右辺の分母は0.15-0.1=0.05[mg/m^3]と書ける。
②右辺の分子であるが、ヒトからの発じん量の総量は、10×50=500[mg/h]。ただし、点線枠内に着目して、フィルタが粉じんを減少させる役割を果たしていると見る。その減少量は、Q×0.1×0.9=0.09Q[mg/m^3]。
③以上をまとめて、Q=(500-0.09Q)/0.05。
∴ Q=3571[m^3/h]。
すると、選択肢で近いのは、(ニ)となる。
なお、実務的にも、風量の端数を切り上げて3600で設計するのが一般的であろう。

---

(7) 一定の粉じん量がある居室において、図のように「換気設備」と「循環ファンを組み込んだ除じん装置」が定常的に運転されている場合、イ〜チの条件により計算した室内空気の粉じん濃度の値として、最も適当なものは、次のうちどれか。(設H21)

条件
イ. 外気導入量Q_0　1000m^3/h
ロ. 排気量Q_E　1000m^3/h
ハ. 除じん装置の風量Q_F　600m^3/h
ニ. 外気の粉じん濃度C_0　0.1mg/m^3
ホ. 室内の粉じん発生量M　100mg/h
ヘ. 除じん装置フィルターの粉じん捕集率η　0.7
ト. 室内の粉じんは、一様に分布するものとする。
チ. ダクト系および室内からの空気の漏れはないものとする。

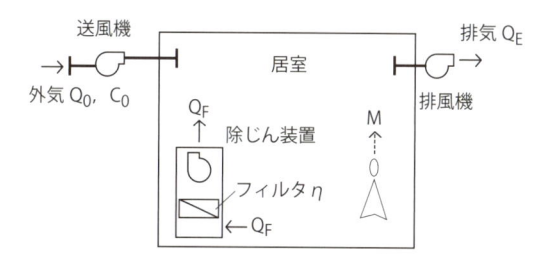

[図：送風機、外気Q_0, C_0、居室、除じん装置、フィルタη、Q_F、M、排風機、排気Q_E]

1. 0.06mg/m^3　2. 0.07mg/m^3　3. 0.11mg/m^3
4. 0.13mg/m^3　5. 0.14mg/m^3

(7) 前問(6)より複雑に見える。が、ザイデル式の分子の「**発生量をフィルタが減少させている**」という考え方は変わらない。①まず、室内+フィルタを点線で囲む。

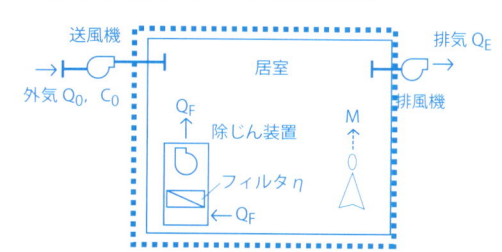

[図：点線枠で居室と除じん装置を囲む]

求める点線内の濃度をCと書くならば、ザイデル式の分母は、C-0.1[mg/m^3]と書ける。
②ヒトからの粉じん発生量は100[mg/h]だが、除じん装置(言い換えれば、我々にもなじみ深い**空気清浄機**である)が発生量を減じていると考えるわけだ。その減少量は、600×C×0.7=420C[mg/h]。
③ザイデルの式に入れてみると、
1000=(100-420C)/(C-0.1)。変形して、1420C=200
∴ C≒0.14[mg/m^3]。

答えは5.となる。

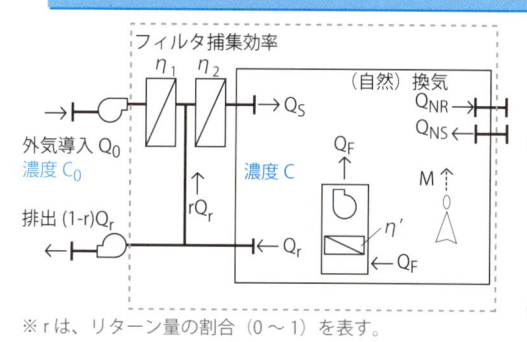

[図：複雑系の換気設備。フィルタ捕集効率η_1, η_2、(自然)換気Q_{NR}, Q_{NS}、外気導入Q_0濃度C_0、排出$(1-r)Q_r$、濃度C、Q_F、rQ_r、η'、M、Q_S]

※rは、リターン量の割合(0〜1)を表す。

前問(6)(7)を発展させれば、左図のような複雑系も描ける。これを点線枠内外の濃度差から、ザイデル式を定式化すると以下のとおり。自然換気量Q_{NS}、Q_{NR}の影響を受けない式となるところが、面白いところである。

外気からの捕集：まずフィルタη_1によって粉じんを捕集／フィルタη_1で捕集できなかった粉じんをη_2で捕集／リターン空気の粉じんはη_2で捕集／空気清浄機によって捕集

$$Q = \frac{M - C_0\eta_1 Q_0 - C_0(1-\eta_1)\eta_2 Q_0 - C\eta_2 rQ_r - C\eta' Q_F}{C - C_0}$$

6-3 必要換気量に関する演習
（2）風力換気・温度差換気の式の活用

チェックテスト

(1) 図は、ある風向における建築物の風圧係数の分布を示したものである。この建築物に、図A〜Dのように開口部を設ける場合の通風量に関する次の記述のうち、最も不適当なものはどれか。ただし、いずれの開口部についても、設置高さ、相当開口面積は同じとする。（設H21）

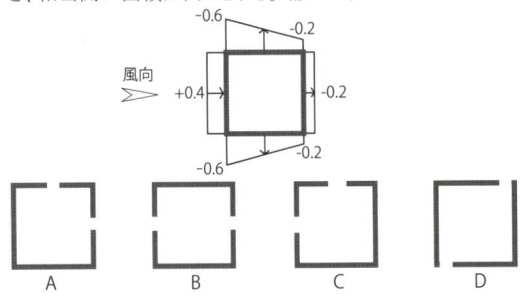

1. Cの通風量は、Aの通風量に比べて多い。
2. Bの通風量は、Aの通風量に比べて多い。
3. Cの通風量は、Bの通風量に比べて多い。
4. Dの通風量は、Bの通風量に比べて多い。
5. Dの通風量は、Aの通風量に比べて多い。

(2) 室内外の温度差がない場合、建築物の外壁に設けられた全ての開口部の風圧係数の値が正（＋）であっても、風圧係数の値に差があれば、風力換気が生じる。（建H19）

(3) 外気温5℃、無風の条件の下で、図のような上下に開口部を有する断面の建築物A、B、Cがある。室温がいずれも20℃、開口部の中心間の距離がそれぞれ1m、2m、4m、上下各々の開口面積がそれぞれ$0.8m^2$、$0.4m^2$、$0.3m^2$であるとき、換気量の大小関係として、正しいものは次のうちどれか。ただし、いずれも流量係数は一定とし、中性帯は開口部の中心間の中央に位置するものとする。（建H18）

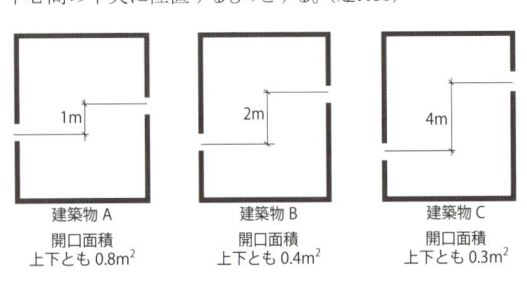

建築物A 開口面積 上下とも $0.8m^2$
建築物B 開口面積 上下とも $0.4m^2$
建築物C 開口面積 上下とも $0.3m^2$

1. A＞B＞C　2. A＞C＞B　3. B＞A＞C
4. C＞A＞B　5. C＞B＞A

(4) 温度差換気において、換気量は、室内外の温度差の2乗に比例する。（建H07）

(5) 室の上下に開口部を設けた場合、温度差換気による換気量は、上下の開口部の中心部相互の垂直距離の平方根に比例する。（建H07）

解答

(1) それぞれの建築物について、2つの開口部の風圧係数の差をとればよい。

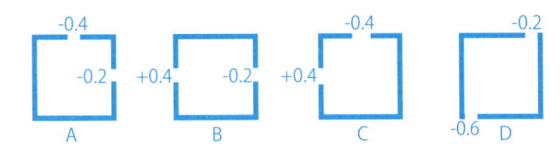

風圧係数の差は、A:0.2、B:0.6、C:0.8、D:0.4。すると、**4. の選択肢が不適当**と判断できる。
　なお、$Q=\alpha A\sqrt{(C-C)}$であるから、もし、通風量の比を問われた場合は、風圧係数の差に「$\sqrt{\ }$」をつけなければならない。

(2) ○　記述のとおり、差があれば風力換気が生じる。

(3) 温度差換気の式：$Q=\alpha A\sqrt{2gh(T_i-T_o)[K]/T_i[K]}$
　ここで、αと$(T_i-T_o)[K]/T_i[K]$は共通であるから、$A\sqrt{h}$だけを比較すればよい。すると、

建築物A：$0.8\sqrt{1}$、建築物B：$0.4\sqrt{2}$、建築物C：$0.3\sqrt{4}$。

　$\sqrt{2}=1.414$…を入れて計算しても良いが、大小関係の判断だけなら、**2乗して比較すると明快**である（ルートの値を知らない場合にも対応できる）。

A:0.64、B:0.32、C:0.36。
　∴　A＞C＞B　　正答は2.となる。

(4) ×　2乗ではなく、平方根に比例する。

(5) ○　記述のとおり。

チェックテスト

(6) 図1および図2のような吹抜け空間を有する2階建の建築物に設ける排煙設備の排煙口の配置計画（断面的に示した概念図）として、最も不適当なものは、次のうちどれか。ただし、防煙区画の面積および排煙口の数は、建築基準法の規定に適合しているものとする。（設H21）

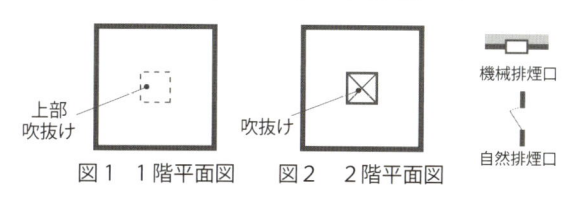

図1　1階平面図　　図2　2階平面図

機械排煙口
自然排煙口

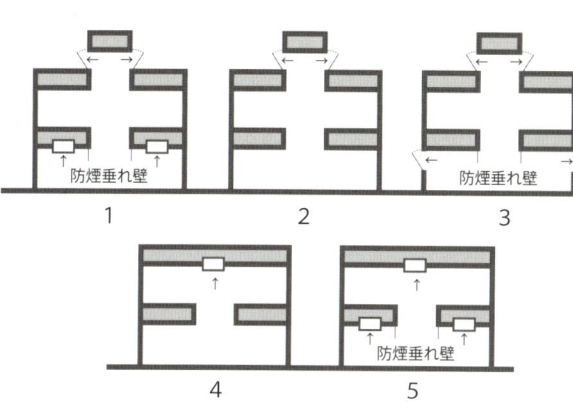

1　2　3
4　5

(7) パッシブソーラーシステムは、集熱器、ヒートポンプ等により太陽熱を積極的に利用するシステムであり、住宅等に用いられる。（建H16）

(8) パッシブソーラーシステムに用いる開口部には、高い日射透過率と断熱性が求められ、一般に、南面の開口面積が大きいほど集熱効果が高い。（建H22）

解答

(6) 設問には、明示的に風力／温度差換気の言葉はない。しかし、火災の際に期待する「自然」排煙は、室温が相当に高温になることを逆手に取って、有害な煙をすみやかに外に追いやるために温度差換気を利用するものである。また、地域によっては、恒常的な風を受けている建物もあるだろう。このような建物ならば、安定した風圧係数の分布から、風力換気による排煙を計画できる可能性もある。

一方、周辺建物が建て込んでいる場合などには、風力、あるいは温度差換気を利用した有効な自然排煙は、あまり期待できない。このような場合は、ファンによって安定的に排煙することを考えなければならない。

ここで、建物内に1つの連続した空間があるとき、そこに**自然排煙と機械排煙を同時に用いてはならない**ことを覚えておく必要がある。同時に適用すると、ファンで強制的に排煙したときに、建物内が負圧となって自然排煙口が「給気」の役割を果たしてしまい、建物内の排煙が計画の通りに進まない危険がある。

この意味で、**1. の選択肢は不適当**。ただし、1. の垂れ壁を、上階スラブ下から当該階の床表面まで延ばすことにより「間仕切」に変更してしまえば、機械排煙エリアと自然排煙エリアを区画できるので（天井裏をも含めて完全に区画する、という意味である）、妥当な排煙計画とすることはできる。

(7) ×
(8) ○

パッシブソーラーシステムは、太陽熱を積極的に利用するシステムの概念であるが、ヒートポンプなどの設備機器は使わないことを原則としている。

パッシブ「ソーラー」システムは、狭義には、ダイレクトゲインのことを指すが、**自然換気を目的としたもの**を含めて「パッシブシステム」ということもある。ここで、主な手法と名前を、以下のとおり整理しておこう。

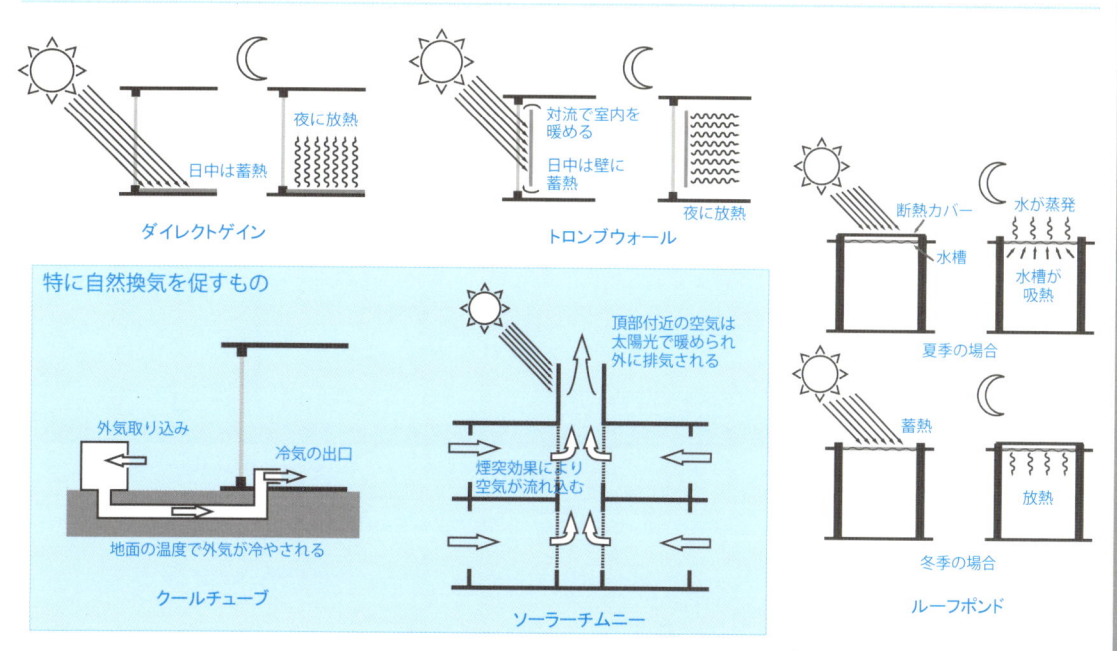

ダイレクトゲイン　　トロンブウォール

特に自然換気を促すもの
クールチューブ　　ソーラーチムニー

ルーフポンド（夏季の場合／冬季の場合）

図1　主なパッシブシステム

6-4 汚染物質の許容濃度

　人間が生活する室内空気は、時間とともに汚染される。ヒトの快適性や健康の保全、あるいは作業効率に影響を及ぼす可能性のある物質については、右の表に示すような室内環境基準で規制されている。

二酸化炭素(CO_2)

　無色、無臭で空気より重い。無色無臭で、低濃度では人体に有害ではないが、18％以上になると致死的である。ヒトの呼吸で発生する量は、おおむね呼気の4％程度であり、一般に室内の濃度を高める主要因である。その他、燃料の燃焼などによっても大量に放出される。
　CO_2濃度の基準は、**1,000[ppm]（＝0.1％）**以下となっている。

> 補足
> 二酸化炭素の空気に対する比重は1.53である。

一酸化炭素(CO)

　燃焼器具における燃料の不完全燃焼が主な要因となる。その他に、喫煙などによっても増加する。空気より軽く、無色無臭のため、放出に気づきにくい。ヒトが吸い込んだ場合、血液中のヘモグロビンと結合して、酸素供給が阻害されて中毒症状を起こす。
　CO濃度の基準は、**10[ppm]（＝0.001％）**以下となっている。

> 補足
> 一酸化炭素の空気に対する比重は0.97である。

ホルムアルデヒド(HCHO)

　発生源は、建材、家具、接着剤などが主である。建物に使われている集成材などから長期間、大量に放出され続けることもある。その他、タバコの煙にも含まれることが知られている。低濃度の場合でも、長期間の曝露によって化学物質過敏症となる事例も多い。短時間では、2～3ppmで目や鼻への刺激臭を感じ、5ppm程度で涙がとまらず、30ppm以上では浮腫や肺炎を起こす。

揮発性有機化合物(VOC)

　常温で蒸発する有機化合物の総称。種類は多いが、発生源は、建材、家具、接着剤、塗料、化粧品、事務用品、清掃剤、芳香消臭剤、防虫剤、燃焼ガス、タバコの煙など、身の回りのあらゆるものから発生する。
　厚生労働省では、個々のVOCの室内濃度指針値の他、複数のVOCの混合物をTVOCと名付け、その濃度レベルの暫定目標値として**400[μg/m³]**と掲げている。

> 補足
> TVOCは、ガスクロで検出される複数物質のピーク値（描かれるグラフの面積）の積算として示される。

浮遊粉じん

　浮遊粉じんは、粒径が10μm以上のものは痰などによって排出されやすいが、それ以下のものは肺に吸収され、気管支炎、ぜんそくなどの要因にもなる。国土交通省と厚生労働省により、室内における浮遊粉じんの許容濃度の基準値として、**0.15mg/m³**の値が示されている。

チェックテスト

(1) 中央管理方式の空気調和設備を用いた居室においては、浮遊粉じんの量を、概ね0.15mg/m³以下とする。（建H22）

(2) 開放型燃焼器具の使用により、室内の酸素濃度が18％以下になると、不完全燃焼による一酸化炭素の発生量が増加し、一酸化炭素中毒の危険性が高くなる。（建H23）

解答

(1) ○　右ページ表のとおりであり、記述は正解である。

(2) ○　記述のとおり。

表1　室内空気汚染の原因物質

汚染物質	健康への影響
ラドン	肺ガン
ホルムアルデヒド	発ガン性、アレルギー喘息、粘膜刺激、頭痛、疲労感、物忘れ、睡眠障害
二酸化炭素（CO_2）	喘息などの呼吸器系疾患、肺機能低下、感染抵抗性の減弱、免疫能低下、気道障害
一酸化炭素（CO）	酸素運搬障害による酸素欠乏症、運動能力や認知力低下
揮発性有機化合物（VOCなど）	９００種類以上の化学物質が室内で検出。粘膜刺激、神経毒性（麻酔、食欲不振、興奮と抑制、疲労、記憶障害、めまいなど）肝臓毒性、発ガン性、変異原性
多環式芳香族炭化水素	発ガン性物質が大半。変異原性、心血管系への影響
殺虫剤	神経系、肝臓、生殖器に影響
タバコ煙	ガン、呼吸器系、心血管系への影響、感染抵抗性の減弱
生物学的因子	感染性疾患（結核、レジオネラ菌）、アレルギー（鼻炎、喘息、加湿器病など）、中毒
非電離放射線	ガン（神経系）、流産

（「ビルメンテナンス」香川、1997）

表2　室内空気環境の基準　＃空気調和設備を設けている場合

	項目	基準値
ア	浮遊粉じんの量	0.15 mg/m³以下
イ	一酸化炭素の含有率	100万分の10以下（＝10 ppm以下）※特例として外気がすでに10ppm以上ある場合には20ppm以下
ウ	二酸化炭素の含有率	100万分の1000以下（＝1000 ppm以下）
エ	温度	(1) 17℃以上28℃以下 (2) 居室における温度を外気の温度より低くする場合は、その差を著しくしないこと。
オ	相対湿度	40％以上70％以下
カ	気流	0.5 m/秒以下
キ	ホルムアルデヒドの量	0.1 mg/m³以下（＝0.08 ppm以下）

（厚生労働省 Web）

表3　総揮発性有機化合物（TVOC）室内濃度指針値

毒性指標	室内濃度指針値
国内の室内VOC実態調査の結果から、合理的に達成可能な限り低い範囲で決定	暫定目標値 ４００μg/m³

脂肪族炭化水素類	芳香族炭化水素類		テルペン類	α-ピネン
n-ヘキサン	ベンゼン			β-ピネン
2,4-ジメチルペンタン	トルエン			D-リモネン
イソオクタン	エチルベンゼン		ハロゲン類	ジクロロメタン
ヘプタン	キシレン			クロロホルム
オクタン	スチレン			1,1,1-トリクロロエタン
ノナン	m-エチルトルエン			1,2-ジクロロエタン
デカン	p-エチルトルエン			四塩化炭素
ウンデカン	1,3,5-トリメチルベンゼン			トリクロロエチレン
ドデカン	o-エチルトルエン			1,2-ジクロロプロパン
トリデカン	1,2,4-トリメチルベンゼン			ブロモジクロロメタン
ペンタデカン	1,2,3-トリメチルベンゼン			ジブロモクロロメタン
ヘキサデカン	1,2,4,5-テトラメチルベンゼン			テトラクロロエチレン
				p-ジクロロベンゼン

エステル類	酢酸エチル
	酢酸ブチル
アルデヒド・ケトン類	アセトン
	メチルエチルケトン
	メチルイソブチルケトン
	ノナナール
	デカナール
アルコール類・その他	エタノール
	イソプロピルアルコール
	1-プロパノール
	1-ブタノール
アルデヒド類（HPLC）	ホルムアルデヒド
	アセトアルデヒド

（東京顕微鏡院 Web）

Advanced

6-5 換気量と空気質の測定

換気量の測定

ガストレーサー法は、室内でCO_2、NO_2、SF_6などのトレーサーガスを発生させた後の、濃度の時間変化を追うことにより、換気回数を推算する方法である。トレーサーガスの連続発生による濃度の増加から計算する方法と、連続発生を止めてからの減少から計算する方法、の2つがある。

濃度の増加から計算する方法は、発生させたガスが十分に攪拌され、濃度分布がないものとして、ある時刻のトレーサーガスの濃度$C_t[mg/m^3$など$]$を用いて、以下の式から算出する。

$$NV = \frac{M\{1-\exp(-N \cdot t)\}}{C_t - C_0} \quad (1)$$

ただし、Nは換気回数[回/h]、Vは容積[m^3]、Mは発生量[mg/hなど]、tは時間[h]、C_0は屋外における濃度[mg/m^3など]。濃度増加中の計測値からNを算出できる。ただし、定常状態を見極めた時点での算出の方が、より精度が高い。

濃度の減少から計算する方法は、連続発生による定常状態の後、発生を止めて、濃度の減少を測定する。定式化すれば、

$$\ln(C-C_0) = -N \cdot t + \ln(C_1-C_0) \quad (2)$$

C_1は初期濃度[mg/m^3など]である。すると、tをx軸に、$\ln(C-C_0)$をy軸に時系列でグラフを描けば、直線の傾きから換気回数を推算できる。

換気量の測定には、このほかに、ピトー管などを用いた**風量測定法**、建物全体や部位などの熱収支量から換気による熱損失量を算出する**熱収支法**などもある。

空気質の測定

空気中の**ホルムアルデヒド**の測定方法には、吸光光度法の1つであるAHMT法がしばしば用いられる。一定量の空気(3L程度)を吸引して捕集液(一般にNaOH溶液を用いる)に通し、気中のホルムアルデヒドを溶解させる。その後、発色試薬により色の濃さを測定する。

空気中の**揮発性有機化合物(VOCs)**の測定には、NDIR法やFID法がしばしば用いられる。いずれも捕集管を用いて空気中のVOCsを捕集し、適切な化学反応プロセスと濃縮プロセスを経た後に、ガスクロマトグラフィで物質を分離収集する。NDIR法では、含有物質を酸化させて、その重量を計測するもので、精度が高いとされており、今後の市販検査器の開発と普及が待たれている。FID法では、水素の炎に資料を投入し、そのイオンを検知するものであり、燃焼過程で生じるガスの分析などに利用が進んでいる。

空気中の**浮遊微粒子**の測定には、散乱光式やろ紙式が用いられる。散乱光式は、粉じんに光を当てた際の反射光から、粉じんの個数や粒径を測定する。ろ紙式は、空気に曝露されたろ紙の付着物質を、試薬などによって特定するものである。

その他、近年では、放射性エアロゾル、浮遊微生物、ラドンなどについても、精度の良い測定方法の開発が進んでおり、測定事例の報告も蓄積されつつある。

用語

SF_6
六フッ化硫黄。自然界に存在せず、換気量の測定精度は高い。ただし、大気寿命が3200年、地球温暖化係数(GWP)が約23900。地球環境保護の観点から取扱には注意が必要である。

ジャンプ

$t \to \infty$とすれば、6-2(1)で扱った定常状態のザイデル式が導かれる。

用語

相当隙間面積(C値)
関連して、住宅の気密性能は、図2のように、相当隙間面積(単位延床面積あたりの隙間[cm^2/m^2])の測定値をもって評価することがある。トレーサーガスは使わず、内外圧力差と通風量から算出する。

Advanced

表1 空気環境の測定方法

	項目	測定器	測定回数
ア	浮遊粉じんの量[※1]	グラスファイバーろ紙（0.3マイクロメートルのステアリン酸粒子を99.9パーセント以上捕集する性能を有するものに限る。）を装着して相対沈降径がおおむね10マイクロメートル以下の浮遊粉じんを重量法により測定する機器 ※又は厚生労働大臣の登録を受けた者により当該機器を標準として較正された機器、との付記あり	2ヶ月以内ごとに1回
イ	一酸化炭素の含有率[※1]	検知管方式による一酸化炭素検定器	
ウ	二酸化炭素の含有率[※1]	検知管方式による二酸化炭素検定器	
エ	温度	0.5度目盛の温度計	
オ	相対湿度	0.5度目盛の乾湿球湿度計	
カ	気流	0.2メートル毎秒以上の気流を測定することができる風速計	
キ	ホルムアルデヒドの量	2・4―ジニトロフェニルヒドラジン捕集―高速液体クロマトグラフ法により測定する機器 4―アミノ―3―ヒドラジノ―5―メルカプト―1・2・4―トリアゾール法により測定する機器(AHTM法) ※又は厚生労働大臣が別に指定する測定器、との付記あり	新築、増築、大規模の修繕又は大規模の模様替えを完了し、その使用を開始した時点から直近の6月1日から9月30日までの間に1回

※1 日の使用時間中の平均値で評価する。
（厚生労働省Web）

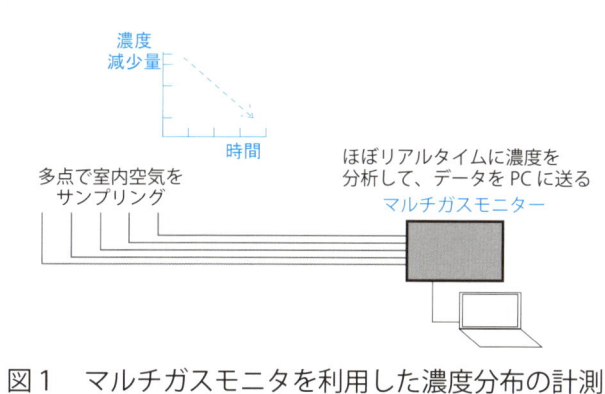

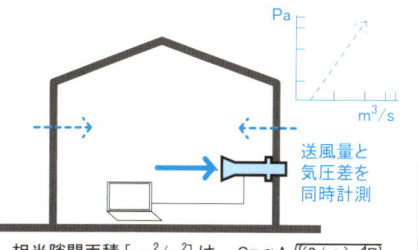

図1 マルチガスモニタを利用した濃度分布の計測

図2 気密性能の評価

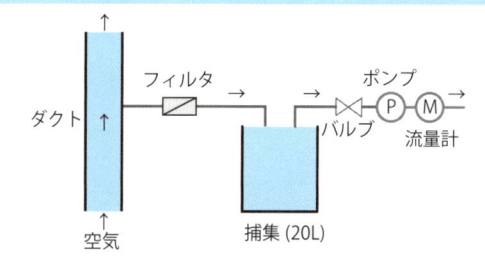

相当隙間面積 [cm^2/m^2] は、$Q = \alpha A \sqrt{(2/\rho)\Delta P}$ から求める。
※一般に、$\Delta P = 9.8 [Pa]$ となったときの換気量を用いて評価する。

VOC の捕集
VOC は、計測器に導入される前に捕集装置にて捕集される。捕集は、フッ素樹脂フィルム製、またはポリエステル樹脂フィルム製のバッグを使用する。
20 分間の試料ガス捕集の後、原則 8 時間以内に分析する。

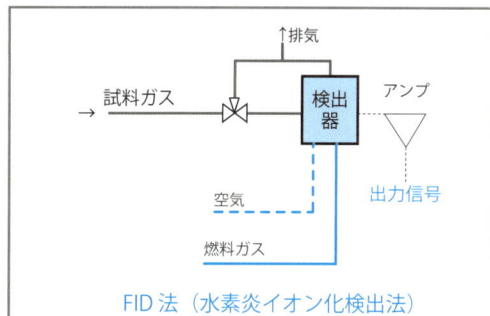

FID 法（水素炎イオン化検出法）
試料ガス中の炭化水素が、燃料ガスと混合されて水素炎に導入され、熱エネルギによってイオン化する。ここに直流電圧を加えてイオン電流を捕集し、濃度信号に変換する。

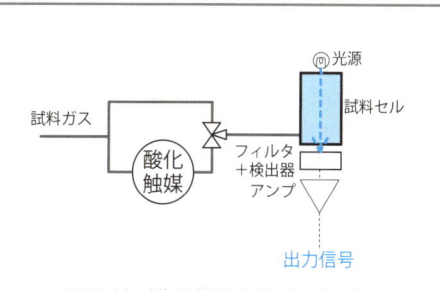

NDIR 法（非分散形赤外線吸収法）
試料ガス中の VOC を、高温に加熱された酸化触媒に通して、全量を CO_2 に酸化する。この CO_2 の濃度を検出する。

図3 揮発性有機化合物の分析方法

6-6 圧力損失

ダルシー・ワイスバッハの式

　送風機による送風ダクト内の圧力が、ダクト内の抵抗によって減衰する過程を考えてみる。

　ダクト内の圧力は、図1のように全圧、静圧、動圧の3種類がある。静圧は、ダクトの内壁を法線方向に押す力であり、動圧は、空気の流れによって前方に押そうとする力である。また、全圧は静圧と動圧の和である。これらの単位には[Pa]が用いられる。

　これらの圧力の計測には、**U字管マノメーター**と**ピトー管**が用いられる。U字管マノメーターの空気取り入れの方向を、空気の流れに垂直にした場合は、風速の影響を受けないため静圧が計測される。また、上流側に向けた場合には、全圧を測定することになる。両者の差から、動圧を知ることができる。

　送風機から送られた空気は、ダクト内を通過する間に、静圧が徐々に小さくなる。ただし、一般に風速は減少しないため、動圧はほぼ一定となる。このことについて、特に断面が円形の直管ダクト(以下、円形ダクト)の場合が以下のとおり定式化されている。

$$\Delta P_t = \lambda \frac{L}{D} \frac{1}{2} \rho v^2 \qquad (1)$$

これは、**ダルシー・ワイスバッハの式**とよばれる。ここで、ダクトの摩擦損失係数を簡易に知るため、図4のような**ムーディ線図**が作成されている。

　送風機前後の圧力を模式的に描くと図2のようになる。静圧は、送風機の直前で最も強い負圧となり、送風機の直後で最も強い正圧となる。これに、風速一定とした場合の動圧(正の値で一定)が加算され、全圧の変動が描かれる。

送風機の運転

　送風機の主軸の回転に必要な軸動力は、全圧および送風量に比例する。数式で表すと、送風機の効率(全圧効率) η を用いて、

$$Ws[kW] = \frac{1}{\eta} \frac{P_t[Pa] \cdot Q[m^3/s]}{1000}$$

　また、図5および図6のように、装置ごとに抵抗曲線があり、適正運転時の風量と圧力の関係が決められている。同一性能の送風機を並列運転して風量を増やしたり、直列直列運転で静圧を上げて、空気の搬送距離を長くすることがあるが、この場合、装置の台数に応じて抵抗が大きくなるため、風量や静圧は、送風機の台数を乗じた値より、やや小さな値となる。

補足

ΔP_t：圧力損失 [Pa]
λ：摩擦損失係数
L：管の長さ [m]
D：管径 [m]
ρ：空気密度 [kg/m³]
v：流速 [m/s]

用語

ベンチュリー効果
ダクトが細くなると、その部分で静圧が小さくなり、動圧が大きくなる現象。

関連

送風機の規程出力に対して、送風系の抵抗が大きすぎると、送風機の回転が不安定となる**サージング**の現象を引き起こすことがある。

チェックテスト

(1) 空調機の送風機における主軸の回転に必要な軸動力は、一般に、「送風機の全圧」と「送風量」との積に比例する。(建H20)

(2) 円形ダクトにおいて、ダクトサイズを大きくし、風速を30%下げて同じ風量を送風すると、理論的には、送風による圧力損失が約1/2となり、送風エネルギー消費量を減少させることができる。(建H21)

解答

(1) ○　記述のとおり。全圧 [Pa] と送風量 [m³/s] の積を、送風機の効率 [-] で除して求める。

(2) ○　圧力損失は、風速の2乗に比例する。設問の場合は、風速が 0.7 倍となるので、圧力損失は $0.7^2 ≒ 0.5$ 倍。よって記述のとおりである。

図1　ダクト内の静圧・動圧・全圧

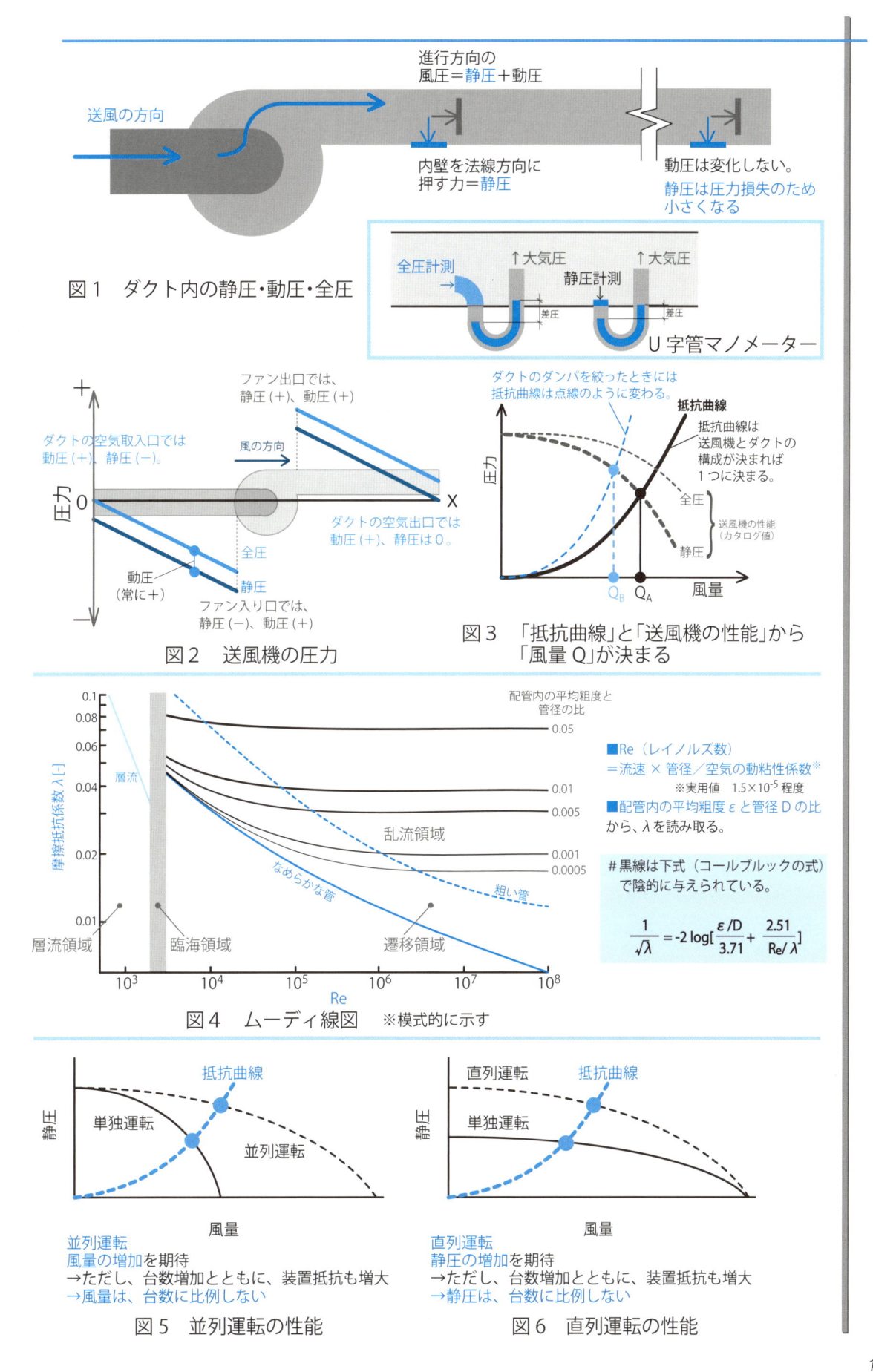

- 送風の方向
- 進行方向の風圧＝静圧＋動圧
- 内壁を法線方向に押す力＝静圧
- 動圧は変化しない。
- 静圧は圧力損失のため小さくなる
- 全圧計測　↑大気圧　静圧計測　↑大気圧　差圧　差圧
- U字管マノメーター

図2　送風機の圧力

- ダクトの空気取入口では動圧（＋）、静圧（－）。
- ファン出口では、静圧（＋）、動圧（＋）
- 風の方向
- ダクトの空気出口では動圧（＋）、静圧は0。
- 全圧
- 動圧（常に＋）
- 静圧
- ファン入り口では、静圧（－）、動圧（＋）

図3　「抵抗曲線」と「送風機の性能」から「風量 Q」が決まる

- ダクトのダンパを絞ったときには抵抗曲線は点線のように変わる。
- 抵抗曲線
- 抵抗曲線は送風機とダクトの構成が決まれば1つに決まる。
- 全圧
- 静圧
- 送風機の性能（カタログ値）
- Q_B　Q_A　風量

図4　ムーディ線図　※模式的に示す

- 摩擦抵抗係数 λ [-]
- 配管内の平均粗度と管径の比
- 0.05, 0.01, 0.005, 0.001, 0.0005
- 層流、乱流領域、なめらかな管、粗い管
- 層流領域、臨海領域、遷移領域
- ■Re（レイノルズ数）＝流速 × 管径／空気の動粘性係数※
  ※実用値　$1.5×10^{-5}$ 程度
- ■配管内の平均粗度 ε と管径 D の比から、λ を読み取る。
- #黒線は下式（コールブルックの式）で陰的に与えられている。

$$\frac{1}{\sqrt{\lambda}} = -2\log\left[\frac{\varepsilon/D}{3.71} + \frac{2.51}{Re/\sqrt{\lambda}}\right]$$

図5　並列運転の性能

- 抵抗曲線
- 単独運転
- 並列運転
- 静圧　風量
- 並列運転
- 風量の増加を期待
- →ただし、台数増加とともに、装置抵抗も増大
- →風量は、台数に比例しない

図6　直列運転の性能

- 直列運転
- 抵抗曲線
- 単独運転
- 静圧　風量
- 直列運転
- 静圧の増加を期待
- →ただし、台数増加とともに、装置抵抗も増大
- →静圧は、台数に比例しない

6章　6　圧力損失

Advanced

6-7　乱流の計算

ナビエ＝ストークス方程式群

　図1は、非圧縮性流れに関する数式群であり、空間のある1点で（有限体積法における1つのコントロールボリューム内で）成立するものである。ここには、空気や水などの媒質は増減しないとする**①質量保存の式（連続の式）**、周囲のコントロールボリュームとの運動量に関するやりとりや、コントロールボリューム内での運動量の生成や消散を表す**②運動量保存の式**、が表現されている。必要に応じて、熱エネルギーや特定物質の濃度拡散などの式が追加されることがあるが、原則、全て同じ考え方で定式化される。

　数式の形としては、4章で扱ったフーリエの熱伝導方程式をベースとして、エネルギーや運動量の**拡散項**が右辺第2項に表現されている。さらに、左辺第2項には、エネルギーや運動量を媒介する媒質（空気や水）の動き自体を**対流項**に、また右辺第1項には、空気や水に対する圧力が周囲より高いときにエネルギーや運動量をコントロールボリューム内で減少させる**生成項**がある。これが、流体の基本方程式である**ナビエ＝ストークス方程式群（NS方程式群、あるいはNS方程式と略されることもある）**である。

乱流のモデル化

　NS方程式を使えば、このまま数値解析して、建物周りの風環境を知ることも理論上は可能となる。ただし、空気の**渦**をどう扱うか、という問題がある。

　我々の身の回りでは、異なる2つ以上の風ベクトルによって、空気の渦が常に生成、消滅を繰り返している。これは、ある一点における風速の観測値の細かな時刻変動として観測され、風の乱れ（乱流）として認識されることになる。大きい渦は、時間の変化と共にスケールの増大と減少を繰り返し、やがてきわめて小さなスケールとなって渦は消える。そこで熱エネルギーに変換されるわけである。この全てのスケールの渦を解像できる空間メッシュで、建築物の内外空間を表現してシミュレーションすること（**DNS**とよばれる）は、あまりにメッシュの数が多くなりすぎてしまい、現実的なアプローチではない。

　そこで、運動量保存の式における風速を、「平均風速$\bar{u}$＋平均風速からの瞬時の乖離（すなわち、乱流による風速成分）u'」のように書き換え、u'に関する情報を定量化することを試みる。図1に示すように、変動成分同士の乗算が発生し、この項は時間平均を取っても消すことができなくなることがわかる。つまり、方程式上これが新たな未知となってしまい、式の数より未知量が1つ多いという事態が発生する。ここに、この項を平均風速$\bar{u}$と関連づけることで方程式を閉じようとする考え方が生まれた。これが**乱流モデル**である。

　近年、特に信頼性の高い乱流モデルとして利用の進んでいるものに、ある時空間内の平均の流れ場を求めようとする**レイノルズ平均モデル（RANS）**や、ごく小さな渦にみられるほぼ普遍的な生成、消滅過程のみをシンプルにモデル化した**ラージエディシミュレーション（LES）**などがある。このような有用な乱流モデルの開発は、**数値流体力学（CFD）**の建築空間の流れ場への応用を加速させており、また多くの商用コードを生み出すに至っている。

用語

非圧縮性流れ
空気は、圧力や温度が密度を決定する。
しかし、空気の圧力の分布は計算しながら、空気の密度変化自体は小さいものとして無視した流れ場を想定すると、計算精度は確保しながら、モデル化や計算は比較的簡単となることが知られている。この考え方を、発案者の名前からブシネスク近似とよんでいる。

補足

DNS
Direct Numerical Simulation：直接数値シミュレーション。

関連

正確には、かなり長い時間空間平均を意味するアンサンブル平均という言葉が使われる。

補足

CFD
Computational Fluid Dynamics の略。

チェックテスト

（1）　CFDによるシミュレーション手法は、大空間、クリーンルーム、建築物周囲等の環境解析に用いられる。（建H17）

解答

（1）　○　記述のとおり。CFDの応用分野は大変多岐にわたっている。

Advanced

図1　ナビエ＝ストークス (NS) 方程式群

質量保存の式（連続の式）：
$$\frac{\partial u_i}{\partial x_i} = 0$$

運動量保存の式：
$$\underbrace{\frac{\partial u_i}{\partial t}}_{\text{時間微分項}} + \underbrace{\frac{\partial}{\partial x_j} u_i u_j}_{\text{対流項}} = \underbrace{-\frac{1}{\rho}\frac{\partial p}{\partial x_i}}_{\text{圧力勾配による生成項}} + \underbrace{\frac{\partial}{\partial x_j}\left\{\nu\left(\frac{\partial u_i}{\partial x_j} + \frac{\partial u_j}{\partial x_i}\right)\right\}}_{\text{拡散項（粘性項）}}$$

※非等温場（温度分布のある場）を解析するには、さらにエネルギー保存の式を加える。

$$\underbrace{u_i}_{\text{速度成分}} = \underbrace{\overline{u_i}}_{\text{時間平均の速度成分}} + \underbrace{u_i'}_{\text{変動成分}}$$ を用いて、運動量保存の式を書き換えると…

平均流に関する運動量保存の式：
$$\underbrace{\frac{\partial \overline{u_i}}{\partial t}}_{\text{時間微分項}} + \underbrace{\frac{\partial}{\partial x_j}\overline{u_i u_j}}_{\text{対流項}} = \underbrace{-\frac{1}{\rho}\frac{\partial \overline{p}}{\partial x_i}}_{\text{圧力勾配による生成項}} + \underbrace{\frac{\partial}{\partial x_j}\left\{\nu\left(\frac{\partial \overline{u_i}}{\partial x_j} + \frac{\partial \overline{u_j}}{\partial x_i}\right) - \overline{u_i' u_j'}\right\}}_{\text{拡散項（粘性項）}}$$

図2　k-ε 2方程式モデル
レイノルズ平均モデル(RANS)の1つで、建築空間の気流解析にしばしば利用される。

渦によって、拡散が進むと考える。3方向への等方成分と非等方成分に分けて、
$-\overline{u_i u_j} = (\overline{u'u'} + \overline{v'v'} + \overline{w'w'})/3 - \nu_t(\partial u_i/\partial x_j + \partial u_j/\partial x_i)$ と置き換えると、

$$\frac{\partial \overline{u_i}}{\partial t} + \frac{\partial}{\partial x_j}\overline{u_i u_j} = -\frac{1}{\rho}\frac{\partial}{\partial x_i}\left(\overline{p} + \underbrace{\frac{2}{3}\rho k}_{\text{乱流による拡散の等方成分}}\right) + \frac{\partial}{\partial x_j}\left\{(\nu + \underbrace{\nu_t}_{\substack{\text{乱流による拡散係数の増加分}\\\text{(乱流拡散係数、渦(動)粘性係数)}}})\left(\frac{\partial \overline{u_i}}{\partial x_j} + \frac{\partial \overline{u_j}}{\partial x_i}\right)\right\}$$

乱流エネルギー $k\,(\mathrm{m^2/s^2})$：
$$\frac{\partial k}{\partial t} + \frac{\partial}{\partial x_i}\overline{u_i}k = P_k - \varepsilon + \frac{\partial}{\partial x_j}\left\{\left(\frac{\nu_t}{\sigma_k} + \nu\right)\frac{\partial k}{\partial x_j}\right\}$$

乱流エネルギー散逸率 $\varepsilon\,(\mathrm{m^2/s^3})$：
$$\frac{\partial \varepsilon}{\partial t} + \frac{\partial}{\partial x_i}\overline{u_i}\varepsilon = (C_{\varepsilon 1}P_k - C_{\varepsilon 2}\varepsilon)\frac{\varepsilon}{k} + \frac{\partial}{\partial x_j}\left\{\left(\frac{\nu_t}{\sigma_\varepsilon} + \nu\right)\frac{\partial \varepsilon}{\partial x_j}\right\}$$

$$P_k = 2\nu_t\left\{\frac{1}{2}\left(\frac{\partial u_i}{\partial x_j} + \frac{\partial u_j}{\partial x_i}\right)\right\}^2 \qquad \nu_t = C_\mu \frac{k^2}{\varepsilon}$$

$C_\mu = 0.09, \sigma_k = 1.0, \sigma_\varepsilon = 1.3, C_{\varepsilon 1} = 1.44, C_{\varepsilon 2} = 1.92$

図3　LES
計算メッシュ数が大きくなるが、モデル化がシンプルで、結果の信頼性が高い。

$$\frac{\partial \overline{u_i}}{\partial t} + \frac{\partial}{\partial x_j}\overline{u_i u_j} = -\frac{1}{\rho}\frac{\partial \overline{p}}{\partial x_i} + \frac{\partial}{\partial x_j}\left\{\nu\left(\frac{\partial \overline{u_i}}{\partial x_j} + \frac{\partial \overline{u_j}}{\partial x_i}\right) - \{\underbrace{(\overline{\overline{u_i}\,\overline{u_j}} - \overline{u_i}\,\overline{u_j})}_{\text{Leonard（レナード）項}} + \underbrace{(\overline{\overline{u_i}u_j'} + \overline{u_i'\overline{u_j}})}_{\text{Cross（クロス）項}} + \underbrace{\overline{u_i' u_j'}}_{\text{Reynolds 応力項}}\}\right\}$$

Leonard 項と Cross 項は、打ち消し合うと考えることが多い。
この場合、上記 RANS モデルと同じ定式化になり、

$$\frac{\partial \overline{u_i}}{\partial t} + \frac{\partial}{\partial x_j}\overline{u_i u_j} = -\frac{1}{\rho}\frac{\partial}{\partial x_i}\left(\overline{p} + \frac{2}{3}\rho k\right) + \frac{\partial}{\partial x_j}\left\{(\nu + \nu_t)\left(\frac{\partial \overline{u_i}}{\partial x_j} + \frac{\partial \overline{u_j}}{\partial x_i}\right)\right\}$$

ただし、「慣性小領域」以下における乱流エネルギーの生成と消散の状態は、場所による分布はないものと考えて、下式のように、1つの定数 Cs により ν_t をモデル化することが行われる（スマゴリンスキーモデル）。

$$\nu_t = \left\{C_s \times \left(\sqrt[3]{\Delta_x \Delta_y \Delta_z}\right)\right\}^2 \sqrt{2 \times \left\{\frac{1}{2}\left(\frac{\partial \overline{u_i}}{\partial x_j} + \frac{\partial \overline{u_j}}{\partial x_i}\right)\right\}^2}$$

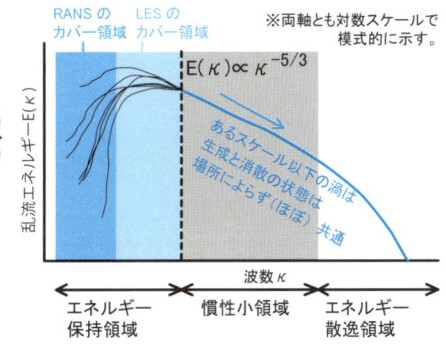

図4　エネルギースペクトルとエネルギーの流れ

コラム 6

地球規模の大気の挙動

本章では、建物内の空気の流れを解説した。建物内の空気の流れは、外からの風による風圧で生ずるものと、温度差を駆動力とするものとがあるわけである。しかし、もう少し大きいスケールの空気の流れを見てみると、少し様子が異なっている。

例えば、台風の進路である。南の海上で発生して北上してきた台風は、北西方向に移動しながら、たいていは台湾や南西諸島の方面に進む。そのままいなくなってほしい気もするが、なぜか、やがて北東方向に進路を変え、日本本土に上陸してくる。毎回、多少ルートは変わるものの、進路のパターンはいつも共通だ。そもそも、台風をはじめ、一般に低気圧は左回りに、高気圧は右回りに風が吹く。

建物内では経験することがない、このような大きなスケールの大気の挙動パターンは、なぜ発生するのだろうか。

■地球規模の風が吹く理由

「コリオリ力」。名前を聞いたことがあるヒトも多いだろう。フランスの科学者 G.G. コリオリ (1792-1843) が提唱したものだ。回転する物体上を動くときに働く「見かけ上の力」があるという。

地球上を吹く風は、常に地球の回転に伴う慣性の力（地球の上に乗っかって、一緒に動いていようとする力）が働いている。同時に、低緯度では温度の高い空気が、高緯度には温度の低い空気があり、南から北上しようとする空気と北から南下しようする空気とが、接する部分がある。すると、どうなるか…南の暖かい空気の慣性力の方が比較的大きいので、北上するほど回転角（角速度）が早くなってしまう。南下する空気は、逆に、南下すると角速度が遅くなる。結果的に、地球上に水平方向の大気循環が起こる。**貿易風、偏西風、極偏東風（極地風）**が恒常的であることはご存じのとおりだ。そして、境界面は地球を一回転して、つながる。そこには、ある波形が生じることも想像できるだろう。これは、**ロスビー波**とよばれる波形で、気流の速度が弱いと、振幅が大きく蛇行する。これに引っかかった地域の天気は荒れるのである。

■日本の天気が変わりやすい理由

南側の湿った暖かい空気と、北側の乾いた冷たい空気とが接触する場に位置する、日本列島。そこに水平の渦ができやすいことは、もう、コリオリの力を使って説明できるだろう。

さらに、暖かい空気は上に、冷たい空気は下に行こうとするのだから、その境界面は立体的にみて、もう少し複雑な形になる。低気圧の進行方向の前面では、暖気が寒気の上面を広く滑昇するので、しとしと雨が長く続く。進行方向の後面では寒気が暖気の下に潜ろうとして、暖気を狭い範囲で一気に押し上げるので、強雨が降りやすく、落雷や突風を伴うことも多くなる。日本列島は、ちょうど、常にこのような現象が起きやすい位置にある。

■洗面器の渦の回転方向？

洗面器のセンを抜くと、南半球と北半球で渦の方向が逆向きになる、というのは、ときどき聞かれる話だ。が、これはナンセンス。建築物の中の風も同様で、スケールが小さすぎて、コリオリの力は顕在化しない。だまされぬよう。

本章のまとめとして、「暖かい空気は膨張して上へ、冷たい空気は収縮して下へ」。スケールに関係のない不変原則をシッカリ理解しておこう。

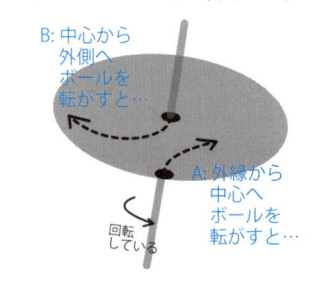

B: 中心から外側へボールを転がすと…

A: 外縁から中心へボールを転がすと…

回転している

円板が反時計回りに回転しているとき、円板の上に立つと、ボールは進行方向に対して右向きにカーブするように見える。

B: 極から赤道へ

A: 赤道から極へ

回転方向

地球上でも全く同じことが起きる。図の低気圧の回転方向が反時計回りになることも、これによって説明できる。

7章

音響・騒音・振動

7-1 音の物理量

音の三属性
　音の性質は、大きさ（音圧）、高さ（周波数）、音色（波形）の3つの属性で決まる。音の大きさは、人の可聴範囲（20Hz〜20,000Hz）の音圧（単位：Pa）の大小によってほぼ決定される。ただし、年齢とともに周波数の高い音が聞きづらくなるなど、個人差や環境の影響も大きい。音の高さは、周波数が大きい音ほど高い音と認識するが、同じ音圧であっても、人は3,000〜4,000Hz付近の音を特に大きい音と感じる。音色は、いろいろな周波数の音が混在することで特徴づけられる。人の声や楽器の音色は、振幅の大きい音とその倍音による、規則性の強い組み合わせとなっている。なお、1つの周波数の音は純音、全ての周波数が一様である場合をホワイトノイズという。

音の伝播
　音は、大気、水、あるいは固体の中を伝わる。点音源があるとき、大気中を球面上に音波が伝わり、ある程度離れると、ほぼ平面波と見なせる。速さは常温で約340m/sであり、気温が高いほど早く進む。なお、水中では1,500m/s、金属では数千m/sである。
　また、図1に示すように、光と同様に、屈折と回折の現象がみられる。また、固体により音は反射、吸収、透過の現象がある。

音の物理的単位
－音響出力W [W]－
　音源から発せられる、単位時間あたりのエネルギーである。人の可聴音の最小エネルギーは約1×10^{-12}[W]とされる。これを基準(0)として、人の感じる大小関係に近い表現とするため、その対数で表したものを音響出力レベルPWL（単位：dB）という。なお、音響出力Wと音響出力レベルPWLを、それぞれ、パワーとパワーレベル、とよぶこともある。

－音の強さI [W/m^2]－
　ある単位面積の面を、単位時間に通過する音のエネルギーのことをいう。人の可聴音の最小強さが約1×10^{-12}[W/m^2]であることから、これを基準として対数表記したものを、音の強さのレベルIL[dB]という。

－音圧P[Pa]－
　大気圧を基準としたときの、音の粗密波が伝播するときの圧力差（変化量）のことである。可聴限界の音圧は2×10^{-5}[Pa]であることから、これに対する比の対数を音圧レベルSPL[dB]という。

チェックテスト

(1) 音の強さのレベルを20dB下げるためには、音の強さを1/100にする。（建H20）

(2) 音の聴感上の特性は、音の大きさ、音の高さ、音色の三要素によって表される。（建H14）

(3) 人の可聴周波数の範囲はおよそ20Hzから20kHzであり、対応する波長の範囲は十数mmから十数mである。（建H22）

解答

(1) ○　音の強さI [W/m^2]→$10 \log_{10} I$ [dB] となる。20[dB]下げるには、$10 \log_{10} (I \times U)$ [W/m^2]→$10 \log_{10} I - 20$ [dB]の関係となる。∴ $U = 10^{-2}$。

(2) ○　記述のとおり。

(3) ○　音速をおよそ340m/sとすると、20で除して17m、20,000で除して17mmとなる。

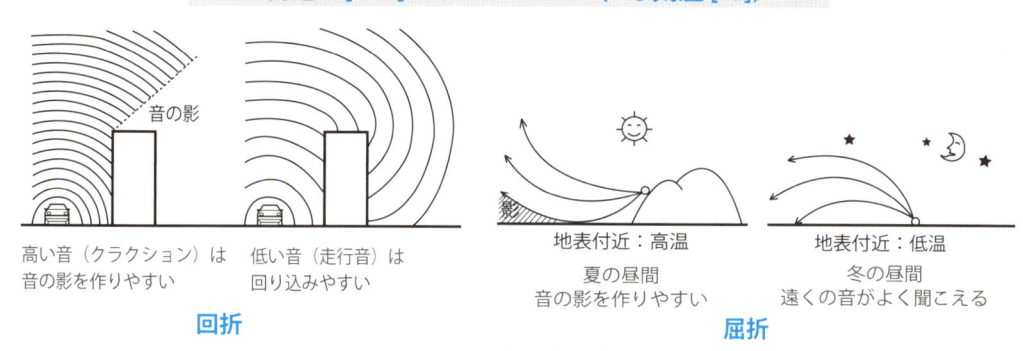

図1 音の進み方

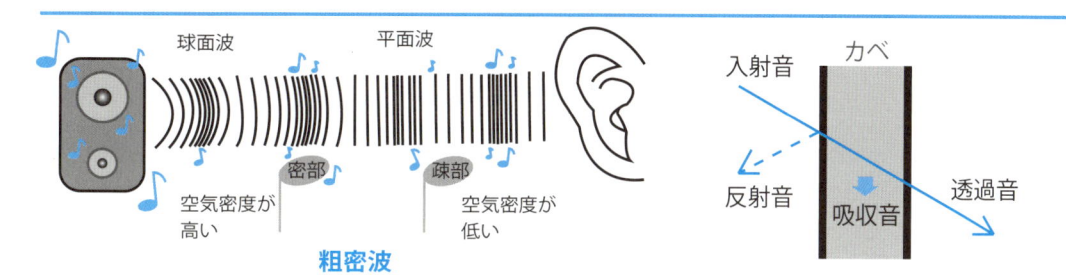

球面波　平面波　入射音　カベ
空気密度が高い（密部）　空気密度が低い（疎部）
反射音　吸収音　透過音

粗密波

音速 C [m/s] = 331.5 + 0.6 t （t は気温 [℃]）

高い音（クラクション）は音の影を作りやすい　　低い音（走行音）は回り込みやすい
回折

地表付近：高温　夏の昼間　音の影を作りやすい
地表付近：低温　冬の昼間　遠くの音がよく聞こえる
屈折

表1　音の物理量とレベル

物理量				レベル ※人間の感覚による大小に、より対応した表現			
最小（可聴限界）	単位	名称／記号		名称／記号		単位	計算式
1×10^{-12}	[W]	音響出力	W	音響出力レベル	PWL		$10 \log_{10}(W/W_0) = 10 \log_{10}W + 120$ [dB]
1×10^{-12}	[W/m²]	音の強さ	I	音の強さのレベル	IL	[dB]	$10 \log_{10}(I/I_0) = 10 \log_{10}I + 120$ [dB]
2×10^{-5}	[Pa(=N/m²)]	音圧	P	音圧レベル	SPL		$10 \log_{10}(P/P_0)^2 = 20 \log_{10}P + 74$ [dB]

注）「音響出力」→「パワー」、「音響出力レベル」→「パワーレベル」とよぶこともある。
「音のエネルギー密度」（J/m³）は、「音圧レベル」（N/m²）と次元が等しい（すなわち、同じ意味である）。

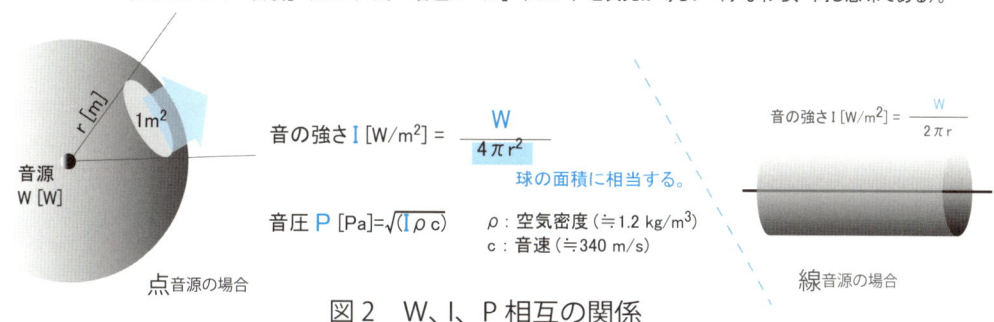

点音源の場合：

音の強さ $I \text{ [W/m}^2\text{]} = \dfrac{W}{4\pi r^2}$　球の面積に相当する。

音圧 $P \text{ [Pa]} = \sqrt{I \rho c}$　　ρ：空気密度（≒1.2 kg/m³）　c：音速（≒340 m/s）

線音源の場合：

音の強さ $I \text{ [W/m}^2\text{]} = \dfrac{W}{2\pi r}$

図2　W、I、P 相互の関係

表2　音圧レベルごとの状況

100 dB	耳をふさぎたくなる音	ジェット機のそば　クラクション
80 dB	大変大きい音	地下鉄の中　工場　小型車のそば
60 dB	大きい音	騒々しい店　小型車の中　音量を上げたラジオ
40 dB	中位の音	普通の会話　都会の家　静かな事務所　田舎の家
20 dB	弱い音	公共の図書館　静かな会話　紙の擦る音　ささやき
0 dB	非常に弱い音	田舎の静かな夜　静かな教会　防音室　最小下限

7-2 音の感覚
(1) ラウドネスレベル・サウンドスケープ

ラウドネスレベル

音のエネルギーから決定されるdB値は、一般的な環境音の大きさを表す概念として定着している。しかし、周波数によって聞こえ方に大きな差があることが知られている。

等ラウドネス曲線は、ある音圧レベルにおいて、1kHzの純音と等しい大きさに聞こえる点を繋いで描いたものである。ここで、例えば、10dBの音圧レベルによる等ラウドネス曲線上の音を10phon(フォン、あるいはホン)とよぶ。また、phonによって表された値は**ラウドネスレベル**とよぶ。図1は、130phonまでの等ラウドネス曲線であるが、いずれの曲線も3～4kHzで最も音圧レベルが小さい。これは、この付近の音は小さな音圧レベルにしても聞き取りやすい(すなわち、**耳の感度が3～4kHzで最も良い**)ことを示している。

また、音圧レベルが大きくなるほど、曲線はフラットになる傾向がみられる。サウンドクリエイトの観点からは、音圧レベルの小さい状態で(ヘッドホンなどを使用した状態で)音のバランスがとれていても、スピーカーから大音量で発すると音のバランスが崩れてしまう危険があることを示している。

サウンドスケープ

サウンドスケープは、カナダの作曲家**マリー・シェーファー**によって提唱された概念で、「音の風景」と訳される。

鳥の声、虫の声、川のせせらぎ、木の葉がそよぐ音などは、多くの人が共通で好む環境音である。一方で、好む／好まない音は、人の生い立ちや社会背景が大きく影響し、特に、民族や地域などの人の属性ごとの好みが強く表れる場合がある。このような観点から、人の住む空間の音を能動的に聴くこと、そして、その場に受容される音を保護し育むことの大切さが、今、社会的に認知されつつある。

音の現状を客観的に把握し、互いのコミュニケーションに供するものとして、**サウンドマップ**が注目されている。音の大きさ、音色、距離感、リバーブ感などを自由に見取り図などに落とし込んでいくもので、オリジナルのオノマトペ表現なども音感覚の共有には大いに役立つ。近年、地域住民によるワークショップにサウンドマップの制作が取り上げられることもある。

また、地域の音を積極的にデザインするというフェーズでは、①好ましくない音の削除(マイナス)、②響きの調節(リバーブ感のデザイン)、③音を増やす、の順序で進めることが望ましいとされている。ただし、特定の地域に馴染んだある種の音が、他者には騒音と感じることもある。受容されている音とそうでない音の分析は、専門家のみで行うものではないことを、認識する必要がある。

> **補足** 等ラウドネス曲線は、等感曲線とよばれることもある。

> **関連** ヘッドホンでは聴き取りにくかった低周波と高周波の音が、スピーカーを通すと強調されることになる。これを**ドン・シャリ音**ということもある。

> **補足** マリー・シェーファー Raymond Murray Schafer (1933-) カナダの作曲家。1967年の著書「イヤークリーニング」にて、サウンドスケープの概念を初めて提唱した。他に、管弦楽、電子音楽などの作品も数多く発表している。

> **補足** 漁村に住む人は船のエンジンの音を活力と感じるが、他地域の者にとっては騒音ととらえやすい、などの例がある。

チェックテスト

(1) 音圧レベルを一定にした状態において、周波数を変化させたとき、音の大きさ(ラウドネス)は変化する。(建H13)

(2) 音圧レベルが等しい純音を聴くと、一般に、1000Hzの音より100Hzの音の方が大きく感じられる。(建H20)

(3) サウンドスケープの考え方は、音を取り去るだけでなく、音を生み出したり、音に意識を向けることにより、良好な音環境の形成を目的としたものである。(建H18)

解答

(1) ○ 等ラウドネス曲線によれば、dB値を一定とすると、周波数がおよそ4000Hz前後において、ラウドネスレベル[phon]が最も大きい値となる。

(2) × 100Hzの方が小さく感じられる。等ラウドネス曲線の縦軸を「きこえにくさの軸」と考えると、とらえやすいかもしれない。

(3) ○ 記述のとおりである。

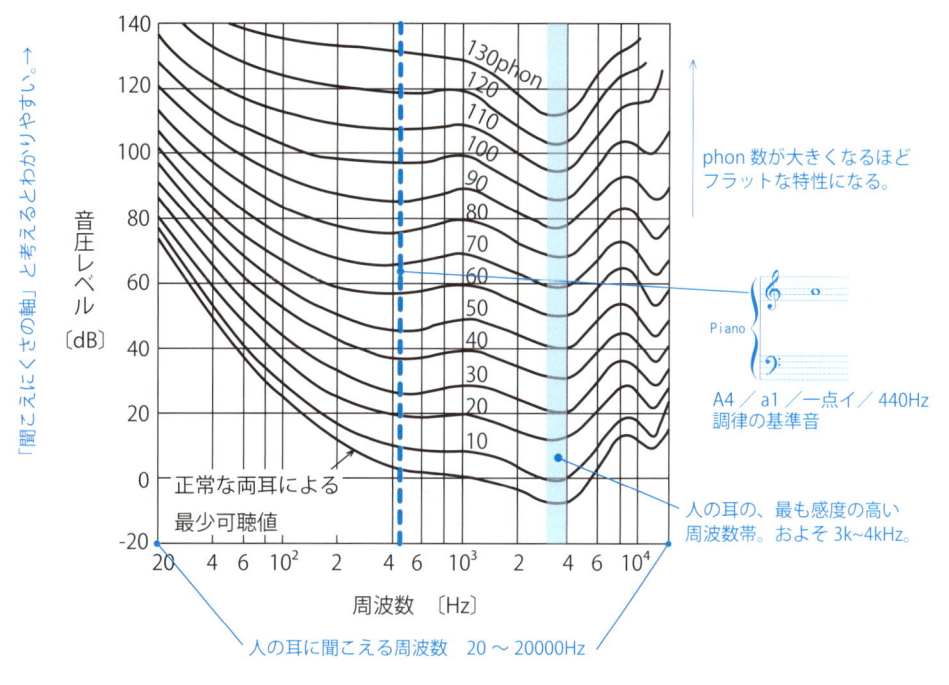

図1　等ラウドネス曲線（等感曲線）

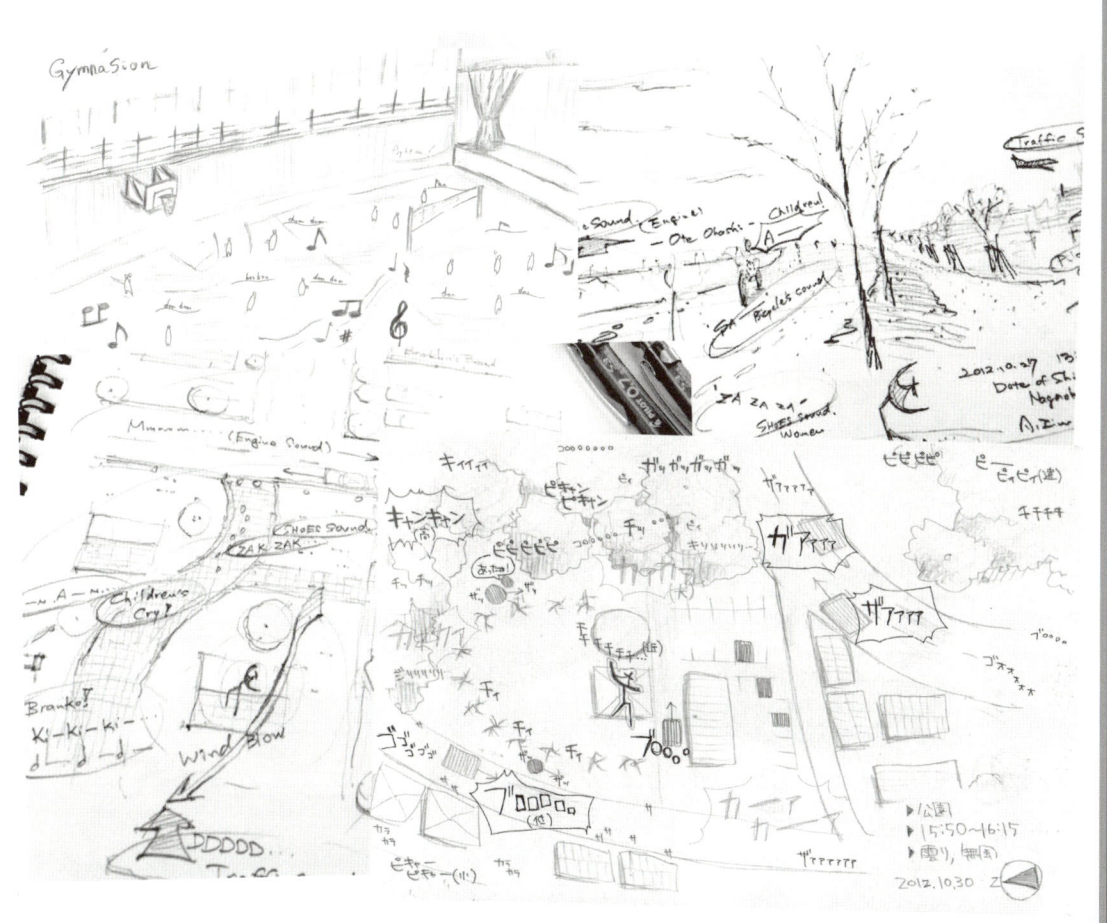

図2　サウンドマップドローイングの例 (図版：下條美幸（右下）、林圭佑（左上）、他は著者による)

7-2 音の感覚
(2) マスキング効果・カクテルパーティ効果・フラッターエコー

マスキング効果

ある音Aに、別のある音Bが重なったとき、先にあった音Aが消されてしまう現象のことである。

音Aが、音Bによってマスクされた状態を考える。音Aが聞こえる最小の音圧に対して、これをマスクできる、音Bの最小の音圧が想定できる。このとき、両者の音圧の差を**マスキング量**とよぶ。マスキング量は、音Aと音Bの周波数が近い場合や、音Bが低い周波数であるとき、大きくなる。すなわち、音Bを、より大きな音とすることが求められる。

また、時間ずれがあるときのマスキング効果を、特に継時マスキング効果、とよぶことがある。先行する音Aを止めたとき、その音圧は減衰曲線を描くが、その減衰中に後続音Bが発生すると、AがBをマスクする効果（順向マスキング）と、BがAをマスクする効果（逆向マスキング）がおこる。これには、人の、耳から脳への音の伝達プロセスと、音の記憶に関する働きとが、複雑に影響していると考えられている。

カクテルパーティ効果

2つの音、AとBの周波数が大きく異なる場合、互いをマスクする効果は減少する傾向がある。また、周波数が近接していても、音の到来方向が異なれば、やはりマスクする効果は減少する。このようなことから、**かなりざわついた宴会会場でも、互いの会話が成立する**ことを経験する。これを特に**カクテルパーティ効果**とよぶ。

カクテルパーティ効果は、音の周波数や到来方向が異なるから、という、物理的な説明のみでは完結せず、人の内耳にある有毛細胞が、特定の周波数の音を聞き取ろうとする人の意識（あるいは無意識）により、精緻にコントロールされている、という考え方もある。

フラッターエコー

直接音と反射音とが、おおむね0.05秒以上の場合、反射音は直接音と独立した音として認識される。そして、2枚の反射板が正対している場合など（カベ同士、あるいは天井と床などがあるとき）には、大きな反射音が断続的に繰り返して聞こえることがある。この現象を、特に**フラッターエコー（鳴き竜）**とよぶ。この現象が生じると、講演や音楽の演奏などは実施不可能となるため、これを回避するための入念な音響設計が求められる。

> **用語**
> **鳴き竜**
> もともとは、栃木県日光市にある東照宮本地堂（輪王寺薬師堂）の天井に描かれている竜の頭の画のこと。手をたたくと特有な反響音が生じることから、その現象自体を指すようになったといわれている。

チェックテスト

(1) カクテルパーティ効果は、周囲が騒がしいことにより、聞きたい音が聞き取りにくい現象をいう。(建H18)

(2) マスキング効果は、同種の他の刺激の存在により対象刺激を知覚できる最小値が上昇する現象をいい、臭覚に関する利用例として、香水やトイレの芳香剤が挙げられる。(建H23)

(3) フラッターエコーは、平行な2つの反射面の間において、短音を生じさせた場合、反射音が何度も繰り返して聞こえる現象である。(建H18)

解答

(1) ×　マスキング効果の記述である。

(2) ○　マスキング効果は、聴覚の他に、視覚や臭覚でも生じることが知られている。

(3) ○　記述のとおりである。日光東照宮の「鳴き竜」が代表例。

マスキング効果

図のように電話の音や話し声が、周りの発する音にかき消され、ある音が別の音の存在によって、聞き取りにくくなる現象。

トイレに設置される流水音を流す装置はこの効果を利用したもので、空間の演出やプライバシーの保護の目的に活用されている。

カクテルパーティ効果

人間は着目している音だけを騒音の中でも聞き分ける情報選択能力を備えている。

図のような様々な声や音が混在して聞こえる場合でも、特定の音（聞きたい音）だけを抽出して聞くことができる現象である。

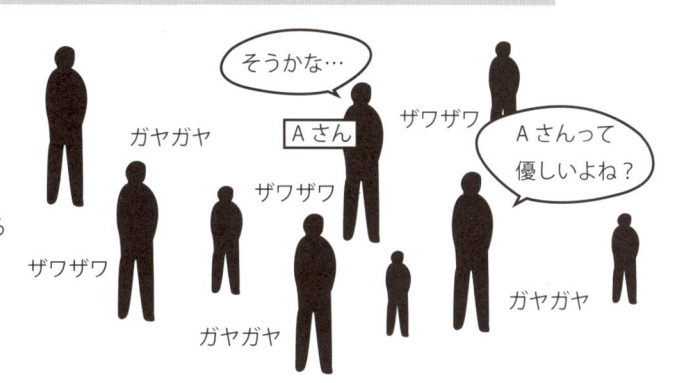

フラッターエコー

天井と床、両側の壁などが互いに平衡した剛壁で構成されている場合、拍手や足音などがこの平行面間を多重反射し、特殊な音色で聞こえる。「鳴き竜」とも呼ばれる。

音が集中する場合

天井：音が集中する形状で、反射率が高い。
床　：平坦で、反射率が高い。

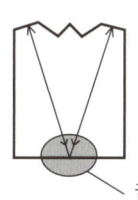

音が天井で跳ね返り、同じ場所に戻ってくる。

音が行き来する場合

壁：反射率が高い。

反射率の高い壁どうしで、音が行き来する。

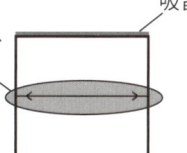

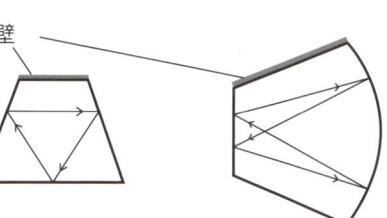

吸音材料の壁

7-3 音響設計
（1）遮音

透過損失(TL)

透過損失(TL)は、壁体等の遮音の程度を示す数値であり、大きいほど遮音されることを示す。聞こえるレベルが、入射時と透過時でどれだけ減衰したか、を、両者の「dB値の差」で表すものであるため、計算式としては、入射音と透過音のエネルギー比の対数をとることに対応している。

まず、遮音を考える上での基本単位となる単層壁について、その透過損失の特徴をみる。単層壁は、単位面積あたりの質量（これを、**面密度**という。単位：kg/m²）が大きくなるほど大きい値を示し、遮音性能が高い。さらに、一般には周波数が大きい（高い）音ほど、透過損失は大きい。

これらのことは、以下の数式で示される。

$$TL\ [\text{dB}] \fallingdotseq 20\log_{10}(\text{周波数}[\text{Hz}] \times \text{面密度}[\text{kg/m}^2]) - 42.5 \quad (1)$$

#壁面への垂直入射の場合。

また、単層壁が空隙の多い材料で構成されている場合や、隙間がある場合は、透過損失は上式で得られる値よりもずっと小さい値になる。

コインシデンス効果と低音域共鳴透過

単層壁に、壁と平行に近い角度で音波が入射したときに、単層壁が共鳴振動し、結果的に壁の裏側の空気をも振動させて音が透過してしまう現象を、**コインシデンス効果**とよぶ。周波数との関係では、薄い単層壁では高音域側で、厚い単層壁では低音域側で起こりやすい。湿式で固定されている、分厚く重い壁では起こりにくい。

また、比較的薄い中空層のある二重壁では、入射側の壁の微少な振動が中空層で増幅し、透過側の壁がより低周波側の大きな振動エネルギーを得て、結果として低音を透過させてしまうことがある。この現象を、**低音域共鳴透過**とよぶ。中空層の厚さが少し大きくなると、透過音はより低音側となる。中空層の薄い複層ガラスなどでは、過度に遮音を期待できず、入射音の周波数などのケースによっては、単板ガラスより遮音性能が低下することもあるので、注意が必要である。

遮音等級

壁体と床は、用途によって適正な遮音等級を持つものを用いる。壁体は**Dr値**（大きいほど高性能）、床は**Lr値**（小さいほど高性能）で表される。また、窓のサッシには**T値**（4等級、大きいほど高性能）が用いられることもある。

> **関連**
> 多様な方向からの同時入射の場合は、透過損失はこの式の計算値より5dB程度小さくなることが知られている。

> **補足**
> Dr値は、以下のように隣室間の音圧レベルの差で表す。

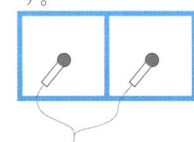

チェックテスト

(1) 建築物の床衝撃音遮断性能に関する等級におけるLr-30は、Lr-40に比べて、床衝撃音の遮断性能が高い。（建H17）

(2) 壁体の透過損失は、その値が大きいほど遮音性能は優れている。（建H12）

(3) 単相壁への平面波入射において、一般的に、垂直に入射する場合が最も遮音性能は低く、入射角が斜めになるに従い、遮音性能は向上する。（建H11）

(4) 単板の材料としては、50mm厚のグラスウールより、12.5mm厚の石こうボードの方が、遮音には有効である。（設H22）

解答

(1) ○ 数値が小さいほど、遮断性能が高い。正しい。

(2) ○ 透過するときの「損失分」であるから、大きいほど遮音する。正しい。

(3) × 壁面に音が斜めに入射すると、壁は、音波の振幅方向に共振しやすくなる。これがコインシデンス効果。

(4) ○ 板材料の面密度（1m²あたりの重さ）を比較すると、グラスウールは1〜2[kg/m²]程度、石こうボードは10[kg/m²]程度。一般に、面密度の大きい方が、透過損失は大きい。

透過損失と遮音性能

透過損失

$$TL\ [\text{dB}] = 10 \log_{10} \frac{入射音のエネルギー\ (\text{W/m}^2)}{透過音のエネルギー\ (\text{W/m}^2)}$$

（＝ 入射音の音圧レベル [dB] －透過音の音圧レベル [dB]）

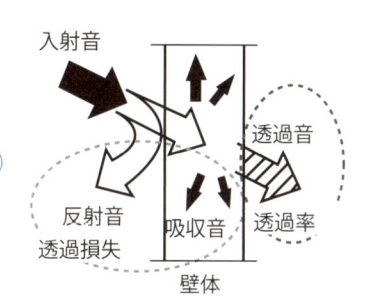

入射音／反射音／透過損失／吸収音／透過音／透過率／壁体

コインシデンス効果／低音域共鳴透過

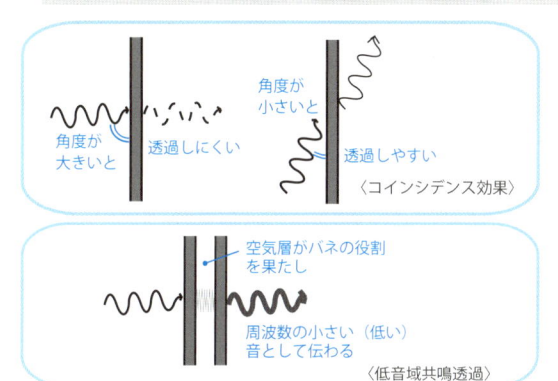

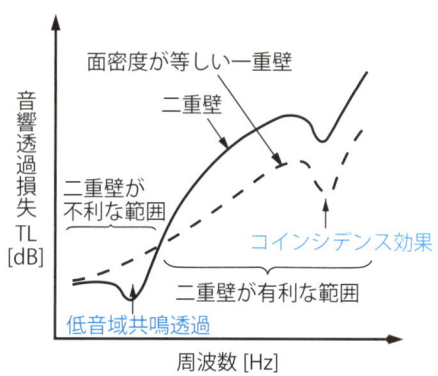

- 角度が大きいと透過しにくい
- 角度が小さいと透過しやすい
〈コインシデンス効果〉

- 空気層がバネの役割を果たし
- 周波数の小さい（低い）音として伝わる
〈低音域共鳴透過〉

音響透過損失 TL [dB] vs 周波数 [Hz]
- 面密度が等しい一重壁
- 二重壁
- 二重壁が不利な範囲
- コインシデンス効果
- 二重壁が有利な範囲
- 低音域共鳴透過

床の衝撃音の種類と対策

- 子供が飛び降りる衝撃 → **重衝撃音**
  衝撃が大きいため、床板を厚くしたり、グラスウールなどを中間に挿入したコンクリート二重床（浮床）などが有効。
- 大人が歩く衝撃 → **軽衝撃音**
  衝撃が小さいため、カーペットや柔軟な弾性材料を用いる。

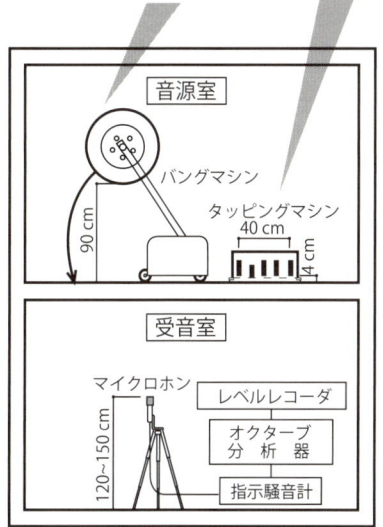

床衝撃音の音圧レベル [dB] のグラフ（L-30 ～ L-85、オクターブバンド中心周波数 63～4,000 Hz）

Lr値の測定方法

音源室：バングマシン（90 cm）、タッピングマシン（40 cm）
受音室：マイクロホン（120～150 cm）、レベルレコーダ、オクターブ分析器、指示騒音計

建築物	室用途	部位	適用等級 特級	一級	二級	三級
集合住宅	居室	隣戸間界床	L-40, L-45*	L-40, L-45*	L-50, 55	L-60
ホテル	客室	客室間界床	L-40, L-45*	L-40, L-45*	L-50, L-55*	L-55, L-60*
学校	普通教室	教室間界床	L-50	L-55	L-60	L-65
戸建住宅	居室	同一住戸内2階床	L-45, 50	L-55, 60	L-65, L-70*	L-70, L-75*

原則として軽量、重量両衝撃源に対して適用 ただし*は重量衝撃源にのみ適用

7-3 音響設計
(2) 吸音

吸音率
　吸音という言葉は、音源と同じ空間に人がいる状態で、壁に音が吸収されて弱まった反射音を聴いているイメージを想定している。すなわち吸音率は、入射する音のエネルギーに対する、反射音以外のエネルギーの割合として定義され、この中には透過音を含んでいる。この意味で、吸音率は、壁の吸収率を表すのではない。

　また、吸音率は、同じ材料においても、周波数によって異なっている。

壁体材料の吸音率特性

－多孔質材料－

　無数の連続性のある孔をもつ材料一般を指す。多くの断熱材（グラスウールや発泡材料）、あるいはコンクリートブロックなどが該当する。入射音のエネルギーは、表面の小さな孔から材料内に入り込んで減衰し、やがて熱エネルギーに変わって吸収される。

　特に、高音側の吸音性に優れているが、材料の厚みを増したり、材料の後方側（透過側）に厚い空気層を設けるなどによって、低音側の吸音率も大きくすることができる。一方で、表面の孔を塗装などでふさぐと、高音の吸音率は低下する。

－孔あき板－

　音楽室などによく見られる、直径数ミリの孔を規則的に配したものである。音のエネルギーは、孔の裏側の空気層の空気を振動させながら減衰する。一般に、1kHz程度の中音域の吸音率が高い。開孔率を大きめのものは、より高音側の吸音効果が相対的に高い。また、空気層を厚くして設置すると、より低音側の吸音効果が高い。多孔質材料を空気層側に設置して、より吸音率を高める工夫がなされることもある。

－板状材料－

　一般の合板が該当する。材料が振動することによる内部摩擦で音のエネルギーを減衰させる。背後の空気層の設け方や、材料そのものの取り付け方によって大きく左右されるが、低音域の吸音率が高い傾向がある。

> **補足**
> 孔から音のエネルギーを取り込むものではないので、一般には、表面の塗装の影響は受けない。

チェックテスト

(1) 多孔質吸音材料は、その表面を通気性の低い材料によって被覆すると、高音域の吸音率が低下する。（建H14）

(2) 背後空気層を持つ板振動型吸音機構において、空気圧を厚くした場合、吸音効果を期待できる周波数域は、より低音域に移行する。（建H11）

(3) 室の天井に吸音材料を新たに設置する場合、吸音材料の設置前と比べた設置後の音響変化に関する次の記述のうち、最も不適当なものはどれか。ただし、吸音材料の設置前の室は反射性の面で構成されているものとする。（建H21）
  1. 室の残響時間は短くなる。
  2. 室内で会話するとき、音声の明瞭度は高くなる。
  3. 室内で音を放射した場合、室内の平均音圧レベルは小さくなる。
  4. 壁を隔てた隣室で音を放射した場合、2室の室間音圧レベル差（遮音性能）は変わらない。

解答

(1) ○ 多孔質材料は、小さくランダムな穴に、主に高音域の音を入り込ませて吸音する。塗料やフィルムなどで穴をふさぐと、吸音しにくくなってしまう。

(2) ○ 板と空気層とが共振しながら、主に板状材料の振動時の摩擦によって吸音する。空気層が大きいと、より低い周波数の音を吸音することになる。

(3) 室間の界壁の音エネルギーの吸収率が大きくなるのであるから、隣室からの音の透過損失が大きくなる。よって、音圧レベル差は大きくなる、が正解。**不適当なものは4**。なお、音圧レベル差 [dB] は、界壁の透過損失に、+10 log10（受音室の吸音率）－10 log10（界壁の面積）と、加減算することによって求められる。設問の設定は、上記吸音率をより大きくしたことになる。

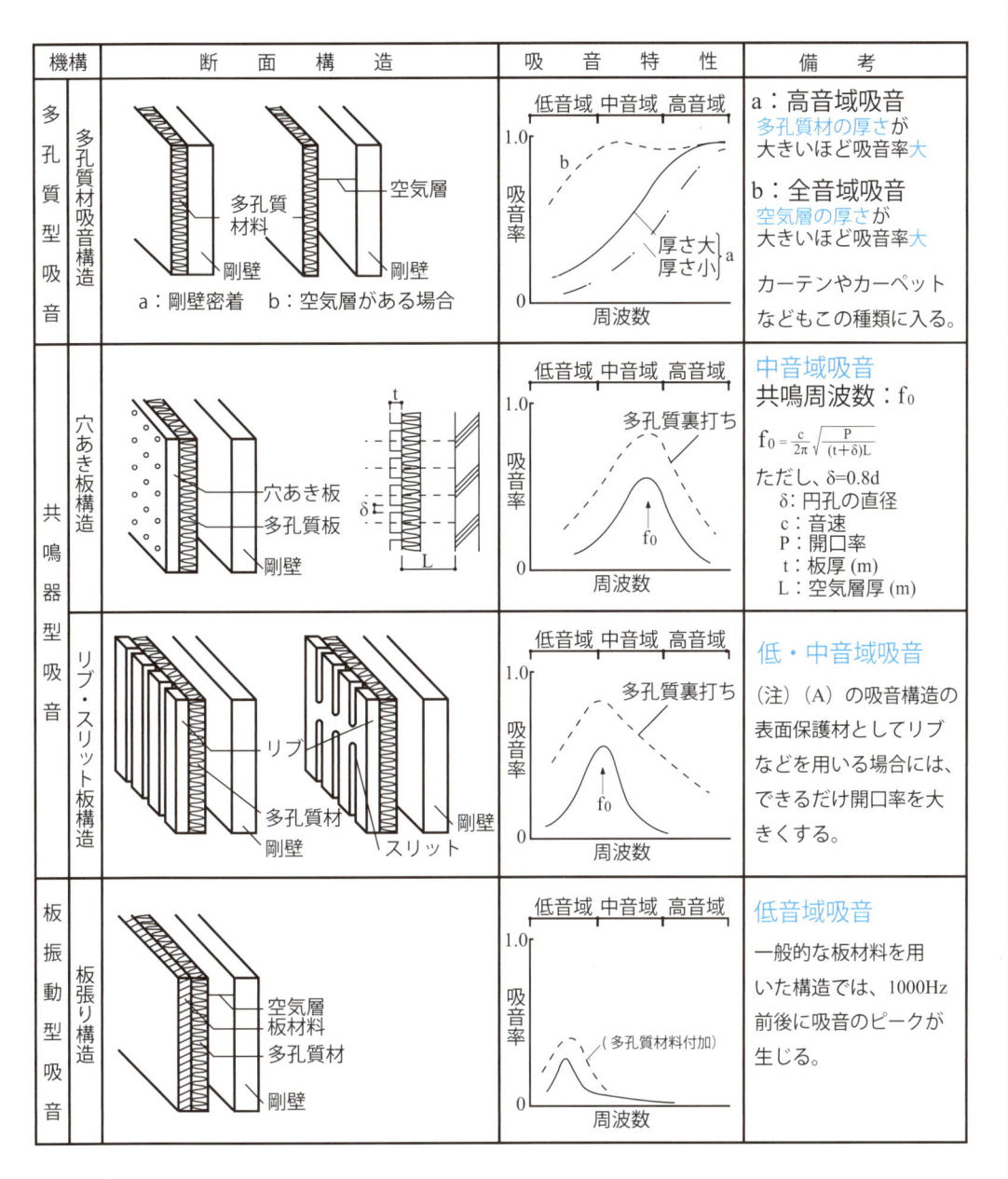

機構		断 面 構 造	吸 音 特 性	備 考
多孔質型吸音	多孔質材吸音構造	多孔質材料／空気層／剛壁　a：剛壁密着　b：空気層がある場合	低音域 中音域 高音域　吸音率 0〜1.0（厚さ大／厚さ小）周波数	a：高音域吸音　多孔質材の厚さが大きいほど吸音率大　b：全音域吸音　空気層の厚さが大きいほど吸音率大　カーテンやカーペットなどもこの種類に入る。
共鳴器型吸音	穴あき板構造	穴あき板／多孔質板／剛壁　t, δ, L	低音域 中音域 高音域　吸音率（多孔質裏打ち）　f_0	中音域吸音　共鳴周波数：f_0　$f_0 = \dfrac{c}{2\pi}\sqrt{\dfrac{P}{(t+\delta)L}}$　ただし、$\delta=0.8d$　δ：円孔の直径　c：音速　P：開口率　t：板厚 (m)　L：空気層厚 (m)
	リブ・スリット板構造	リブ／多孔質材／剛壁／スリット	低音域 中音域 高音域　吸音率（多孔質裏打ち）　f_0	低・中音域吸音　（注）(A) の吸音構造の表面保護材としてリブなどを用いる場合には、できるだけ開口率を大きくする。
板振動型吸音	板張り構造	空気層／板材料／多孔質材／剛壁	低音域 中音域 高音域　吸音率（多孔質材料付加）	低音域吸音　一般的な板材料を用いた構造では、1000Hz 前後に吸音のピークが生じる。

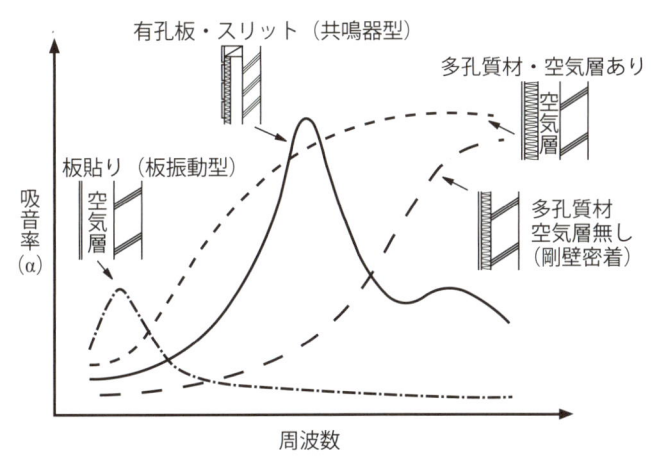

有孔板・スリット（共鳴器型）

板貼り（板振動型）

多孔質材・空気層あり

多孔質材 空気層無し（剛壁密着）

吸音率 (α) / 周波数

7-3 音響設計
（3）残響

残響時間

室内において、音源から拡散した音が、多重反射により響いている、という状況を想定する。このとき、音のエネルギー密度は、時間と共に減衰する。場所による違いはあるが、音源の音が止んでから、音のエネルギー密度の空間平均が10^6分の1（100万分の1）に達するまでの時間を、**残響時間**とよぶ。音の強さのレベル[dB]で記述するならば、音源停止後に60dBの減衰が観測されるまでの時間である。

一般に、ほどよい残響時間には、直接音を効果的に強めることが期待できる。しかし、残響時間が極端に長い場合には、直接音の明瞭度が著しく下がってしまう。このため、講演や音楽鑑賞などの用途に応じて、主に室内側壁面に適切な吸音率の材料を用いながら、残響時間をコントロールすることになる。

> **補足**
> 一般には、0.05秒程度までの残響は、直接音に対する効果的なリバーブとなることが多い。

セイビンの残響理論

残響時間は、次に示す**セイビンの式**で概算できることが知られている。

$$T[s] = \frac{0.161 \times V[m^3]}{\alpha \times S[m^2]}$$

αは室内表面の平均吸音率[-]、Sは吸音面積であり、$\alpha \times S$をまとめて吸音力とよぶ。例えば、コンサートホールでは、リハーサル時に感じたリバーブが、客席が満席の状態ではあまり感じられないということがしばしば起こる。これは、人体の表面積によりSが、また衣服によってαが大きくなることによる。

Vは室容積[m^3]であり、空間が大きいほど残響時間が長い。ただし、Vが大きいときには、同時にSも大きくなる。このため、残響時間と室容積は比例の関係にあるわけではないことに注意が必要である。

> **補足**
> 冬季には、観客が厚手の服装になるため、特におこりやすいといわれている。

最適残響時間

室の容積が大きいほど長めにした方が、快適な音響となることが知られているが、一般には、講演などでは1秒弱程度、音楽では1.5秒程度とする。また、音楽ホールや劇場などの大空間では、客席後部に吸音性の高い材料を用いたり、反射面に凸型の形状の拡散体を取り付けたりすることで、エコーや方向性の強い反射音を防止し、快適な残響が得られるような工夫が施されている。

> **関連**
> 吸音力が特に大きい状況では、下記の**アイリングの式**が用いられることもある。
> $$T = \frac{0.161V}{S\{-\ln(1-\bar{\alpha})\}}$$

チェックテスト

（1）コンサートホールの最適残響時間として推奨される値は、一般に、室容積の増大に伴って大きくなる。（建H17）

（2）大規模な音楽ホールの室内音響計画においては、エコー等の音響障害を避けるために、客席後部の壁や天井は、反射率の高い、大きな平面で構成されることが多い。（建H13）

（3）残響時間は、拡散音場において、音源停止後に室内の平均音響エネルギー密度が$1/10^6$に減衰するまでの時間をいい、コンサートホールにおいては、一般に、そのホール内の聴衆の数が多くなるほど短くなる。（建H14）

解答

（1）○ 記述のとおり。

（2）× 客席後部からのエコーを防止するため、吸音力を大きくする。元の音との時間差が大きい反射音はエコー、ごく短い時間差で聞こえる反射音はディレイ、と区別してよぶこともある。なお、室内空間における多重反射音はリバーブとよぶ。

（3）○ 人体表面の吸音力が増えることになるので、セイビンの式により、残響時間は短くなる。

残響理論

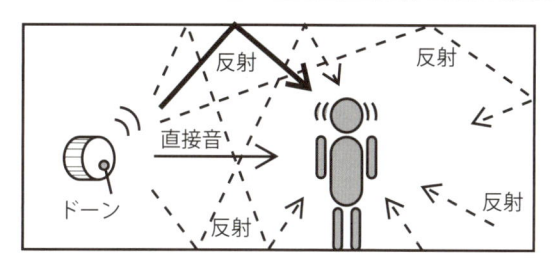

- ← 直接音
- ← 初期反射音
  ※少数回の反射で届く
- ←-- 残響
  ※複数回、反射した後で届く

音響パワーによる算出方法

定常状態の音響パワー（E）に対して、100万分の1（10^{-6}）になるまでに要する時間

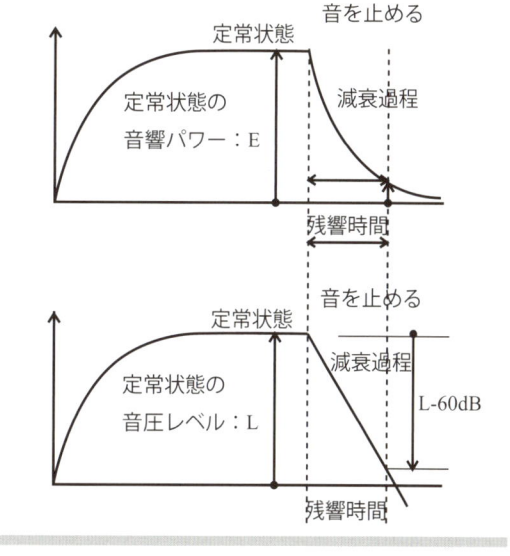

音圧レベルによる算出方法

定常状態の音圧レベル（L）に対して、60dB低下するまでに要する時間

セイビンの残響式

$$残響時間 (T) = 0.161 V / (\bar{\alpha} S)$$

T: 残響時間　V: 室容積　S: 室の表面積
$\bar{\alpha}$: 室の平均吸音率

室の残響時間の長さは室容積に比例して長くなり、室の表面積と平均吸音率に反比例する。

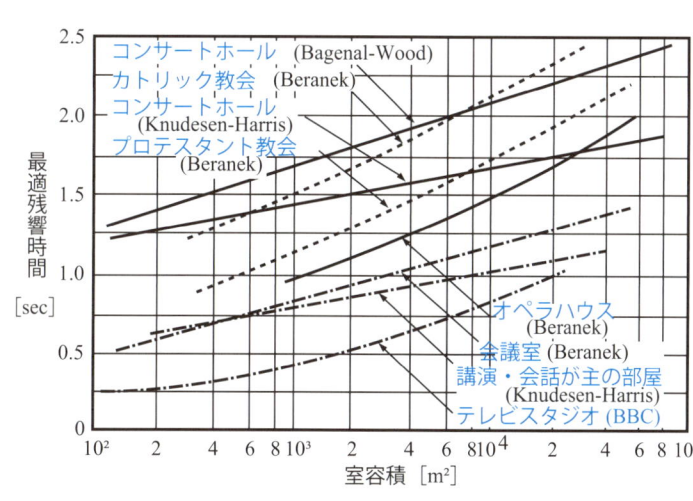

最適残響時間 [sec] / 室容積 [m³]

- コンサートホール (Bagenal-Wood)
- カトリック教会 (Beranek)
- コンサートホール (Knudesen-Harris)
- プロテスタント教会 (Beranek)
- オペラハウス (Beranek)
- 会議室 (Beranek)
- 講演・会話が主の部屋 (Knudesen-Harris)
- テレビスタジオ (BBC)

7-4 音の合成と距離減衰

音響出力Wの変化による影響

音響出力Wが大きく、あるいは小さくなったときの音の強さのレベルを考えてみよう。まず、音源P[W]のスピーカーが1つのとき、音の強さのレベル[dB]は、

$$I_1 = 10 \log_{10} \frac{P}{4\pi r^2} \quad (1)$$

である。すると、スピーカーをもうひとつ増やしたときは、

$$I_{1+1} = 10 \log_{10} \frac{P \times 2}{4\pi r^2} = 10 \log_{10} \frac{P}{4\pi r^2} + 10 \log_{10} 2$$

$$\fallingdotseq 10 \log_{10} \frac{P}{4\pi r^2} + 3 \quad (2)$$

すなわち、3[dB]増加することになる。

このように、スピーカーがN倍になると、$10 \log_{10} N$[dB]増加する。

距離による減衰

次に、音源からの距離によって、音の強さのレベルの違いを考察してみよう。上記(1)の状態から、距離を2倍にしてみると、

$$I_{1+1} = 10 \log_{10} \frac{P}{4\pi (2r)^2} = 10 \log_{10} (\frac{P}{4\pi r^2} \times 2^{-2})$$

$$\fallingdotseq 10 \log_{10} \frac{P}{4\pi r^2} - 6 \quad (3)$$

すなわち、6[dB]減少することになる。

このように、距離がN倍になると、音の強さのレベルは$20 \log_{10} N$[dB]減少する。

> **補足**
> 音源を2倍にするごとに、3dBずつ増加することになる。

> **補足**
> 距離を2倍にするごとに、6dBずつ減少することになる。

対数計算の公式のまとめ

$$\log A^n = n \log A$$
$$\log A \times B = \log A + \log B$$
$$\log A / B = \log A - \log B$$

なお、　$\log 10 = 1$　　$\log 2 \fallingdotseq 0.3010$　　$\log 3 \fallingdotseq 0.4771$　　$\log 5 \fallingdotseq 0.6989$

チェックテスト

(1) 室内に同じ音響出力をもつ2つの騒音源が同時に存在するとき、室内の音圧レベルは、騒音源が1つの場合に比べて約3dB増加する。(建H12)

(2) 音の反射のない空間において、無指向性の点音源からの距離が1mの点と4mの点との音圧レベルの差は、約12dBとなる。(建H14)

(3) 点音源から1.5m離れた点の音圧レベルが90dBであった。この音源の音響出力が2倍になった場合、音源から3m離れた点の音圧レベルに最も近い値は、次のうちどれか。(建H03)
　1. 84　2. 87　3. 90　4. 93　5. 96　[単位はdB]

解答

(1) ○　$10 \log_{10} (I \times 2)$
$= 10 \log_{10} I + 10 \log_{10} 2 = 10 \log_{10} I + $「3」、となる。

(2) ○　距離が4倍になるので、音の強さは1/16。
$10 \log_{10} (I \div 16)$
$= 10 \log_{10} I - 10 \log_{10} 2^4 = 10 \log_{10} I - $「12」、となる。

(3) 出力が2倍なので「+3」、距離が2倍なので「-6」。
よって、90+3-6 = 87[dB]　答えは2.。

スピーカーの個数が2倍になると、3[dB]ずつ増える

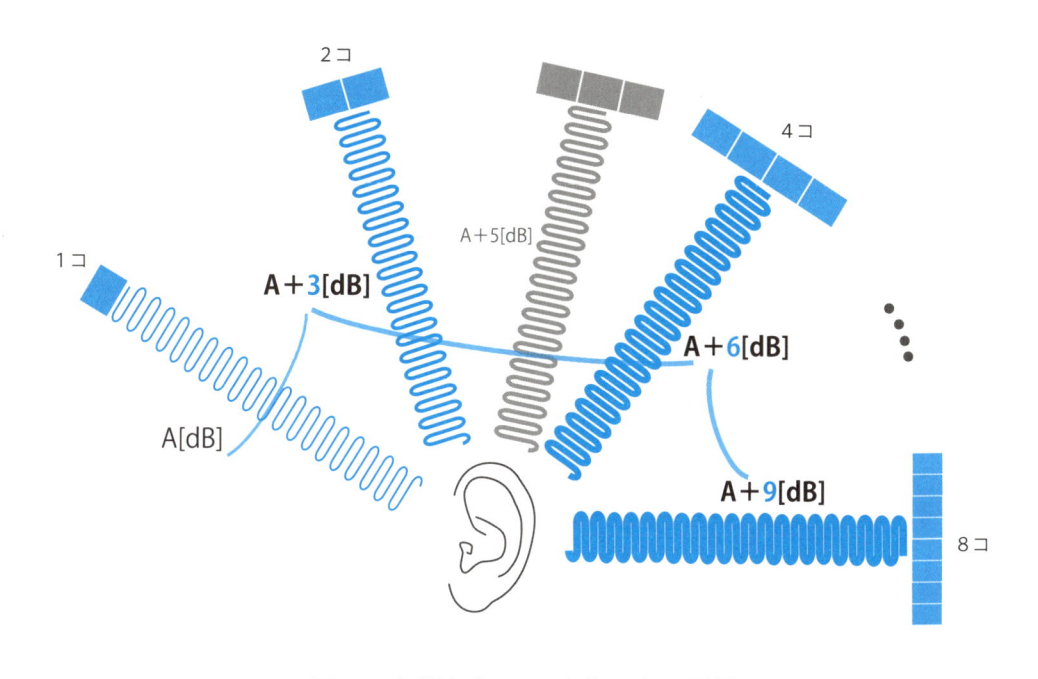

図1　音響出力Wの変化による影響

音源からの距離が2倍になると、6[dB]ずつ減少する

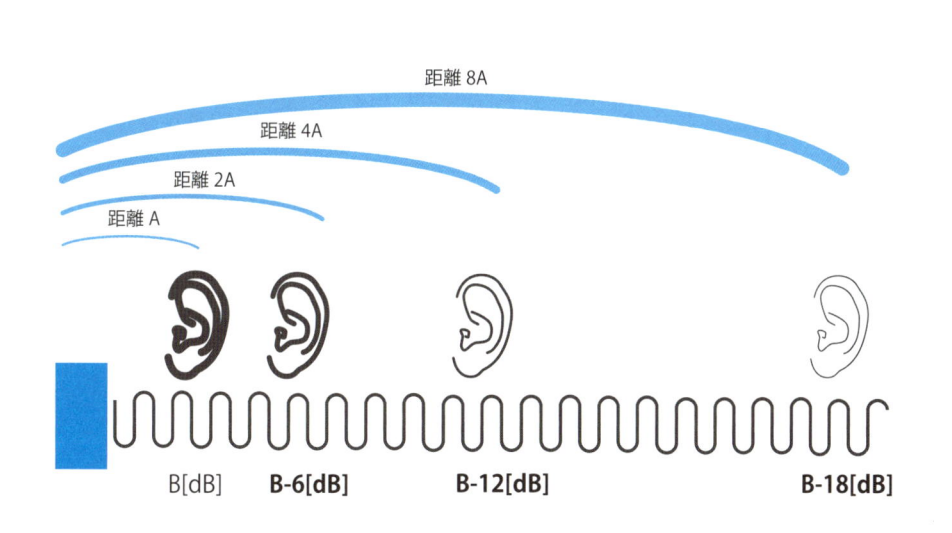

図2　距離による減衰の影響

7-5 騒音・振動の基準

環境騒音と環境振動の評価

－騒音の評価－

騒音のレベル（L_A）は、JISによって規定された騒音レベルの計量法である。騒音の感覚量を、周波数ごとの相対的な値として示した**A特性**によって重みづけした音圧レベルで表す。単位は、dB(A)（デシベルエー）である。

室内騒音については、L_Aの他に、**NC曲線**を用いて評価することもある。アメリカで1957年に提案されたもので、図2のように、周波数軸を1オクターブごとに区切り（各区間を**オクターブバンド**とよぶ）、その中心周波数が、求められているNCより高くなっている部分に遮音対策しようとするもので、対策を具体化しやすい。なお、建物の室内用途ごとに、騒音レベルの基準値が表1のように定められている。住宅の寝室の基準が40dB(A)（NC-30に相当）であることを目安とすると、用途ごとの基準値を類推しやすい。

外部空間については、**等価騒音レベルL_{Aeq}**がしばしば用いられる。時間変動の大きい道路交通などを対象として、観測時間内のA特性の音圧レベルの平均値を求めるものであるが、夜間に重みづけした**昼夜等価騒音レベルL_{dn}**なども提案されている。また、航空機騒音については、道路交通以上のレベルとなることや、周波数の高い金属音を含むため、特殊な騒音として位置づけられ、**騒音感覚レベルPNL**、あるいは、**うるささ指数WECPNL**（時間帯ごとのPNLを重みづけしたPNL）の基準値が定められている。

－振動の評価－

集合住宅における隣家や上下階からの振動の伝播は、建築の構法や防振工事などの個々の対策が求められる。一方、公共空間が源の日常的な振動としては、道路交通によるものが代表的である。また、鉄道、航空機、工場における各種機械、さらには公共施設等の設備機器の低周波振動なども、地域によっては大きな問題となっていることがある。

道路交通振動については、**振動規制法**により、地域の分類（居住を主とする地域とそれ以外の地域）や、時間帯（昼間と夜間）などに応じた振動のレベルの限度が定められている。また、道路交通法にも、無用な騒音を禁止する条項が掲げられている。道路交通振動が限度を超えている場合、個人の訴えを受けた市町村などから、道路管理者に対し、振動の防止のための舗装、維持、修繕の措置を要請するなどの措置が執られる形になっている。

チェックテスト

(1) 騒音に係わる環境基準において、主として住居の用に供される地域における基準値は、原則として、昼間は55dB(A)以下、夜間は45dB(A)以下とされている。(建H17)

(2) 環境基本法の規定に基づく騒音に係わる環境基準において、騒音の評価手法は、等価騒音レベルが用いられている。(設H19)

(3) 振動規制法において、特定工場等の振動の規制に関する基準の範囲は、同一区域の場合、昼間と夜間とでは異なる。(設H19)

解答

(1) ○ 記述のとおり。なお、この場合の基準値は「等価騒音レベル（L_{Aeq}）」で表される。

(2) ○ 「等価騒音レベル（L_{Aeq}）」は、A特性音響エネルギーの観測時間内平均値を、dBで表示したものである。

(3) ○ 振動に関しては、0.1～100Hzで不快を感じるとされている。そのdBの基準は、第1種区域では昼60dB/夜55dB、第2種区域では昼65dB/夜60dB、と異なる。

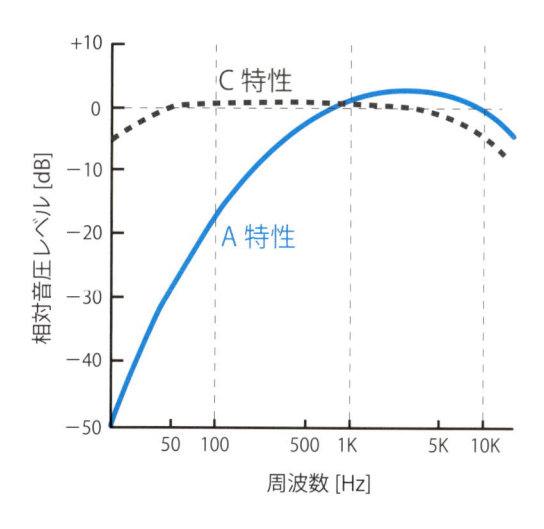

図1　A 特性音圧レベル

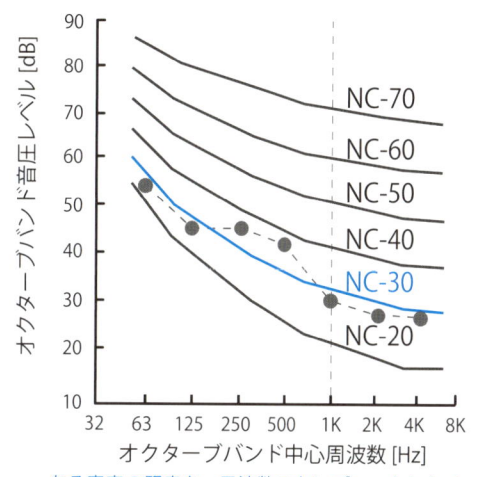

図2　NC 曲線

ある寝室の騒音を、周波数ごとにプロットしたイメージ。この場合、中心周波数 250Hz および 500Hz の騒音については、寝室の基準 NC-30 を上回ることから、遮音対策を取る必要があることを示している。

表1　室内騒音の許容値（#日本建築学会編「建築設計資料集成1－環境」丸善（1978））

dB(A)	20	25	30	35	40	45	50	55	60
NC、NR	10～15	15～20	20～25	25～30	30～35	35～40	40～45	45～50	50～55
うるささ	無音感		非常に静か		特に気にならない		騒音を感じる		騒音を無視できない
会話・電話への影響			5m 離れてささやき声が聞こえる		10m 離れて会議可能 電話は支障なし		普通会話（3m 以内）電話は可能		大声会話（3m）電話やや困難
スタジオ	無響室	アナウンススタジオ	ラジオスタジオ	テレビスタジオ	主調整室	一般事務室			
集会・ホール		音楽堂	劇場（中）	舞台劇場	映画館・プラネタリウム		ホールロビー		
病院		聴力試験室	特別病室	手術室・病室	診療室	検査室	待合室		
ホテル・住宅				書斎	寝室・客室	宴会場	ロビー		
一般事務室				重役室・大会議室	応接室	小会議室	一般事務室	タイプ・計算機室	
公共建物				公会堂	美術館・博物館	図書閲覧	公会堂兼体育館	屋内スポーツ施設（広）	
学校・教会				音楽教室	講堂・礼拝堂	研究室	普通教室	廊下	
商業建物					音楽喫茶店	書籍店 宝石店・美術品店	一般店銀行レストラン	食堂	

表2　騒音の地域類型別環境基準

地域の類型	基準値 [dB(A)]	
	昼間	夜間
療養施設・社会福祉施設が集合している地域	50	40
住居の用に供される地域	55	45
住居と併せて商業・工業の用に供される地域	60	50

表3　航空機騒音に関する環境基準

地域の類型	基準値 [WECPNL]
専ら住居の用に供される地域	70
その他の地域で、通常の生活を保全する必要のある地域	75

$$WECPNL = dB(A) + 10 \log_{10} N - 27$$

1日における騒音レベルの全ピークの平均
1日あたりの航空機の機数
#ただし、時間帯ごとに次の通り重みづけする。
10倍（22～7時）・3倍（19～22時）・1倍（7～19時）

7章　5　騒音・振動の基準

コラム 7

「わが国の音楽」を、少しだけ紐解いてみる

ヨーロッパの建物の中は残響が豊かだ。教会で歌うとき、ヘタに歌うと、ヒドイ音が重なって聴いていられなくなる。ドを歌ったら、その残響の上ではミヤソが気持ちいい、といった和声が発達する理由がわかる。このような音楽理論は、ヨーロッパならではの文化活動の所産といえるだろう。

ところが、意外に、わが国の音楽については知っていることが少ないのではないか。以下、専門的な視点ではないことは断った上で、チョトだけその世界を、筆者なりに紹介してみよう。

■ パッシブ／アクティブ

わが国には、伝統的に、ホールに音を囲い込む、と言う考え方はあまりない。風、水、緑による変化が極端なわが国では、あくまで生きる術として、自然のもたらす倍音成分に敏感であることが求められたのか。環境とヒトとの織りなす音の協奏に、かつての日本人が音楽的なものを感じたとしても不思議ではないだろう。虫の音への興味もそんな理由からだろうか。また、琴や尺八の楽譜がきわめてアナログ表現なのは、倍音成分は口伝でこそ伝えられる、と考えたからなのか。

「能」をご存じだろうか。室町の世、足利義満と観阿弥、世阿弥によって大成された舞台芸術である。シテ・ワキによるリズミカルな七五調の語り、ハヤシによる合いの手の妙。語られる物語は、実在しながら未練をこの世に残して去った人物たちの悲哀、悲恋…死んだ人間を舞台によみがえらせるものだ。タタリにおびえながら、怨霊の鎮魂に最大のエネルギーをつぎ込む、**パッシブ**な芸術、ととらえることもできる。尺八や鼓の倍音とその余韻に聞き耳を立てるその瞬間は、時間が止まる感覚さえある。時間進行を基本とする西洋音楽とは、根本が異なっている。

全く趣向が異なるが、沖縄の「**ユンタ**」にも注目してみよう。八重山に伝わる民謡で、生活上の話題から、神話的な要素までをも含み、三線の音色をバックに、激しい踊りを伴うことでも知られている。本土や諸外国からの猛烈な外圧や重税を、精神力で力の限り跳ね返し**アクティブ**に生きようとする、リアルな人間たち。心のよりどころを音楽に求める気持ちは、今を生きる我々にも痛いほど理解できるところではなかろうか。

わが国の中にもみられる、2つの全く対極的な死生観。いずれも、精神の安定のために、「音」を発し聴くことを求めた…不思議なことである。

■ 情報量解析と音楽

話は変わって、わが国が生んだヒーロー、円谷プロの「ウルトラマン」。リアル世代でなくても、彼らの地球での活躍を知らない人は少ないだろう。科学技術を神格化した時代の初代「ウルトラマン」、ベトナム戦争を背景とした社会の混迷をストーリーに反映したとされる「ウルトラセブン」。昭和の第1期シリーズ（「ウルトラマン」～「ウルトラマンレオ」）は、今も不朽の名作として語り継がれている。筆者も、MAT (Monster Attack Team) に入りたくて仕方がなかった一人だ。

さて、この第1期シリーズの主題歌のメロディに注目し、音符の長さ（音価）についての**情報量解析**を試みた。これは簡単にいえば、いろいろな情報がバランス良く含まれているほど大きい数値を示す、という分析手法だ。圧倒的な情報量だったのは「ウルトラセブン」。作曲者の冬木透氏は「リズムやハーモニーの豊かさを、子どもたちに大いに楽しんでほしかった」と語っているが、その思い入れが反映されたのか。確かに、我が大学にもなぜか「マグマライザー」を知っている学生が（！）そして第2位は「ウルトラマンタロウ」。「ウールートーラの父がいる～♪」のフレーズは、ウルトラを見たことがなくても聴いたことがあるというヒトは多い…果たして情報量解析は、作品の文化的価値を語る一つの切り口となり得るのか。興味のある向きは、トライしてみてはいかがだろう。

〈参考文献〉
- 瀬山徹『人間と音楽』大阪芸術大学 (2011)
- 月渓恒子『日本音楽との出会い』東京堂出版 (2010)
- 井沢元彦『逆説の日本史〈8〉～室町文化と一揆の謎～』小学館文庫 (2006)
- 菊池勇夫『列島史の南と北』吉川弘文館 (2006)
- 北川源四郎ほか『情報量統計学』共立出版 (2005)
- 神谷和宏『ウルトラマンと「正義」の話をしよう』朝日新聞出版 (2011)
- 実相寺昭雄『ウルトラマン誕生』筑摩書房 (2006)

8章

都市・地球環境

8-1 日本の気象
(1) 日本海低気圧・南岸低気圧

日本海低気圧

　日本海低気圧は、朝鮮半島付近を通過し、発達しながら、日本海上を北東に進む低気圧である。特に2～3月頃、日本列島は、南からの暖気と北からの寒気の境界付近に位置するようになるため、日本海低気圧の発生頻度は高い。

　日本海低気圧は、日本の南海上から、暖かい湿った空気を日本列島に強く引き込むことになるため、春一番とよばれる強い南風が、低気圧前面の広い範囲で観測される。一方で、低気圧の後面では、大陸から乾いた寒気が押し寄せる。このため、日本海側の広い範囲で気温が低くなり、大雪や暴風をもたらすこともある。特に、500hPa等圧面付近（およそ高度5500m付近）において、深い気圧の谷が地上低気圧の西側に位置する場合には、低気圧がその後も発達する。

南岸低気圧

　冬期の1～3月、暖気と寒気の境界付近で発生する低気圧が、太平洋側を西から東に向かって移動することもある。これは**南岸低気圧**とよばれる。

　低気圧が日本付近になく、北西からの季節風が吹いている状況では、日本海上空を通過して湿った空気は、日本の脊梁山脈によって上空に持ち上げられ、日本海側の地域で雪を降らせる。そして、水蒸気を失った空気は太平洋側に吹き下ろすことになる。しかし、南岸低気圧が発生すると、低気圧の北東側に位置する太平洋上の寒気を巻き込んで、関東地方などを中心に太平洋側に降雪がおこることがある。もっとも、南岸低気圧がより日本列島に近い側を通過すると、南からの暖気により降雨となりやすい。低気圧の通過するルートによって、天候が大きく変わることになる。

寒冷渦

　地上ではなく、やや高度の高いところ（500hPa等圧面付近）に発生する、寒気の左回りの渦を、特に**寒冷渦**とよぶ。暖気と寒気の境界が、中緯度付近を地球一周するとき、これが大きく蛇行する場合に形成されやすい。移動速度が遅いため、海上から水蒸気の補給を受けて積乱雲が発達しやすく、気温も低いために、長期にわたる大雪をもたらすことがある。

チェックテスト

(1) 発達中の低気圧が日本海を北東に進むとき、山岳の風下側の地方ではフェーン現象が発現することがあり、強風とともに空気が乾燥し、火災の発生や拡大の危険が大きくなる。(気H06)

(2) 日本海に寒冷渦があると、寒気ドームが形成され、その下層に小低気圧が発生して大雪をもたらすことがある。(気H11)

(3) （冬季において）太平洋側の地方で雨になるか雪になるかは、地上付近の気温とともに、下層の湿度も影響し、湿度が低いほど雪になる可能性が高くなる。(気H09)

解答

(1) ○　この場合、わが国の脊梁山脈の風下側は日本海沿岸側である。特に冬季のフェーンでは、極端に乾燥した風が吹くことがある。

(2) ○　寒冷渦は、地上天気図では明瞭な低気圧としては現れないが、対流圏中層でその形状が明瞭である。厚い積乱雲を発達させ、大雪を降らせることがある。

(3) ○　例えば、南岸低気圧が、日本の南海上のやや南に離れた位置にあるときなどに、関東～東海の太平洋側に雪が降りやすい。このとき、この地方の地表付近が乾燥していると、落下中の水滴表面から水蒸気が蒸発して潜熱が奪われ、より水滴が凍りやすく、雪になる可能性が高くなる。

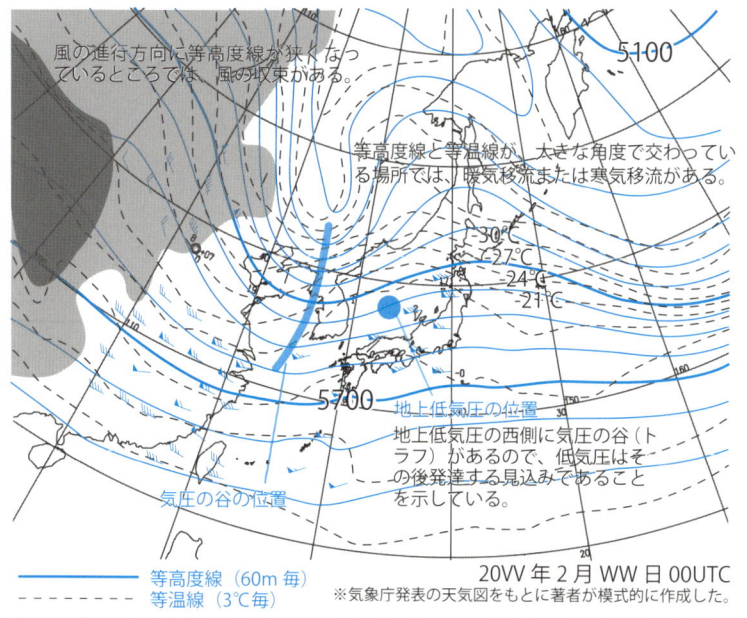

20VV 年 2 月 WW 日 00UTC

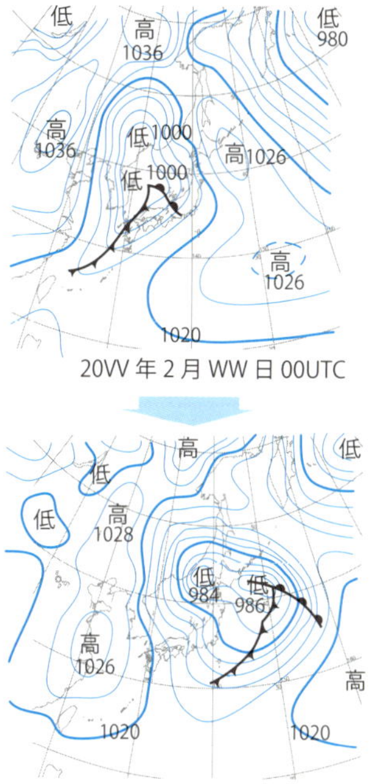

24 時間後

24 時間後には、列島は一転、西高東低の冬型に戻っている。北陸を中心に大雪が観測されることもある。

(b) 地上天気図

(a)500hPa 天気図

20VV 年 2 月 WW 日 00UTC
※気象庁発表の天気図をもとに著者が模式的に作成した。

低気圧が発達しながら、日本海を通過しているパターン。低気圧の南側(前線の南側)は晴れで、関東以南の太平洋側には南西の強い風が吹くこともある(いわゆる春一番)。一方、地上天気図に示す寒冷前線の北側では、落雷、突風、強雨、と荒れた天気になりやすい。

図1　日本海低気圧型の天気図

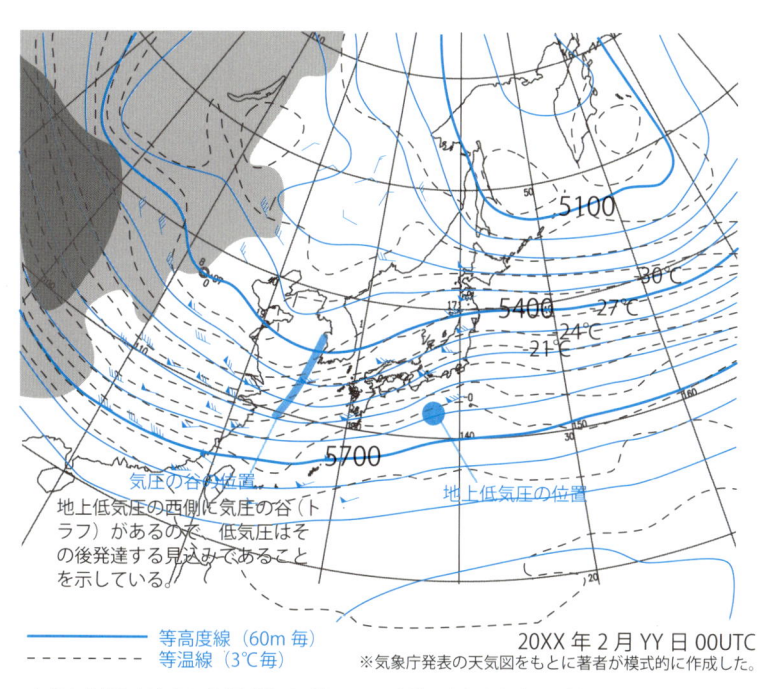

20XX 年 2 月 YY 日 00UTC

24 時間後

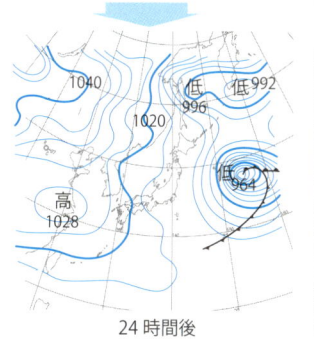

低気圧の通過後は、列島は一転して、高気圧に覆われている。ただし、気温、湿度ともに低く、また風も弱くなるため、早朝には放射冷却による路面凍結も起こり得る。

(b) 地上天気図

(a)500hPa 天気図

20XX 年 2 月 YY 日 00UTC
※気象庁発表の天気図をもとに著者が模式的に作成した。

本州の南岸に低気圧の通過があるパターン。大陸の寒気を低気圧が南に引き寄せるので、関東をはじめ太平洋側に積雪が観測されることもある。また、地上天気図では、等高線の走向から、北陸では弱い東よりの風となっているであろうことも推測できる。

図2　南岸低気圧型の天気図

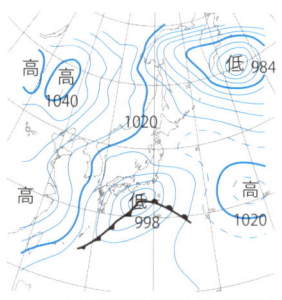

図中注記:
- 風の進行方向に等高度線が狭くなっているところでは、風の収束がある。
- 等高度線と等温線が、大きな角度で交わっている場所では、暖気移流または寒気移流がある。
- 地上低気圧の位置
- 気圧の谷の位置
- 地上低気圧の西側に気圧の谷(トラフ)があるので、低気圧はその後発達する見込みであることを示している。

凡例: 等高度線(60m毎)、等温線(3℃毎)

8章 1 日本の気象

8-1 日本の気象
（2）梅雨・北東気流・台風

梅雨
　夏が近づくにつれて、南方では、太平洋高気圧が勢力を増し、6月頃までに日本の南海上に張り出してくる。このため、日本の太平洋側には、広い範囲で、南からの湿った暖かい空気の流入が続くことになる。

　このとき、中国東北部付近から、主に北陸地方より主に南側に向かって、乾いた気団が降りてくる。この気団は、気温はさほど低いわけではないが、南からの気団との湿度差（高層天気図上では相当温位差として表される）が大きい。両気団が拮抗することで、主に本州以南に停滞前線が形成されることになる。メソスケールの低気圧がいくつも現れては通過しながら、長期間の降雨が続くことになる。

北東気流
　上記とほぼ同じ時期から夏にかけては、主に大陸からの雪解け水の流入によって、海水温の低くなったオホーツク海の海上では、冷たい高気圧が形成される。この湿った冷たい気団は、主に東北地方の太平洋側に、霧や厚い層雲を長期にわたってもたらすことがある。この気流を**北東気流**といい、これによって、主に東北地方を中心として、長期の天候不順が続くことを**やませ**という。

　なお、この気団は、日本の南海上の湿った暖かい気団と拮抗し、およそ本州から東の海上にかけて、停滞前線を形成して、長期の雨をもたらすことがある。

台風
　台風は、夏から秋にかけて、赤道よりやや北寄りにいくつも継続的に発生する。そして、貿易風および偏西風に導かれて、多くが日本付近を通過することになる。台風は非常に背が高く、中心（**台風の眼**）では下降気流のため晴れているが、これを背の高い積乱雲の壁が何重にも環状に取り巻いている（**スパイラルバンド**）。また、左回りに暴風が吹いており、特に進行方向右側では、台風の回転スピードに加えて、台風の移動に伴うスピードが加わるために、特に風が強くなる。また、台風の眼が近づいている地点においては、スパイラルバンドによって強風に伴う周期的な強い降雨があり、眼の通過とともに風向が急変する、などの現象が観測される。

> **補足**
> よって、暴風域の半径も、進行方向右側の方が大きくなる。

チェックテスト

(1) 梅雨前線では、特にその西半分で水平気温傾度が小さく、水蒸気量の傾度が大きいことが特徴である。（気H11）

(2) 「やませ」が、数日から1週間以上続いたとき、農作物などに被害を及ぼす気象状況を、2つ述べよ。（気H18）

(3) 台風が日本列島を北上する場合、他の条件が同じであれば、南に開いた湾では、台風が湾の西側を通ると予想されているときの方が、東側を通ると予想されているときより、高潮に対して一層の警戒が必要である。（気H14）

解答

(1) ○　記述のとおり。前線の南北の気団に大きな温度差はないが、湿度差（相当温位の差）は非常に大きい。

(2) 「日照不足」と「低温」が挙げられる。一般に北東気流下では、大気下層は霧や層雲に長く覆われて日照時間が短くなり、また、晩春から初夏にかけての気温としてはかなり低くなる。農作物へのダメージは大きい。

(3) ○　記述のとおり。台風は常に、進行方向の右側の方が左側より風速が大きい。台風の固有の（回転に伴う）風速に、移動速度が加わるためである。よって、台風が湾の西を抜ける場合、高潮には要注意である。

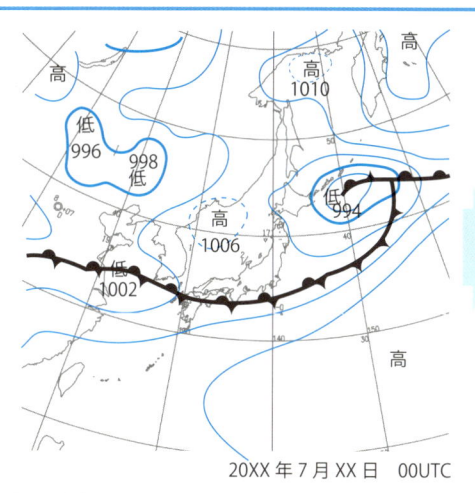

20XX年7月XX日　00UTC

太平洋高気圧と大陸からの高気圧が拮抗して、本州南岸に梅雨前線が停滞している。両気団の湿度差（相当温位差）が大きく、九州北部から中国地方にかけて、雨が持続しやすい気圧配置となっている。

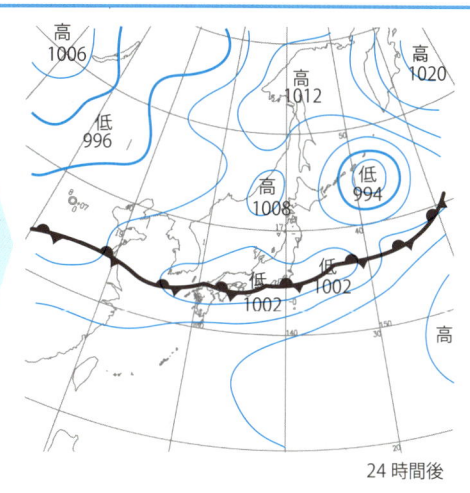

24時間後

前線がやや北上したものの、引き続き停滞している。低気圧自体は東に移動しているが、前線のかかる位置がほとんど変わらず、長雨による被害も懸念される。

図1　梅雨の時期の気圧配置（#気象庁Webの天気図をもとに、筆者が作成）

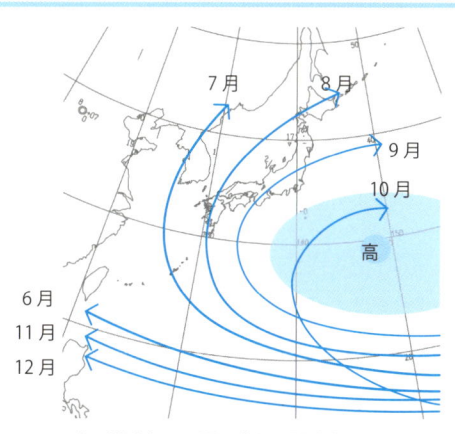

太平洋高気圧の張り出しの弱くなる7〜9月頃に、台風は日本に上陸しやすくなる。

予報では、台風や暴風域を伴う低気圧の中心が到達すると予想される範囲を、3日先まで（可能な場合は5日先まで）予報円によって表す。予報円内に入る確率は約70%。

図2　台風の進路、予報円、暴風警戒域（#気象庁Webの天気図をもとに、筆者が作成）

梅雨や秋雨の時期以外であっても、主に本州南岸付近に前線が停滞することがある。冷たい海水のオホーツク海に高気圧が発生することによるもので（オホーツク海高気圧）、東北を中心に冷たい風が持続する。
北東気流型の気圧配置になると、濃霧による視程障害が交通機関を麻痺させたり、農作物が低温や日照不足でダメージを受けたり、などの影響がある。

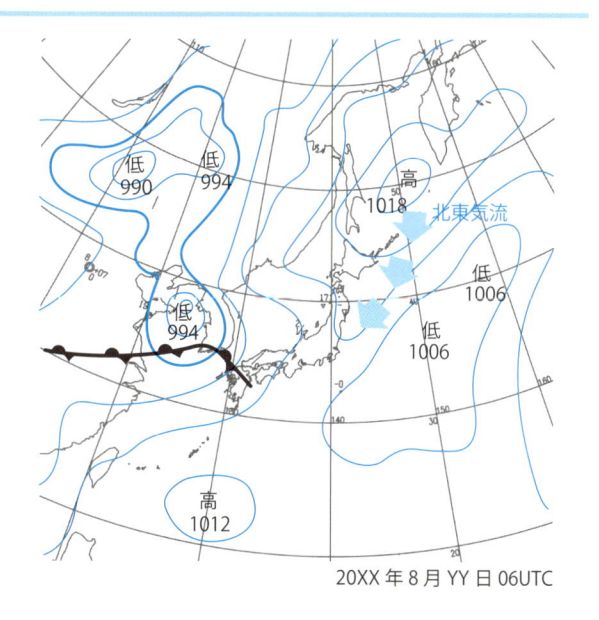

図3　北東気流型の気圧配置

#気象庁Webの天気図をもとに、筆者が作成

20XX年8月YY日　06UTC

8章　1　日本の気象

Advanced

8-2 大気の水平・鉛直構造

地球規模の大気の動き

地球には、低緯度の**貿易風**、中緯度の**偏西風**、高緯度の**極偏東風**、の3つの大きな大気の流れがある。赤道付近で暖められた大気は、上昇しながら上空を高緯度側に移動し、高緯度側からは赤道に向かって冷たい空気が移動する。ここにコリオリの力がはたらくことによって、図1のようにきわめて東西成分の強い、恒常的な貿易風、偏西風が発生する。また、極付近では、冷気の沈降を駆動力とした循環がおこる。そして、中緯度には、これらの2つの循環にはさまれることによる循環がおこる。

> 関連
> 低緯度と高緯度の循環をハドレー循環、中緯度の循環はフェレル循環という。

大気の鉛直分布

大気の温度は、**対流圏**では高度が上がるほど気温が下がる。地上付近では気温減率が9K/km程度と大きいが、ある程度の上空では6K/km程度に小さくなる。およそ10km上空からは、オゾン層が紫外線を吸収し、高度が増すほど気温が高くなる**成層圏**となる。**中間圏**は、大気の密度が非常に薄く、高度が高いほど温度が低い。オゾン層による紫外線の若干の吸収と、二酸化炭素などによる赤外線放射がバランスしている。この中間圏までの空気の組成はほぼ一様である。そして**熱圏**では、空気が電離状態で、極地方などでは磁気が影響してオーロラなどの現象が発生することもある。

温帯低気圧の形成

図4のように、対流圏において、実際の気温の高度分布に対して、地上付近の湿った空気塊が、何らかの外因によって強制的に上昇させられることを考える。湿った空気塊は、持ち上げ凝結高度に達すると、飽和状態となり、気温減率が小さくなる。さらに上昇させると潜熱放出とともに雲の発生がある。そして、自由対流高度以上では、周囲より温度が高くなるために浮力が発生し、著しく雲が発達する。やがて、周囲との温度差がなくなる平衡高度において、浮力を受けなくなる。

空気塊が強制的に上昇する要因には、さまざまなパターンがある。例えば、低気圧まわりでは、進行方向前面で暖気の移流と上昇、後面で寒気の移流と下降がおこり、雲が発達する。その他、異なる風向の風が収束する場合や、山岳などに強い風があたる場合なども、強制上昇がおこる。

> 関連
> 乱層雲の下では、比較的弱い雨が長く続くが、積乱雲の下では、短時間の強雨に加えて落雷、突風などもしばしば起こる。

風の発生要因

空気は、気圧傾度力を受けて移動を始め、コリオリ力および遠心力との間でバランスした**傾度風**となる。ジェット気流などの平行な等圧線間では、遠心力の影響のない**地衡風**である。また、竜巻などの小規模な回転では、コリオリ力は無視できる大きさとなるが、これは**旋衡風**とよばれている。

チェックテスト

(1) 標準大気においては、高度0kmから10kmまでの気温減率が9.8K/kmである。(気H15)

(2) 発達期の温帯低気圧は、南北の熱輸送のため上空ほど気圧の谷が東に傾く特徴的な構造を持つ。(気H09)

(3) 中緯度の高気圧や低気圧の地表面付近では、気圧傾度力とコリオリ力に加えて摩擦力が働くために、風は等圧線を横切って吹く。(気H06)

解答

(1) × 地上付近の気温減率は、乾燥断熱減率(9.8K/km)となる範囲はあるが、対流圏界面までの気温減率ほとんどは湿潤断熱減率(概ね 6.0K/km 以下)となっている。

(2) × 500hPa(高度約 5500m)の気圧の谷は、地上低気圧の西側にあり、気圧の谷の軸は西に傾いている。

(3) ○ 記述のとおり。地上風は、本文解説中の3つの力に加えて摩擦力を受けることになる。

Advanced

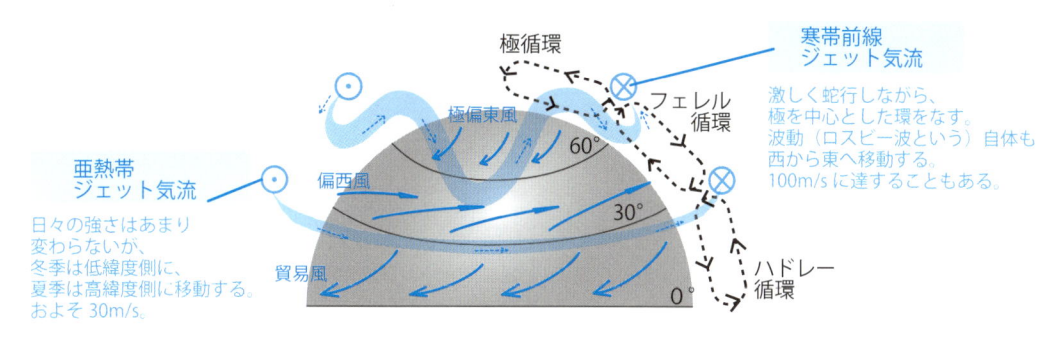

図1 対流圏における大気の大循環とジェット気流（北半球のみ示す）

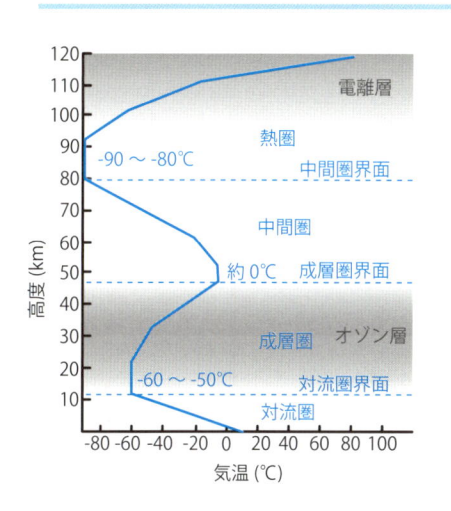

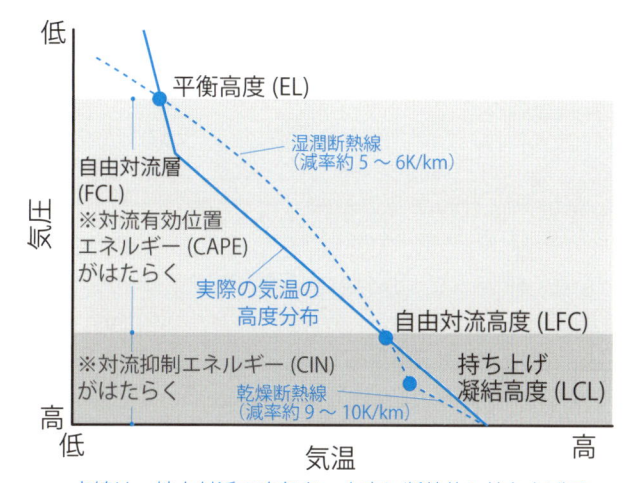

亜熱帯ジェット気流：日々の強さはあまり変わらないが、冬季は低緯度側に、夏季は高緯度側に移動する。およそ30m/s。

寒帯前線ジェット気流：激しく蛇行しながら、極を中心とした環をなす。波動（ロスビー波という）自体も西から東へ移動する。100m/sに達することもある。

図中ラベル：極循環、フェレル循環、ハドレー循環、極偏東風、偏西風、貿易風

図2 対流圏とその上部の気温

（高度 km：対流圏、対流圏界面（−60〜−50℃）、成層圏、オゾン層、成層圏界面（約0℃）、中間圏、中間圏界面（−90〜−80℃）、熱圏、電離層）

図3 エマグラム

平衡高度 (EL)
自由対流層 (FCL)
　※対流有効位置エネルギー (CAPE) がはたらく
湿潤断熱線（減率約5〜6K/km）
実際の気温の高度分布
自由対流高度 (LFC)
持ち上げ凝結高度 (LCL)
※対流抑制エネルギー (CIN) がはたらく
乾燥断熱線（減率約9〜10K/km）

点線は、地上付近の空気を、上空に断熱的に持ち上げていったときの、想定される温度変化を示している。

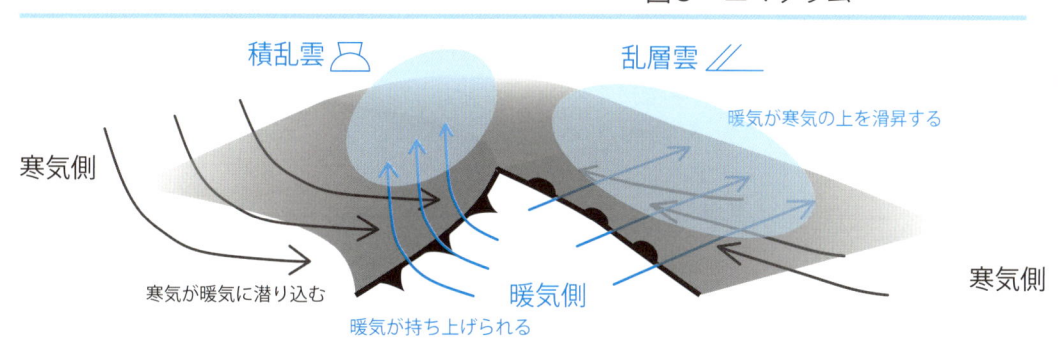

図4 低気圧まわりの雲の形成

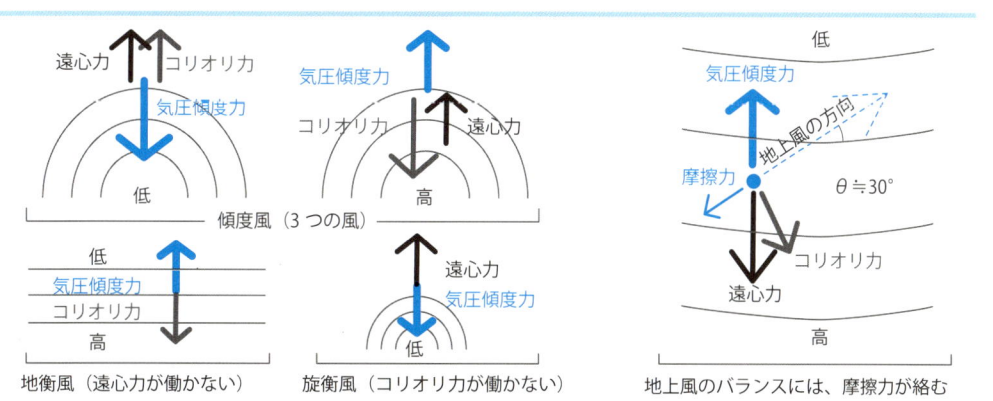

積乱雲　乱層雲
暖気が寒気の上を滑昇する
寒気側　暖気側　寒気側
寒気が暖気に潜り込む
暖気が持ち上げられる

図5 気圧傾度力・コリオリカ・遠心力・摩擦力

傾度風（3つの風）：遠心力・コリオリカ・気圧傾度力
地衡風（遠心力が働かない）：気圧傾度力・コリオリカ
旋衡風（コリオリカが働かない）：遠心力・気圧傾度力
地上風のバランスには、摩擦力が絡む（$\theta ≒ 30°$）

Advanced

8-3 気象資料
（1）地上天気図・高層天気図

地上天気図

地上の気象状況を、海面高さにおける等圧線と天気記号を用いて表現したものを、地上天気図という。地上天気図は、国内およびその周辺の観測地点における観測値をもとに作成される。

等圧線は、地上の低気圧や高気圧の位置、あるいは風向や風速の現況、またその後の動向を予測する上で、多くの情報を提供する。また、天気記号は、観測地点における雲量、気温、露点温度、また上・中・下層の雲形、気圧および気圧変動、などの情報が細かく記載されている。

高層天気図

高層天気図は、基準とする等圧面によって、いくつもの種類がある。よく使われているものは、**850hPa面、700hPa面、500hPa面、300hPa面の4種類**である。寒気や暖気の移流や湿潤域などを解析するには850hPaや700hPa、トラフやリッジの解析には500hPa、ジェット気流の解析には300hPaなど、調べたい大気の高さに応じて必要な天気図を選ぶ。

－等高度線－

高層天気図は、等しい気圧の面（等圧面）の高度分布を表している。等しい高度の地点を結んだ線を等高度線という。異なる2つの等圧面の高度差に注目すると、その値が大きい場合は、その場に暖気が存在し、その値が小さい場合には、その場に冷気が存在することを示している。

高層天気図においては、等圧面が周囲より高い部分を高圧部（Hと表記）、周囲より低い部分を低圧部（Lと表記）という。また、500hPa面や300hPa面では、北側から南側に張り出した**気圧の谷（トラフ）**や、南から北側に張り出した**気圧の尾根（リッジ）**がしばしば現れる。トラフは、地上の低気圧に対応して現れることが多く、特に低気圧が発達中の場合、低気圧の西側にみられる。300hPa面では、風はほぼ等圧線に平行に地衡風が吹く。

－湿潤域－

気温と露点温度の温度差を**湿数**という。湿った空気は湿数が小さいことになる。850hPa面や700hPa面において、概ね3℃以下のエリア（湿潤域）では、対流雲が発生しやすいとされる。

－ジェット気流－

300hPa面では、偏西風が明瞭に現れる。日本付近には、夏季は亜熱帯ジェット気流が南より北上し、冬季は亜寒帯ジェット気流が北から南下していることを読み取ることができる。

チェックテスト

(1) 800hPaや700hPaの等圧面で、等高度線と等温線がお互いに交わらないで平行に並んでいるような場合には、暖気移流や寒気移流が強く、擾乱（じょうらん）の発達につながりやすい。（気H07）

(2) A～Dについて、適切な方を選べ。「数値予報資料において、A（850・700）hPaは高度約1500mに相当し、その等圧面の天気図はB（前線・ジェット気流）などの解析・予測に用いられる。一方、C（500・700）hPaは発散が比較的小さい高度なので、その等圧面の天気図のD（渦度・鉛直p速度）を追跡することは、気圧の谷や峰の動向の把握に有効である。」（気H11）

解答

(1) × 暖気移流や寒気移流が強く擾乱が発達するのは、等高度線と等温線がクロスする場合である。いいかえれば、温度差のある方向に風ベクトルの成分がある場合である。

(2) A:850 B:前線 C:500 D:渦度。
トラフ、またはリッジの張り出しが強い場合、空気には大きな渦度が生じている。500hPa高度・渦度予想図には、そのピークの位置と値が明示されている。
なお、地上気圧・降水量・風予想図と500hPa高度・渦度予想図とを並べたとき、地上の低気圧より西側にトラフがあるならば、低気圧がその後発達すると判断できる。

Advanced

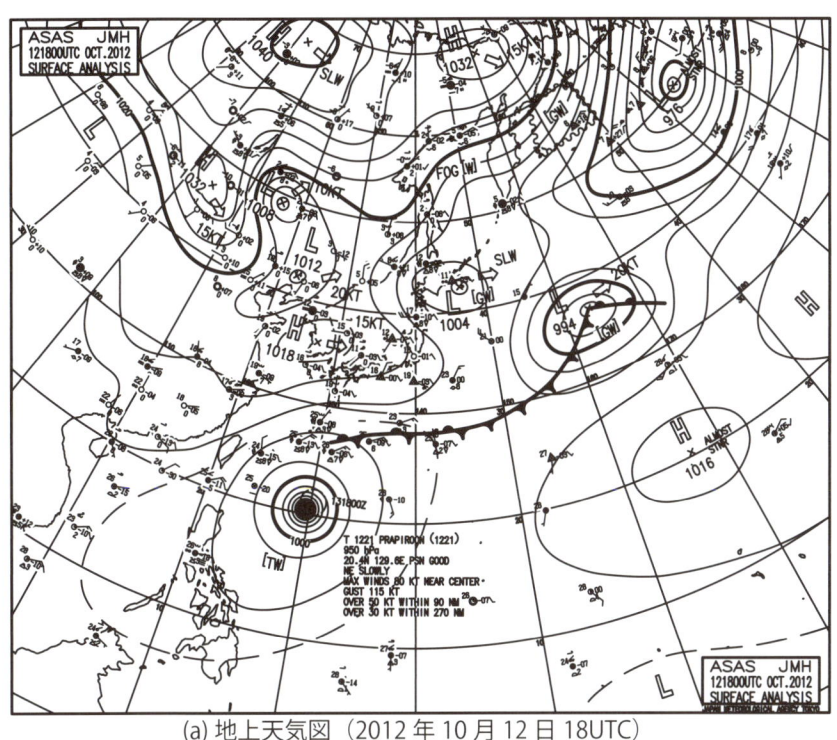

(a) 地上天気図（2012年10月12日18UTC）

左は、10月中旬の地上天気図。9月下旬まで続いた夏の猛暑が去って、日本列島上空は気温がぐっと低下しており、また天気が崩れてきている様子がみられる。

地上天気図からは、低気圧や高気圧の位置、そして地上の天気や気温、風の様子が読み取れる。
■ 北海道の東部には低気圧があって、北海道と東北は雨。
■ 朝鮮半島上空には高気圧があって、その影響により中国地方と九州は概ね晴れ。関東以南の太平洋沿岸は、周辺の低気圧の影響はなく、快晴。
■ 台湾の東海上には、中心の気圧 950hPa、中心付近の最大風速 80kt（約40m/s）の猛烈な風を伴う台風があって、ゆっくりと北東に進んでいる。

#天気図は気象庁 Web より許諾転載

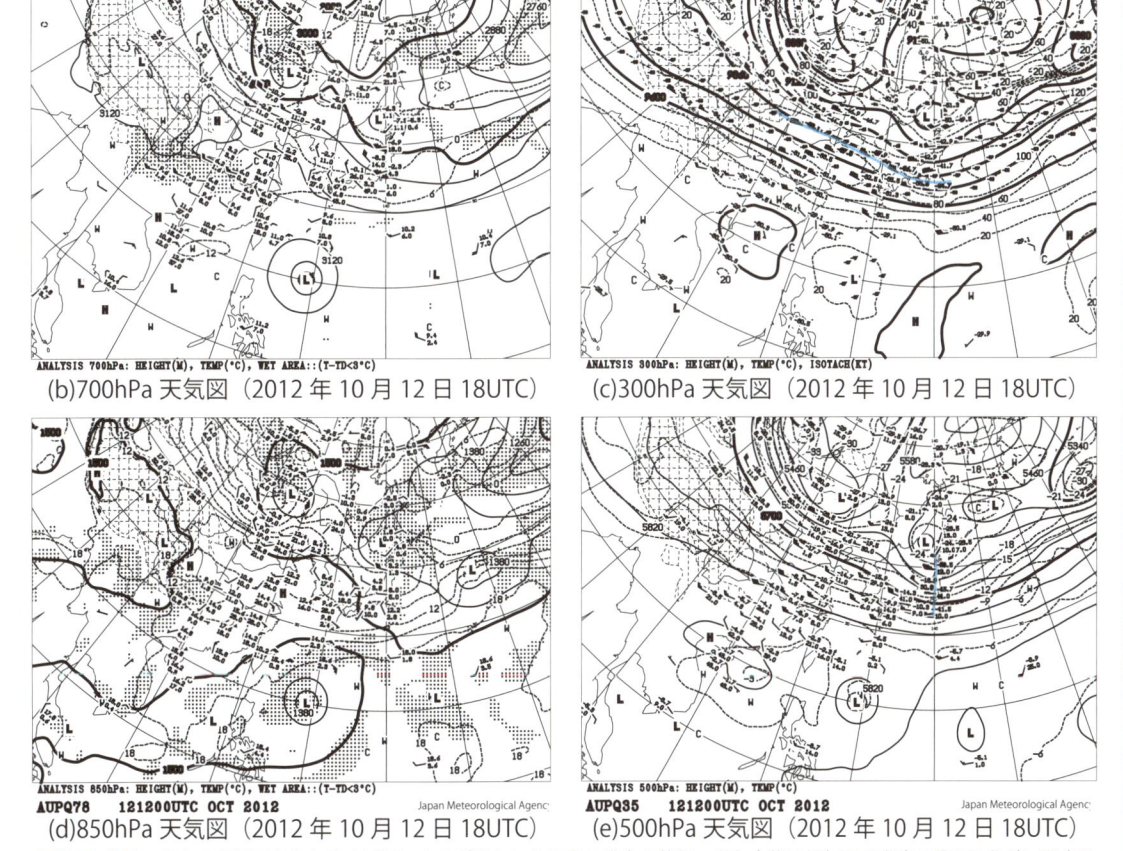

(b) 700hPa 天気図（2012年10月12日18UTC）

(c) 300hPa 天気図（2012年10月12日18UTC）

(d) 850hPa 天気図（2012年10月12日18UTC）

(e) 500hPa 天気図（2012年10月12日18UTC）

高層天気図は、地上の低気圧をもたらす原因、およびそれによる雲の発生の状況、また今後の低気圧の発達の見込みなどに関する情報を提供する。850hPa、700hPa には、湿潤域（湿数3℃以下の領域）が網掛けされ、下層雲の広がりなどの状況がわかる。また、500hPa から、トラフの位置（筆者による青線）が本州上空の東経140°線上にある。地上低気圧の位置と比較すると西側にあるため、今後発達することが予想される。そして、300hPa からは、ジェット気流に伴う強風軸（筆者による青線）が西日本上空を通過していることが読み取れる。

#天気図は気象庁 Web より許諾転載

Advanced

8-3 気象資料
(2) 気象データ

地上気象観測網
― 管区気象台・地方気象台・海洋気象台 ―

　日本を、5つの地域に分けて、それぞれの気象観測と予報業務を、札幌、仙台、東京、大阪、福岡の5箇所の**管区気象台**にて統括・管理している。管区気象台のない府県には、**地方気象台**が設置されており、地域ごとの観測、予報の作成、防災期初情報の発表などを行っている。また、日本周辺の海域は4つに区分されており、それぞれに**海洋気象台**を設けて、海洋観測、および海上警報の発表を行っている。

― アメダス（AMeDAS）―

　「地域気象観測システム」の略称。集中豪雨などの局地的な気象状況の迅速なデータ収集を目的とした、わが国の無人の気象観測ネットワークである。17km四方ごとに1か所設置されており、全国で1300か所ほどになる。

　気温は、センサーの内蔵された通風筒を地上2m程度高さに設置し、直射や反射日射、人工的な排熱の影響のない場所で計測している。風向・風速は、風車型風向風速計により、発表時刻の10分前からの測定値の平均値を計測して発表するとともに、日最大瞬間風速（1日の中で示した瞬時値の最大値）も発表している。その他、日照時間、降水量、積雪量が、観測地点により付加されている。

気象レーダ観測と高層気象観測

　気象レーダーは、パラボラアンテナから電波を発し、雨の粒子で反射されて戻ってくる電波をキャッチして、その強度から、降雨の強さと範囲をとらえるものである。特に、風によって雨滴の流される方向が変わることを利用して、降雨に伴う風向・風速の分布を算出できる、高性能な気象レーダの**ドップラーレーダー**の普及が進みつつある。

　また、高層天気図の作成などには、ゴム気球に観測器を取り付けて、成層圏まで到達させてデータを送信させる**ラジオゾンデ**が利用されており、全国十数カ所で1日に2回、実施している。また、**ウィンドプロファイラ**により、対流圏中程までの風向と風速の分布を、10分間隔で観測している。

> **補足**
> 観測器の地上からの高さは、観測地点によって異なっている。

> **関連**
> ウィンドプロファイラは、エアロゾルや大気の乱れなどに反応し、そのドップラー効果を利用して風向・風速を求める。

チェックテスト

(1) （気象庁の地上気象観測における）気温は、地上からの高さによっても異なるため、温度計を収納した円筒の下端が地上から1.5mの高さになるように設置することを基準としている。（気H21）

(2) アメダスで得られる気象データは、降水量、気温、風向風速、日照時間および積雪の深さである。このうち、降水量は、ほとんどのアメダス観測地点で観測されている。（気H14）

(3) 気象ドップラーレーダーを使うことによって、ダウンバーストやウインドシアなどの現象を検知することができる。（気H06）

解答

(1) ○　1.5m が基準となっており、記述のとおりである。ただし、実際は、観測地点ごとに異なっているところもある。

(2) ○　記述のとおり。アメダスは、世界でも類をみないきめ細かい観測点網である。ただし、観測環境については、地点毎に多様であることに注意する必要がある。

(3) ○　記述のとおり。低気圧に伴う降雨などによって発生する風向・風速の分布をとらえることができる。

Advanced

■ 地方気象台 47 箇所
■ 管区気象台 6 箇所
● 海洋気象台 4 箇所

地上気象観測地点

この他に、特別地域気象観測所 94 箇所、および地上気象観測システム（アメダス）観測網が約 1600 箇所あり、全てネットワークによってデータ収集がなされている。

気象レーダーの設置地点

ウィンドプロファイラ観測網

ラジオゾンデによる高層気象観測網

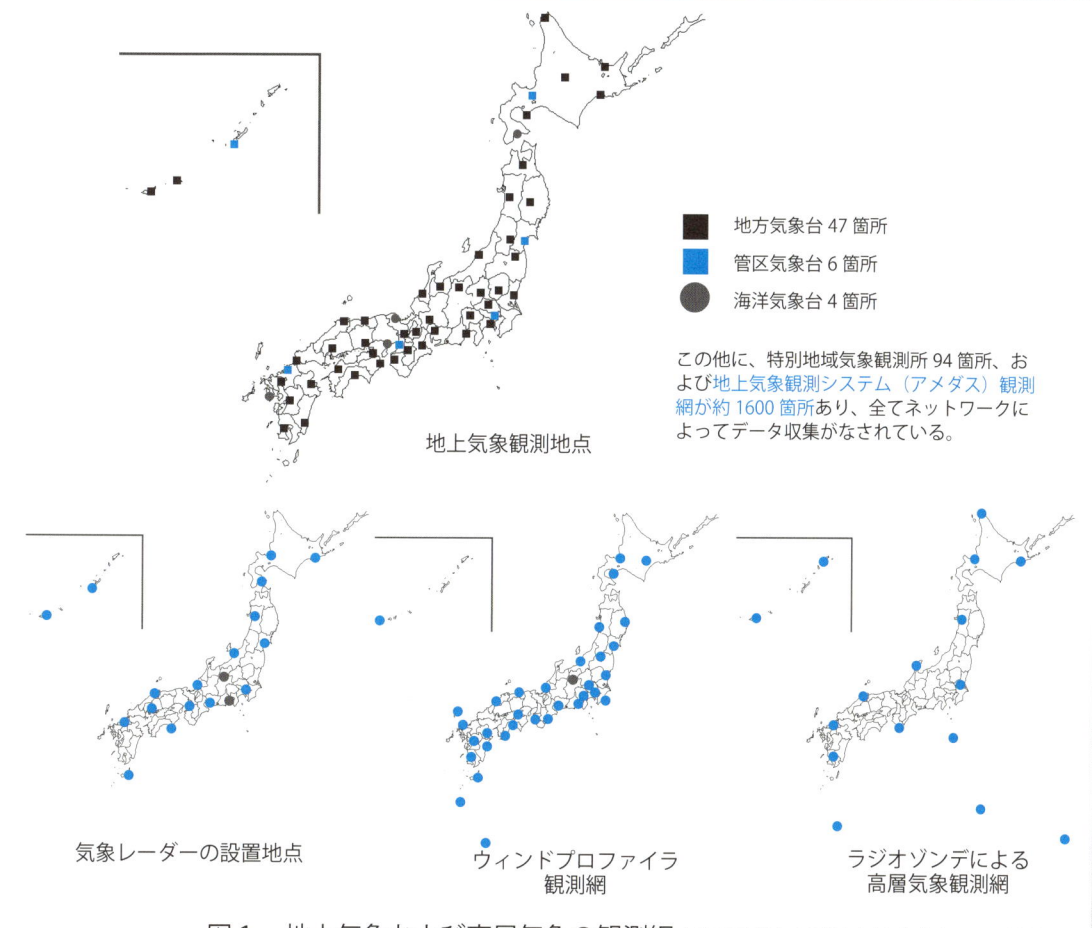

図1　地上気象および高層気象の観測網（#気象庁 Web の資料をもとに作成（H24.4 現在））

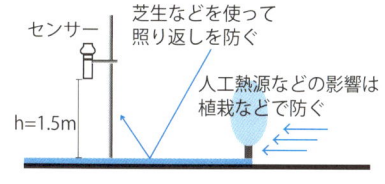

■ 温度・湿度の測定

- 通風筒の空気取入口は、地上 1.5m 高さを標準としている（観測地点により異なることもある）。
- 建物や人工熱源の影響を除くため、最寄りの建物や樹木から、その高さの3倍程度の水平距離を置く。また、人工熱源から十分に離し、建物屋上への設置も避ける。

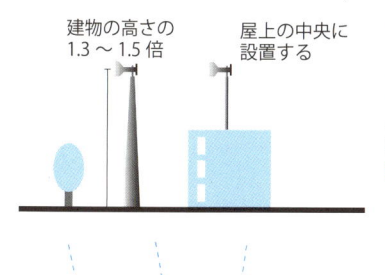

■ 風向・風速の測定

- 最寄りの建物や樹木から、その高さの 10 倍以上の水平距離を置く。
- 開けた場所の確保が困難な場合は、地面から「測風塔」が建てられたり、あるいは屋上に設置台や支柱が設けられる。
  設置高さは、周辺にある建物の高さ、形状、配置を考慮する。「測風塔」の場合は、最も高い建物の 1.3 ～ 1.5 倍以上の高さが目安となっている。
- 建物の屋上に設置される場合は、風の乱れが小さい建物の中心付近としている。

■ 降水量の測定

- 周辺の高い樹木や建物からは、その高さの 2 ～ 4 倍以上の水平距離を置く。
- 地面に跳ね返った雨滴を防ぐため、雨量計の周囲に芝生や細かな砂利が敷かれる。

図2　地上気象観測の方法（#気象庁 Web の資料をもとに作成）

8-4 都市の気象

都市の気温上昇

都市は、地球温暖化による世界の平均気温上昇と比べて、高温化が数倍のスピードで進んでいるいわれている。都市の高温化は、気温の分布を測定した数多くの報告から、わが国を始め世界各地の都市でみられることがわかっている。気温分布が島のように描かれることから、この気温分布は**ヒートアイランド現象**とよばれている。

近年の解析例によれば、例えば関東平野一帯において、東京都心部はもちろんであるが、さらに内陸の埼玉や群馬の一部においても、極端に高温の地域が恒常的に形成されていることなどが指摘されている。

都市の高温化の要因

都市の高温化は、複合的な要因によって発生するものであるが、熱の発生源としては、大きく以下の2つの要因に分けて考えることができる。

①都市の大部分を覆う建物や舗装面による、日射エネルギーの蓄熱と放熱

植生は、一般に、日射を受けると、葉の蒸散作用が働いて潜熱を放出し、葉の表面温度が極端に高くなることを防ぐ。しかし、住宅一般の金属、瓦などの屋根、また木材やサイディングなどの壁体は、日中の日射エネルギーによって表面温度が急激に高くなる。一方で、コンクリートの建物やアスファルトなどの舗装材料は、日中蓄熱した日射エネルギーを夜間から早朝にかけて徐々に放熱する特徴を持つ。

このように、都市域では、さまざまな熱物性の材料によって構成されているため、1日を通じて地表面からの対流熱伝達による顕熱輸送量が大きく、都市の大気を暖めやすい傾向がある。

②化石燃料の利用に伴う人工的な排熱

エアコンの室外機からの放熱や、自動車のラジエターなどからの放熱などの化石燃料をルーツとする熱エネルギーの放出は、人間活動の止まない都市中心部ほど多くなる。人工的な排熱の込み入ったエリアでは、単位面積あたりの日射入射量の10%以上に達するとの報告もある。また、多くの建物がひしめく地域では、風が遮られるため、排熱が滞留しやすいという側面もある。

都市の風速

裸地の状態から、住宅が建ち並ぶ状態になると、建物が地上付近風に対する抵抗となって、一般に風が弱まる。一方、高層建物を建設すると、風が強くなったり、強い乱れが生じるなどの**ビル風**が生じることがある。その影響を表す指標に、**風速増加率**(建設前後の風速の比)を用いることがある。

用語

ボーエン比
地表面から大気への顕熱輸送量と潜熱輸送量の比。植生が少ない都市域では、潜熱輸送量が少なく、ボーエン比が大きくなる。このため、都市高温化のバロメータと考えることもできる。

用語

ヒートアイランドポテンシャル(HIP)
都市エリア内の建物外皮、地面、植生の全表面の表面温度について、代表気温との差を全て累積し、エリア面積(水平面投影面積)で除した値。単位℃。
平均の表面対流熱伝達率を乗じると、都市エリアにおける単位面積あたりの顕熱輸送量を見積もることもできる。
リモートセンシング熱画像などの画像処理から概算が可能なほか、表面温度の数値解析などから算出できる。

関連

都市の高温化は、しばしば都市域に強い上昇気流を発生させる。積乱雲の発達による集中豪雨などをもたらすこともある。

チェックテスト

(1) 都市域はコンクリートやアスファルト等に広く覆われ植生の量も少ないため、郊外の草原、耕地や森林などに比べてボーエン比(顕熱の輸送量/潜熱の輸送量)が小さい。

(2) 都市域では建物等による日中の蓄熱や人工排熱のために夜間における気温の低下が抑えられており、郊外に比べて放射冷却による接地逆転層は形成されにくい。

(3) 都市域と郊外の気温差は、冬季の風の弱い夜間に大きい。(以上(1)〜(3)は、気H19)

解答

(1) × 都市域では、一般にアスファルトやコンクリートなどの表面温度の高い部分の面積が大きく、裸地や植生などの潜熱発生源の面積は小さい。このためボーエン比は大きくなる。

(2) ○ 記述のとおり。地表面付近の気温上昇のため、やや大気の安定度が悪くなる。

(3) ○ 都市域では、アスファルトやコンクリートなどによる日中の蓄熱量が大きい。このため、特に冬季夜間において、郊外より放射冷却が進みにくくなる。

(a) 年間の熱帯夜日数（東京）

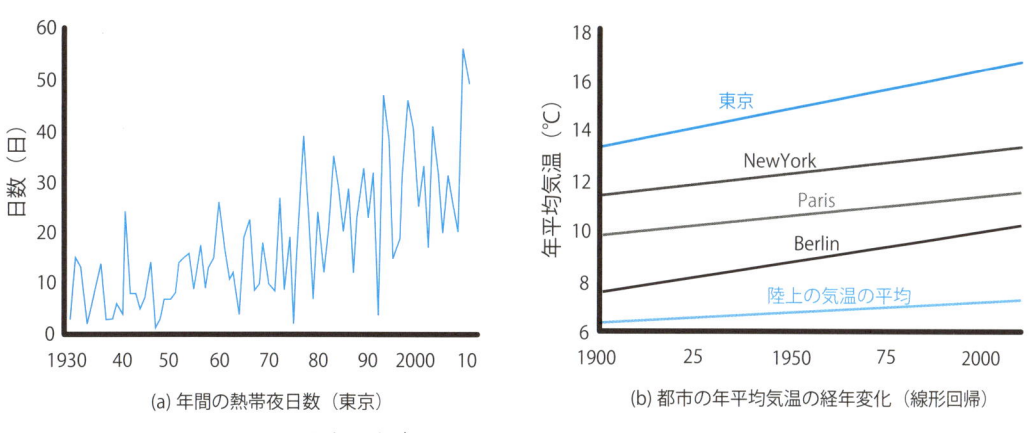

(b) 都市の年平均気温の経年変化（線形回帰）

図1　長期観測データに表れる都市の気温上昇（#気象庁Webの情報をもとに作成）

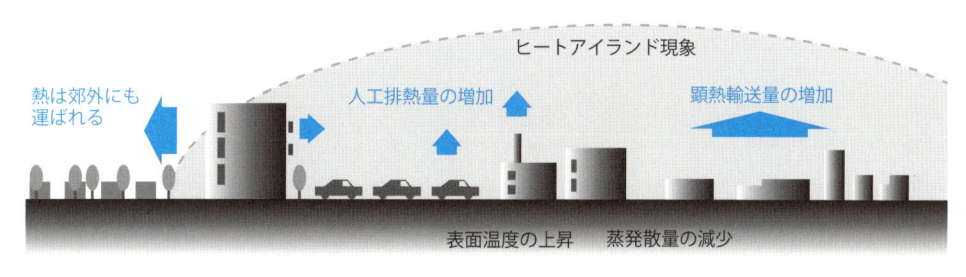

図2　都市のヒートアイランド現象

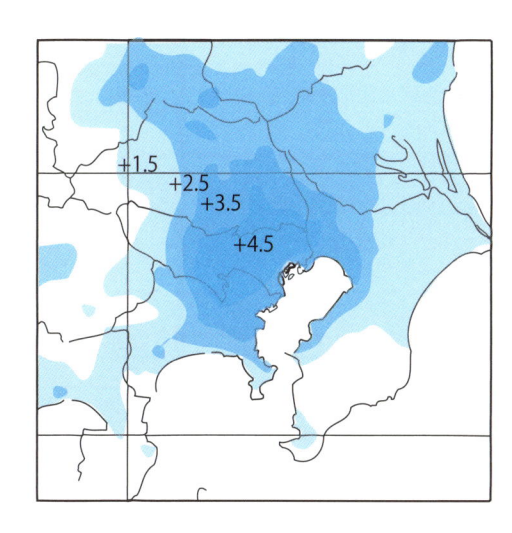

「都市をつくらず、人工排熱もない状態の気温分布」と「現状の都市」との気温差の分布を、コンピュータシミュレーションで出力した例。
関東平野の西側から茨城、千葉にかけて、2〜4℃程度高くなっている。

#気象庁「ヒートアイランド監視報告（平成23年度）」の資料をもとに作成

図3　関東平野の気温分布の
　　　シミュレーション結果（14:00）

(a) 高層建物の建設前　v_{before}[m/s]
(b) 建設後　v_{after}[m/s]

風速増加率 ＝ v_{after} ／ v_{before}

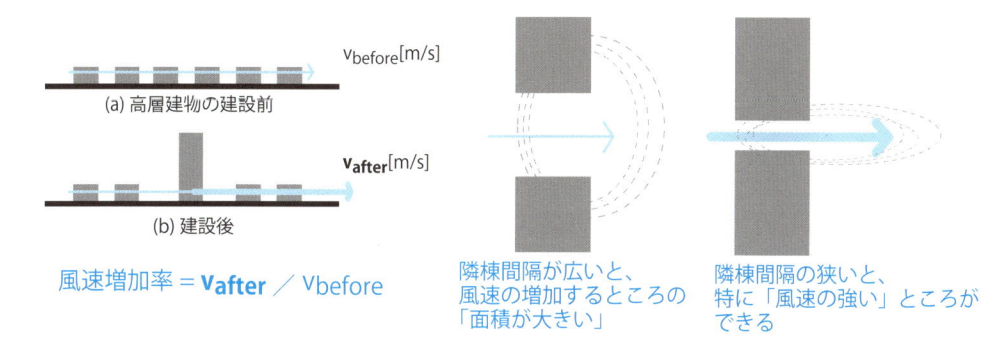

隣棟間隔が広いと、風速の増加するところの「面積が大きい」

隣棟間隔の狭いと、特に「風速の強い」ところができる

図4　建築物による風速の増加

Advanced

8-5 リモートセンシング
（1）衛星センサー・航空機センサー

　衛星や航空機によるリモートセンシングは、地表面の広域情報を、瞬時に把握できるものである。各種の画像処理アルゴリズムを適用することによって、必要な環境情報を精緻に抽出し、空間分布として可視化できる可能性をもつ。そのためには、目的に応じて適切な空間分解能、波長帯域、サンプリングレンジとレート、観測時刻（頻度）を選択することが求められる。ここでは、衛星と航空機という2つのプラットフォームのリモートセンシングについて、その特徴を紹介する。

衛星センサー

　衛星センサーは、陸地や海洋、あるいは地球大気を対象として、常時観測しながら、地上にそのデータを伝送し続けている。地表面からの太陽光の反射エネルギー、および地表面からの赤外線放射エネルギーの空間分布が得られる。その他に、衛星自ら電波を地表に向けて発し、その反射波をとらえる合成開口レーダーとよばれるものもある。いずれも、広域の情報を瞬時にとらえることができるという特長を生かして、環境モニタリングをはじめ、気象、防災、農林業などの幅広い分野で利用が進んでいる。

　都市環境解析への応用例として、広域都市の植生分布、開発に伴う森林伐採、土地利用状況の経年変化などの様子をつかむ用途には、LANDSAT-8/OLI、SPOT-5/HRG、ASTERなど、空間分解能が十数m程度のものが、対費用効果が大きく多用される。個々の建物や工作物を同定したり、道路上の自動車の位置などを把握するためには、さらに空間分解能の高いIKONOSやWorldView-3など、1m以下の空間分解能を実現する商用衛星センサーのプロダクトが用いられる。

　ヒートアイランドの解析などには、可視光や近赤外域の画像のほか、熱赤外画像も有用である。ただし、熱赤外画像はエネルギーレベルが低いため、高分解能化には一定の制約がある。

航空機センサー

　航空機は、解析対象エリアを低空飛行で観測できるため、衛星以上の高空間分解能画像が取得できる。このため、価格、観測頻度、飛行ルートなどが要件を満たす場合には、きわめて有用な情報の提供が期待できる。近年ではドローンなどを利用するなど、より機動力の高いプラットフォームの利用も進んでいる。

　また、建物や工作物の3次元形状をより詳細に把握する技術として、**3次元レーダー解析システム**なども実用化されている。センサーから地表までの距離を空間分布として把握できることから、そのデータは3次元CADデータなどへの変換も可能であり、変化の激しい都市域の形状把握や、人の立ち入れないエリアの状況把握などに、威力を発揮している。

サーモグラフィ

　赤外線センサーにより、熱赤外画像の取得と解析を行うリモートセンシングシステムは、**サーモグラフィ**とよばれる。環境計測のほか、製品の品質検査、医療、防犯、入国審査、外壁のはく離診断、等への応用が進んでいる。廉価なハンディタイプのものから、高精度で動画をリアルタイム収録できるハイエンドのものまで、多様な製品が開発されている。

> **補足**
> GeoEyeやIKONOSの画像は、Googleマップの航空写真に用いられている。

> **関連**
> 近年のサーモグラフィのセンサーは、マイクロボロメータとよばれる非冷却型が主流。ただし、高い温度精度を求める場合には、スターリングクーラーなどを用いた冷却型センサーも用いられる。

表1 都市・建築関連分野で利用頻度の高い衛星センサーの例

衛星センサー		①LANDSAT-7/ETM+ (アメリカNOAA) ②LANDSAT-8/OLI (アメリカUSGS)	Terra/ASTER (日本)
打ち上げ		①1999/4/15 ②2013/2/11	1999/12/18
軌道高度／回帰日数		705km／16日	705km／16日
パンクロマティック	波長帯	band8：520-900nm	―
	分解能	15m	―
マルチスペクトル	波長帯	band1(青)：450-520nm band2(緑)：530-610nm band3(赤)：630-690nm band4(近赤外)：750-900nm band5(中間赤外)：1.55-1.75μm band6(熱赤外)：10.4-12.5μm band7(中間赤外)：2.09-2.35μm	[VNIR] band1(緑)：520-600nm　band8：2.295-2.365μm band2(赤)：630-690nm　band9：2.360-2.43μm band3(近赤外)：760-860nm　[TIR](熱赤外) [SWIR](中間赤外)　band10：8.125-8.475μm band4：1.6-1.7μm band5：2.145-2.185μm band6：2.185-2.225μm band7：2.235-2.285μm
	分解能	可視-近赤外：30m／熱赤外：60m	[VNIR]15m／[SWIR]30m／[TIR]90m
観測幅		185km	60km
1画素のビット数		8bits	[VNIR・SWIR]8bits／[TIR]12bits
備考		陸域一般に利用される。	ナローバンドセンサー。鉱物探査などに使用される。

衛星センサー		IKONOS (アメリカMaxar Technologies)	RapidEye (アメリカPlanet Labs)	WorldView-3 (アメリカMaxar Technologies)
打ち上げ		1999/9/24	2008/8/29	2014/8/13
軌道高度／回帰日数		681km／3日	630km／1日	617km／2日
パンクロ	波長帯	526-929nm	―	450-800nm
	分解能	0.82m	―	0.31m
マルチ	波長帯	青：445-516nm 緑：506-595nm 赤：632-698nm 近赤外：757-853nm	青：440-510nm 緑：520-590nm 赤：630-680nm レッドエッジ：690-730nm 近赤外：760-850nm	コースタル：397-454nm 青：445-517nm 緑：507-586nm 黄：580-629nm 赤：626-696nm レッドエッジ：698-749nm 近赤外1：765-899nm 近赤外2：857-1039nm
	分解能	3.28m	6.5m	1.24m
観測幅		11.3km	77km	13.1km
1画素のビット数		11bits	12bits	11bits
備考		長期の運用実績をもつ。世界のあらゆる場所の高分解能画像がデータベース化されている。	植生観測用のレッドエッジセンサーを積む。	植生・海洋の観測用のコースタル、黄、レッドエッジが特徴的。

Advanced

8-5 リモートセンシング
（2）定型の画像処理

土地被覆の自動分類

　マルチスペクトルのリモートセンシング画像には、植生、裸地、舗装面、建物の屋根面などの土地被覆や、表面の状態の違いなどによって、特徴的なスペクトルが表れる。いいかえれば、土地被覆が未知であっても、スペクトルが似ているピクセルは同一の土地被覆の可能性がある。このことを利用して、画像から土地被覆を自動分類するさまざまなアルゴリズムが、目的に応じて提案されている。

－教師あり分類－

　観測対象に含まれる土地被覆と、それらのスペクトルが全て既知である場合は、そのスペクトル群を教師として、画像の全ピクセルを最も近い既知スペクトルに分類することができる。「近い」の判断基準にはさまざまあるが、**最尤法**は分類精度が高く、実務的にもよく用いられる。

－教師なし分類－

　画像の全ピクセルを、スペクトルの似ているものをまとめて、いくつかのグループ（クラスタ）を自動作成するという、**クラスタリング**の手法が用いられる。完成したクラスタごとに土地被覆をあとから判断することになる。処理効率の観点から、非階層クラスタリングとよばれる手法の利用が多い。

幾何補正

　画像に含まれる幾何学的なひずみを除去することを**幾何補正**という。地図や他の画像との重ね合わせ（レジストレーション）、画像同士の連結（モザイク）、あるいは距離・面積などの計量が必要な場合などに施される。

　幾何補正には、旧座標を新座標への数学的な変換式を作成する必要がある。画像Aを画像Bに幾何補正する場合、一般には、両画像上の対応する点（**地上基準点：GCP**）を目視で抽出して対応させることによって、変換式をつくる。一次変換であれば、最低2か所の対応がとれれば変換式を作ることはできるが、実務的には、できるだけ多くの点の対応を取り、それらの残差ができるだけ小さくなるような変換式を用いている。画像の取得状況によっては、高次の多項式が必要となることもある。また、画像の辺部に山岳などがある場合には、正射投影の画像を得る**オルソ補正**が施されることもある。

　幾何補正において、座標変換式による新座標は、一般には小数点以下の数値を含む。このため、画像を構成するには、整数座標に置き換える必要があるが、これには、以下の3つの方法が良く用いられる。

①**最近隣法（ニアレストネイバー法／NN法）**：　変換後のピクセル座標を、最も近い整数座標に置き換える。原画像のピクセルの輝度値には変更を加えないので、輝度値が重要な場合に用いる。

②**線形補間法（バイリニア法／BL法）**：　変換後の整数座標値に近い、周囲4つのピクセルから、線形補間によってピクセルの輝度値を算出する。出力される画像はなめらかである。

③**三次畳み込み補間法（キュービックコンボリューション法／CC法）**：　周囲4×4(=16)画素の重みづけ平均によって、ピクセルの輝度値を算出する。出力はなめらかだが、バイリニアよりは鮮明さを保つ。

関連

土地被覆と土地利用は異なる。「植生」「アスファルト舗装面」は土地被覆、「公園」「道路」ならば土地利用である。

関連

教師に用いるデータは**トレーニングデータ**とよばれる。一般には、画像から土地被覆が既知のピクセルを取り出し、そのスペクトルをトレーニングデータとして用いる。

関連

非階層クラスタリングの手順は、①画像からサンプリングされたピクセルから、おおよそのクラスタ数と重心を類推する。そして②これを初期値として全ピクセルのクラスタリングを進める。K平均法やISODATA法などがある。

補足

その他、スプライン補間や多項式補間などが用いられることもある。

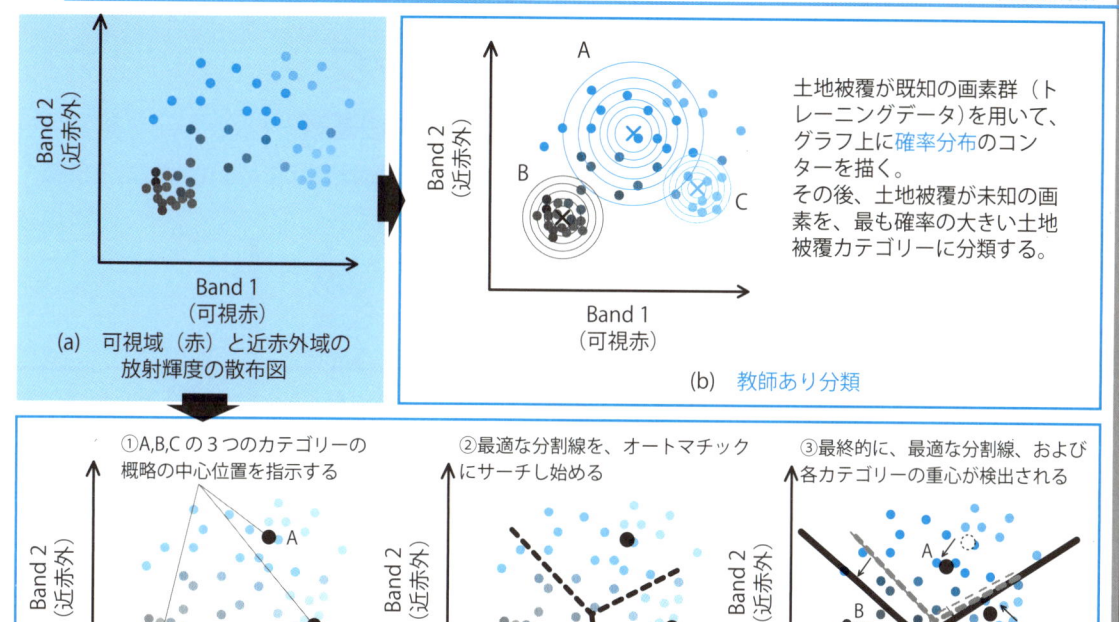

Advanced

図1　教師あり分類と教師なし分類の分類プロセスのイメージ（2バンドの場合）

(a) 可視域（赤）と近赤外域の放射輝度の散布図

(b) 教師あり分類

土地被覆が既知の画素群（トレーニングデータ）を用いて、グラフ上に確率分布のコンターを描く。
その後、土地被覆が未知の画素を、最も確率の大きい土地被覆カテゴリーに分類する。

① A,B,Cの3つのカテゴリーの概略の中心位置を指示する
② 最適な分割線を、オートマチックにサーチし始める
③ 最終的に、最適な分割線、および各カテゴリーの重心が検出される

(c) 教師なし分類

[例]
Band n において、ある画素 x がカテゴリー A である確率を、$f_n(x_A)$ で表すことにする。
7つのバンドの衛星画像において、ある画素がカテゴリー A に属する確率 L は、
バンド間が全て独立であると仮定すれば、

$$L = f_1(x_A) \times f_2(x_A) \times f_3(x_A) \times f_4(x_A) \times f_5(x_A) \times f_6(x_A) \times f_7(x_A)$$ ：**尤度**（ゆうど）という

対数をとれば、

$$\ln L = \sum \ln\{f_i(x_A)\}$$ ：**対数尤度**という

カテゴリー B、C、… についても同様に対数尤度 $\ln L$ を計算する。
対数尤度が最も大きくなるときのカテゴリーを、その画素の土地被覆と判断する。 ：**最尤法**という

図2　最尤法による土地被覆の自動分類の考え方

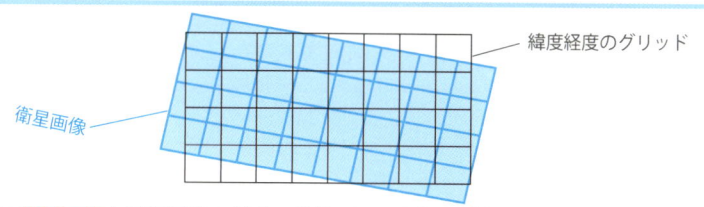

(a) 衛星画像と緯度経度のグリッドが、図のような対応関係にある場合...

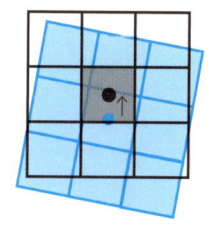

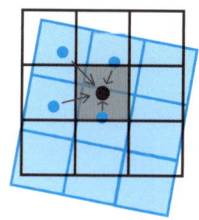

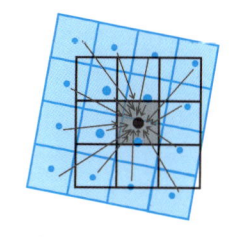

ニアレストネイバー法
(**N**earest **N**eighbour interpolation, NN)

バイリニア法
(**Bi**-**L**inear interpolation, BL)

キュービックコンボリューション法
(**C**ubic **C**onvolution interpolation, CC)

図3　幾何補正時の画像の内挿法の計算概念

Advanced

8-5 リモートセンシング
(3) 画像処理プログラミングの基礎

植生指標

　植生指標とは、植物による光の反射の特徴を生かし衛星データを使って簡易な計算式で植生の状況を把握することを目的として考案された指標で、植物の量や活力を表す。代表的な植生指標に、**NDVI**(Normalized Difference Vegetation Index：**正規化植生指標**)がある。

　植生が多い部分ほど可視域赤のチャンネル1の値は小さくなり、また逆に、近赤外域のチャンネル2の値が大きくなる。このことを利用して、各々のピクセルごとに、可視域(赤)と近赤外域の輝度値からNDVIを算出する。

$$NDVI = \frac{NIR - R}{NIR + R}$$

　　R：衛星データ(可視域赤)の反射率
　　NIR：衛星データ(近赤外域)の反射率
　　NDVI：-1〜+1の値

　NDVIは、数字が大きいほど植生が多い、あるいは活性度が高いことを表している。

　なお、雲が上空にある場合は、NDVIだけでは地表の正しい植生の様子を知ることは難しい。このため、継続的に衛星によるモニタリングが可能な地域などでは、時系列の画像から解析されるNDVI値の中から最大値を抽出することによって、雲の影響の少ない植生指標を得ることも行われる。

－計算プログラム上の工夫－

　画像処理プログラムを開発する場合、汎用的な画像形式(BSQ、BIL、BIP)を対象とするのであれば、画像の大きさやビット数などの情報が必要となる。また、ヘッダ情報を持つ画像形式(BMP、JPG、TIFFなど)であれば、その画像情報の格納フォーマットを調べておく必要がある。

　また、プログラム例では、PCメモリの有効利用の観点から、1行の処理が終わる毎に書き込むようにしており、読み込み用バッファ、書き込み用バッファともに、1行分のみを確保している。ただし、平滑化処理やパターン認識などのような周辺画素間の演算が必要な画像処理であれば、まず全画素をreadして、メモリに置いておく方が効率が良い場合もある。

　また、NDVIは-1〜+1の実数である。画像化にあたっては、8ビットの画像(256段階の白黒濃淡画像)の作成を想定して、0〜200の整数値に置き換えている。この場合、白いところほどNDVI値が大きい。

－出力情報の考察－

　分布は、地図情報として一般に入手しづらい植生の分布の情報が画像処理で取り出せていることが、視覚的にわかる。ひとまとまりの植生の水平面投影面積が分解能以上であれば、原理的に抽出されていることになる。

　なお、**ミクセル**は、本来の植生のスペクトルがとらえられておらず、周辺の地物のスペクトルとの重み平均となっている。一般に、植生のスペクトルと、裸地や人工物のスペクトルとは大きく異なっているため、1画素中に含まれる植生の面積割合は、ある程度類推が可能であることも多い。

関連

NDVIは一般に、画像のDN(Direct Number)から計算される。DNは相対的な濃淡情報であるため、NDVIの値は、絶対的な数値としてではなく、相対的な大小をもって評価される。

用語

BSQ、BIL、BIP
BSQ: Band Sequential.
BIL: Band Interleaved by Line.
BIP: Band Interleaved by Pixel.

用語

ミクセル
mixed pixel の略。2種類以上の土地被覆カテゴリーが混在した画素のこと。

Advanced

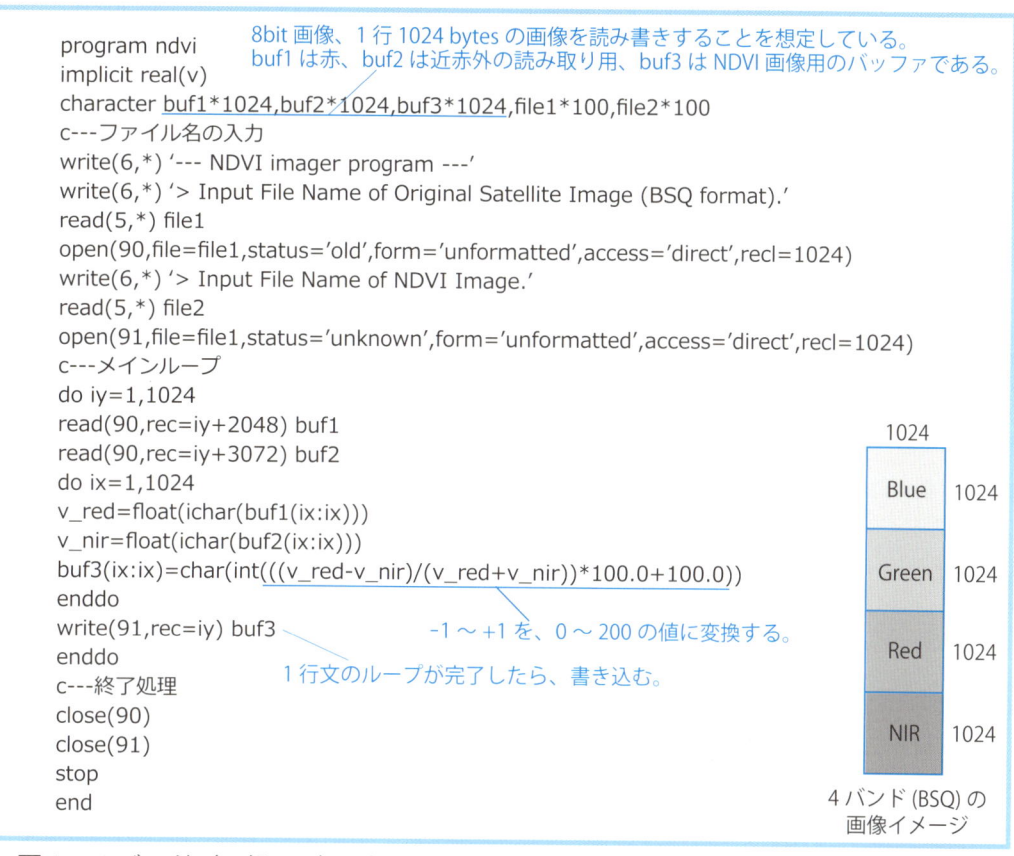

```fortran
program ndvi
implicit real(v)
character buf1*1024,buf2*1024,buf3*1024,file1*100,file2*100
c---ファイル名の入力
write(6,*) '--- NDVI imager program ---'
write(6,*) '> Input File Name of Original Satellite Image (BSQ format).'
read(5,*) file1
open(90,file=file1,status='old',form='unformatted',access='direct',recl=1024)
write(6,*) '> Input File Name of NDVI Image.'
read(5,*) file2
open(91,file=file1,status='unknown',form='unformatted',access='direct',recl=1024)
c---メインループ
do iy=1,1024
read(90,rec=iy+2048) buf1
read(90,rec=iy+3072) buf2
do ix=1,1024
v_red=float(ichar(buf1(ix:ix)))
v_nir=float(ichar(buf2(ix:ix)))
buf3(ix:ix)=char(int(((v_red-v_nir)/(v_red+v_nir))*100.0+100.0))
enddo
write(91,rec=iy) buf3
enddo
c---終了処理
close(90)
close(91)
stop
end
```

注釈:
- 8bit 画像、1 行 1024 bytes の画像を読み書きすることを想定している。buf1 は赤、buf2 は近赤外の読み取り用、buf3 は NDVI 画像用のバッファである。
- −1 〜 +1 を、0 〜 200 の値に変換する。
- 1 行文のループが完了したら、書き込む。

4 バンド (BSQ) の画像イメージ: Blue 1024 / Green 1024 / Red 1024 / NIR 1024 (1024)

図1　4 バンド（可視 3 バンド、近赤外 1 バンド）の BSQ フォーマットの衛星画像から NDVI を画像化する fortran90 プログラムのコーディング例

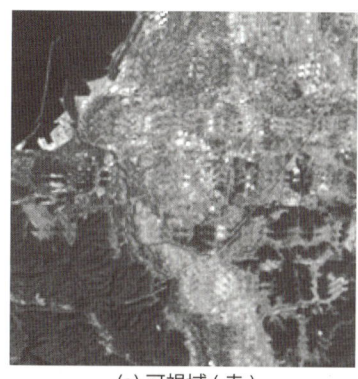

(a) 可視域 (赤)

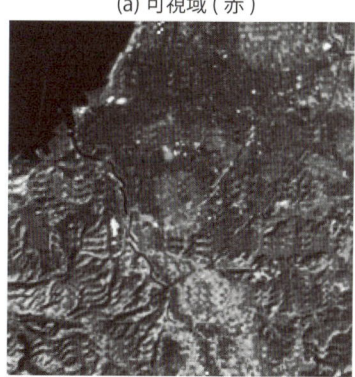

(b) 近赤外域

(c) NDVI

植生の葉表面で近赤外域の反射率が高く、(b) の画像からおおよその植生の分布は判読できるが、山岳の日影部分では植生の分布は明確ではない。しかし、(c) の画像では、市街地とその郊外、そして山岳の植生分布が異なることが、明瞭となっていることがわかる。

図2　LANDSAT-7/ETM+ の画像による NDVI 画像の作成例（2004.11.10、N 県 K 市市街地近郊）

8-6 地球環境
（1）エルニーニョ・ラニーニャ

エルニーニョとラニーニャ

　太平洋東部、南米の赤道付近の海表面では、数年に一度、かなり広い範囲に水温上昇が観測されることが知られている。これを、**エルニーニョ現象**という。エルニーニョ現象が起こる年には、3月頃から海面温度が徐々に上昇を始め、その年の12月から翌年1月のピーク時には、最大で2～5℃程度の上昇がみられる。また、エルニーニョと反対に、太平洋東部の赤道付近において、海面水温が異常に低くなる現象もある。これを、**ラニーニャ現象**という。なお、これらの現象を総称して、**エルニーニョ・南方振動（ENSO）** とよぶこともある。

発生機構

　平常時は、赤道上で日射によって暖められた海水は、貿易風によって太平洋西部に移動し、図1のように、暖かい海水の層を形成する。対流による上昇気流は、西部太平洋とインドネシア付近に固まって発生し、赤道付近の中部・東部ではほとんど降水がない。

　ところが、何らかの原因によって、**貿易風が弱まったとき**には、太平洋の西部に偏っていた暖かい海水は、太平洋中部～東部に滞留する。すると、中部～東部太平洋上で上昇流が活発化し、普段雨の降らないはずの地方が多雨となる。その一方で、太平洋の西部では、上昇気流が発生しにくくなるため雨が極端に少なくなり、干ばつをもたらす。また海水温が低いため、日本付近では冷夏になることもある。

　貿易風が弱まる原因は、未だ不明確な部分も多いが、海洋と大気の長周期の相互作用が、数年周期の大きな波動を生み、結果として貿易風に影響を与えている、という考え方が通説となっている。

テレコネクション

　エルニーニョの影響は、その他に例えば北米大陸では、異常な低温や高温を引き起こすことも知られている。このように、ある局地的な現象の変化が、数千キロメートル離れた遠隔地の気象変化と影響し合うことは、**テレコネクション**とよばれる。

> **補足**
> ただし、エルニーニョが発生する年が必ず冷夏暖冬となるわけではない。

> **補足**
> その他に、地球温暖化が一因となっているという考え方もある。

チェックテスト

(1) エルニーニョ現象は、太平洋赤道域の南米沿岸から日付変更線付近にかけての広い海域の海面水温が、平年に比べて高くなり、その状態が一年程度続く現象で、平均すると数年に一度発生する。

(2) エルニーニョ現象が発生しているときは、太平洋熱帯域における対流活動が活発な領域が、エルニーニョ現象がみられないときに比べて、東に移動する。

(3) エルニーニョ現象の発生による熱帯の大気大循環の変化によって、インドネシアやオーストラリア東部、ニューギニアなどでは、雨が少なく干ばつになる傾向がある。日本列島付近においては、これまでの統計では、エルニーニョ現象発生中は冷夏になりやすく、梅雨明けが平年より遅れる傾向にある。(以上(1)～(3)は、気H19)

解答

(1) ○　記述のとおり。貿易風が弱まって、暖かい海水が太平洋の南米付近に滞留する。

(2) ○　記述のとおり。温かい海水の領域は、太平洋の東側に偏っている。

(3) ○　太平洋の西部では海水温が平年より低くなることから、記述のような傾向が見られることになる。

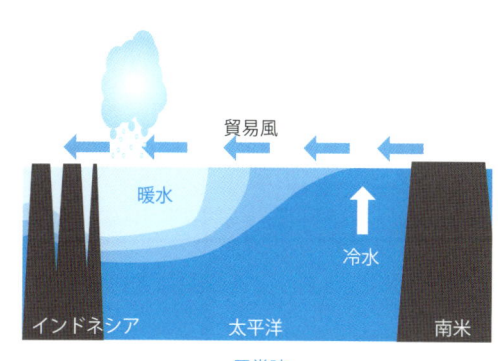

図1 エルニーニョ現象とラニーニャ現象

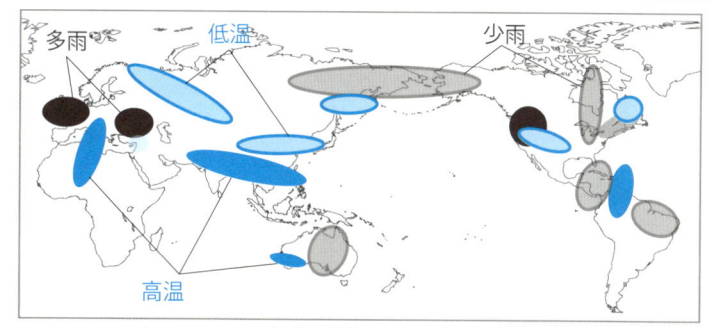

平常時
海表面付近の暖かい海水は、貿易風によって、太平洋の西側に吹き寄せられる。
このため、インドネシア近海には、表層に暖かい海水が蓄積する。逆に、南米沖では、深いところから冷たい海水が海面近くに湧き上がる。結果的に、海面水温は、太平洋赤道域の西部で高く、東部で低くなっている。
海面水温の高い太平洋西部では、暖かい海水によって海面からの蒸発が進み、積乱雲が大量に発生する。

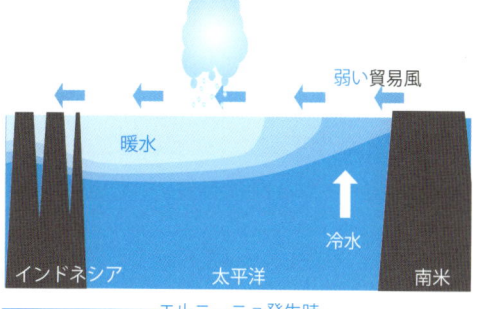

エルニーニョ発生時
貿易風が弱くなり、西部に溜まっていた暖かい海水が、東方へ広がる。東部では冷たい水の湧き上がりが弱まり、太平洋赤道域の中部から東部では、海面水温が平常時よりも高くなる。積乱雲が盛んに発生する海域は、平常時より東へ移る。

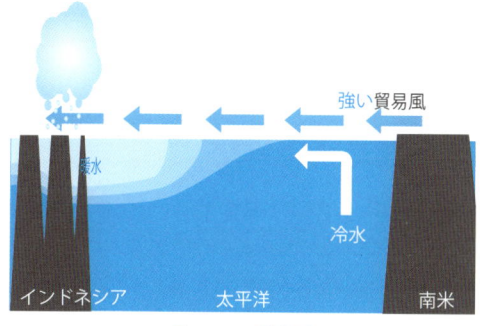

ラニーニャ発生時
貿易風が強くなり、西部に暖かい海水がより厚く蓄積する。東部では冷たい水の湧き上がりが平常時より強くなり、結果的に、インドネシア近海の海上で、積乱雲が大量に発生する。

■エルニーニョ現象に伴う6〜8月の天候の特徴

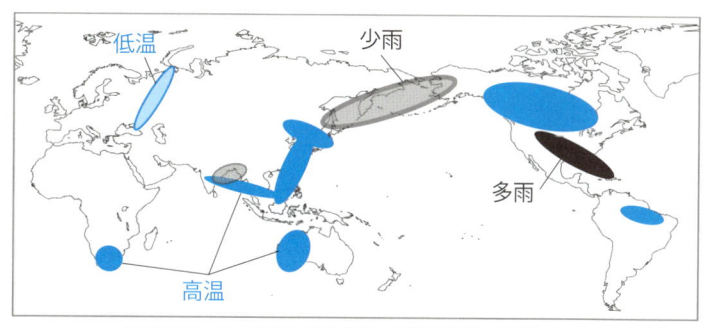

■エルニーニョ現象に伴う12〜2月の天候の特徴

図2 エルニーニョ現象による世界の天候への影響 （#気象庁資料をもとに模式的に作成）

8-6 地球環境
（2）環境負荷を考える

建築物に使われる各種設備は、便利で快適な私たちのくらしを日々支えるが、これらを継続的に使用するためには、エネルギーを投入し続けなければならない。また、人体や地球環境に有害な物質を使わなければならないことも、しばしばある。建築に関わる者は、このようなことに目をつぶるのではなく、できる限りコントロール下に置くことによって、地球環境の保護のための努力を続けなければならない。

有害物質の排出の面からみた環境への影響

空調で使用される冷凍機やボイラーなどは、ガスや石油系燃料を燃焼させるものが多く使われる。このとき、二酸化炭素の他、窒素酸化物や硫黄酸化物、一酸化炭素などが排出され、大気中に放出される。これらは、大気汚染を促進させる。また、大量の熱が、冷却塔を経由して大気に放出される。これは、都市のヒートアイランド現象の要因の一つともいわれる。

図1は、地球上の熱バランスである。地球全体でみた場合には、顕熱・潜熱の授受量は小さく、図左側の短波放射と図右側の長波放射の授受によってバランスしていることがわかる。図2は、**地球温暖化**と**オゾン層破壊**に関わる物質のいくつかを示した。人間活動に伴って放出されるさまざまな物質が影響している。ルームエアコンやマルチ型エアコンなどには、地球大気の成層圏内のオゾン層を破壊する効果を持ち、さらに地球温暖化をも促進させる**フロン**が、冷媒として大量に使われている。フロン冷媒は、エネルギー効率がとても高いが、日常の取り扱いや機器の廃棄方法などを誤ると、大量に大気中に放出されることもある。これを代替でき、かつ環境に優しい材料に置き換えるための技術開発には、まだ長い年月が必要と考えられている。

CASBEE（建築環境総合性能評価システム）

CASBEE は、建築物の環境性能を総合的に評価する格付けシステムであり、建築物に求める品質を確保しながら、都市・地球環境保護の観点をも加えた評価指標である。建築物の環境品質および性能を表す Q を、建築物の外部環境への負荷を表す L で除した BEE（Building Environmental Efficiency、建築物の環境性能効率）で評価する。

BEE ＝ 建築物の環境品質・性能 Q／外部環境負荷 L

CASBEE の評価対象は、図3 に示すように、室内環境、地域環境、エネルギー消費、資源循環、の4項目である。これを上記 Q と L に分類し、点数化して評価する。BEE が高いほど、環境性能が高い建築物であることを表し、S、A、B+、B−、C の5段階で評価される。

> **関連**
> 特定フロンは使用が禁止されている。現在広く使用されている代替フロンも、地球温暖化係数が大きく、新しい冷媒の開発が求められている。

> **補足**
> Comprehensive Assessment System for Built Environmental Efficiency の略。

> **補足**
> 世界各国においても、環境性能を評価する指標がいくつか提案がある。BREEAM（イギリス）LEED（アメリカ）GBTool（カナダ）等が有名。

チェックテスト

(1) 冷凍機の冷媒に使用されるHFCは、オゾン層の破壊防止には効果があるが、温室効果ガスの一種であり、空気中への放散を防止するよう注意する必要がある。（建H11）

(2) CASBEEにおけるBEEは、「建築物の環境品質・性能」を「建築物の外部環境負荷」で除した値である。（建H17）

解答

(1) ○ 記述のとおり。HFCはハイドロフルオロカーボン（ハロゲンを多く含む化合物の総称）。
関連して、オゾン層破壊係数 ＝ODP、地球温暖化係数 ＝GWP、の略も押さえておきたい。

(2) ○ 記述のとおり。

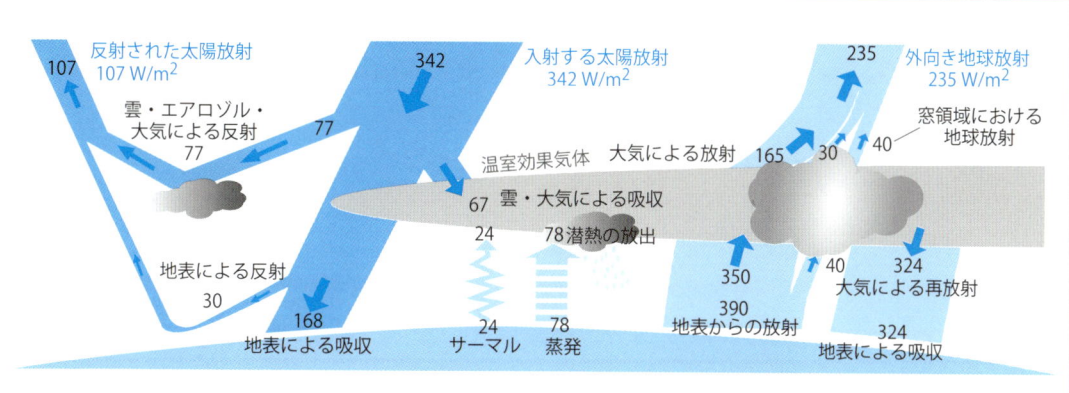

図1 地球上の熱バランス (#IPCC 第3次報告書より)

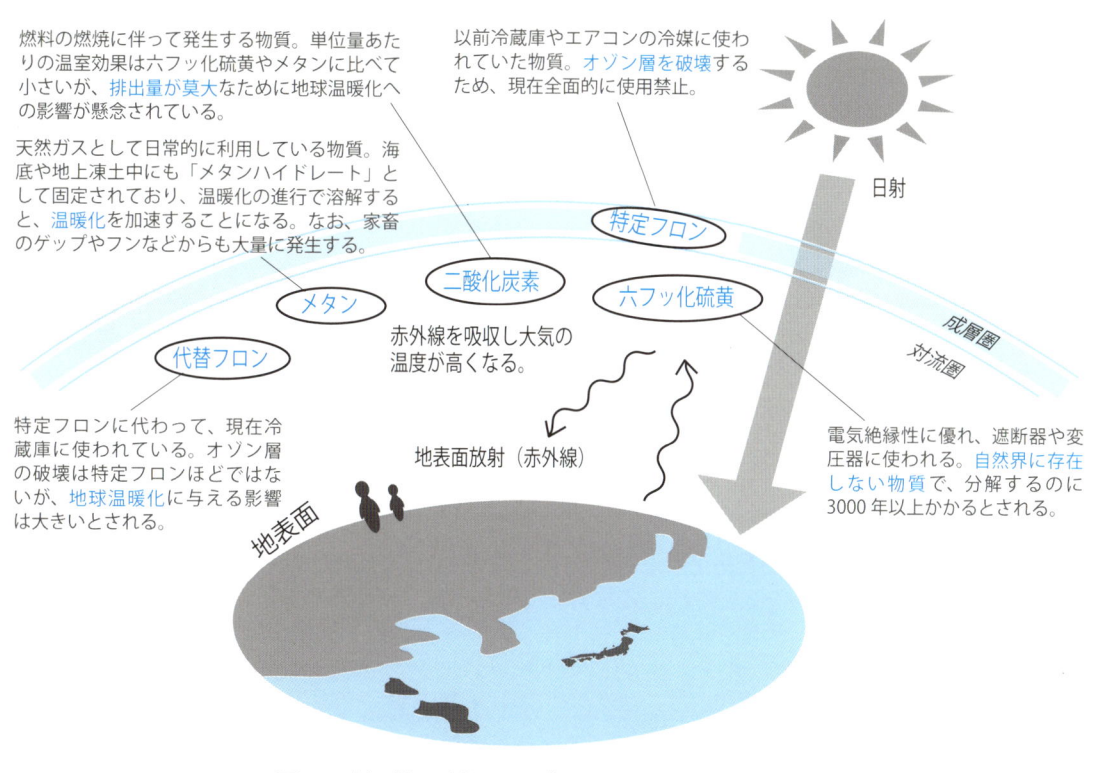

- 反射された太陽放射 107 W/m²
- 入射する太陽放射 342 W/m²
- 外向き地球放射 235 W/m²
- 雲・エアロゾル・大気による反射 77
- 窓領域における地球放射 40
- 温室効果気体 大気による放射 165
- 雲・大気による吸収 67
- 潜熱の放出 78
- 地表による反射 30
- 地表による吸収 168
- サーマル 24
- 蒸発 78
- 地表からの放射 390
- 大気による再放射 324
- 地表による吸収 324
- 350

図2 地球温暖化とオゾン層破壊のメカニズム

メタン: 天然ガスとして日常的に利用している物質。海底や地上凍土中にも「メタンハイドレート」として固定されており、温暖化の進行で溶解すると、温暖化を加速することになる。なお、家畜のゲップやフンなどからも大量に発生する。

二酸化炭素: 燃料の燃焼に伴って発生する物質。単位量あたりの温室効果は六フッ化硫黄やメタンに比べて小さいが、排出量が莫大なために地球温暖化への影響が懸念されている。

特定フロン: 以前冷蔵庫やエアコンの冷媒に使われていた物質。オゾン層を破壊するため、現在全面的に使用禁止。

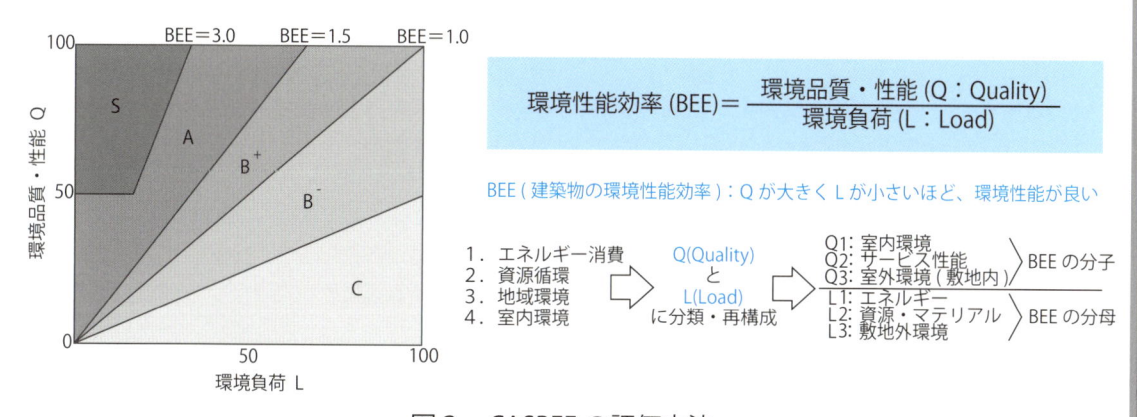

代替フロン: 特定フロンに代わって、現在冷蔵庫に使われている。オゾン層の破壊は特定フロンほどではないが、地球温暖化に与える影響は大きいとされる。

六フッ化硫黄: 電気絶縁性に優れ、遮断器や変圧器に使われる。自然界に存在しない物質で、分解するのに3000年以上かかるとされる。

赤外線を吸収し大気の温度が高くなる。

地表面放射（赤外線）

日射／成層圏／対流圏／地表面

図3 CASBEEの評価方法

BEE=3.0, BEE=1.5, BEE=1.0
S, A, B⁺, B⁻, C
縦軸: 環境品質・性能 Q
横軸: 環境負荷 L

$$\text{環境性能効率 (BEE)} = \frac{\text{環境品質・性能 (Q：Quality)}}{\text{環境負荷 (L：Load)}}$$

BEE (建築物の環境性能効率)：Q が大きく L が小さいほど、環境性能が良い

1. エネルギー消費
2. 資源循環
3. 地域環境
4. 室内環境

⇒ Q(Quality) と L(Load) に分類・再構成 ⇒

- Q1: 室内環境
- Q2: サービス性能
- Q3: 室外環境（敷地内） ⟩ BEE の分子
- L1: エネルギー
- L2: 資源・マテリアル
- L3: 敷地外環境 ⟩ BEE の分母

8章 6 地球環境

コラム 8

気象をゲームで学ぶ

　流体力学を学び、都市・地域の環境に興味を持つようになると、わが国の気象現象そのものを攻略 (?) したくなり、やがては国家資格である**気象予報士**の試験につい挑戦してしまう、という人は多い（著者ものその一人だ）。女子学生にも、TV で微笑む天気予報のキャスターに、私も、とあこがれる向きも多いだろう。

　気象予報士の試験は年 2 回、8 月と 1 月に行われ、実務経験などの要件はない。まず、**学科試験** 2 科目（一般知識と専門知識）が各 60 分で 15 問ずつのマークシート方式。わが国の気象現象の知識の他、地球環境、数値予報モデル、観測技術、法規と、大変幅広い内容である。学科試験の一発合格はなかなか難しいだろうが、大気挙動のメカニズム、そして都市・地域防災のあり方を大系づけたもので、建築・都市を志す学生諸氏にも、大いに取り組む価値がある。

　学科試験を何とかクリアしたら、次は、**実技試験**が 2 題、各 75 分に挑戦することになる。学科と同日だが、学科 2 科目とも合格点に届かないと、採点はされない。設問は、まず実況天気図や衛星画像、予想天気図などを用いて、総観規模的な実況を読み取る。そして、徐々にエリアを絞りながら、局地的な気象の変化などを、状況証拠を積み重ねながら推定していく。そうした解析結果を踏まえながら、地域をピンポイントに指定し、防災上の対策を指摘させる、といったストーリーが組み立てられている。

　確かに、過去問に慣れてくると、作図や作文の方針までは、ある程度立てられるようになってくる。しかし、出題者の構想するストーリーを限られた時間内で見抜き、過不足ないアウトプットをするには、長い訓練が必要なことも事実だ。合格のための最大のハードルはここである。慣れないうちは、トンチンカンな答えをひねり出しては、模範解答を見て「そう、それが言いたかったんだよ」、と打ちのめされる。

　TV で有名な気象予報士の方々にも、数年越しの繰り返し受験の末にようやく免許を取得した、という方は多いらしい。短時間のうちに、的確に実況を読み取り、そして的確に防災情報発信ができる知識、技術、技量が問われる、わが国で最も難しい国家資格の一つである。

　書店に行く機会があれば、ぜひ一度、気象予報士の受験対策本を広げてみよう。取っつきにくさの極みと思うだろう。そうはいっても、これから環境や防災のあり方を考えていかなければならない諸氏には、その大系の一端でも勉強してほしい、というのが、著者の正直な気持ちでもある。では、どうすればよいか。

　著者は、研究室の卒研生たちとともに、気象学習のためのゲームをつくり、学生を対象に被験者実験をしてみた（ゲームは未市販である）。
　雲の名前や天気図記号などの知識を問う**「カルタ」**は、ルールは単純だが、やっているうちに熱くなってくるし、繰り返していると確実に知識が定着する。水道管ゲームを模した**「フェーンパニック」**もなかなか盛り上がる。列島断面が描かれた盤面上で、矢印をつなげながら山越えをさせ、乾燥した空気を平地のゴールへ導く。なお、敵方の盤面へは、ヤクカードで大気を湿らせたり、矢印をヘンな方向に向けさせたりできる。プレーヤーの本性が出やすいゲームである。
　さて、40 分間のゲームで、被験者の会話時間を測定し、ゲーム後の模擬学科試験の得点と比較してみた。ゲーム中の会話時間が約 5 分間の学生たちは高得点だったが、10 分以上では低得点に…過ぎた盛り上がりは、理解をかえって妨げるということか。
　ゲーム開発には、さらなるツメが必要のようだ。

■参考文献
宮崎基規、飯野秋成；テーブルゲームの応用による気象学の効率的な学習方法に関する研究「日本建築学会技術報告集」第 18 巻第 38 号、pp.259-264、2012 年 2 月

資料

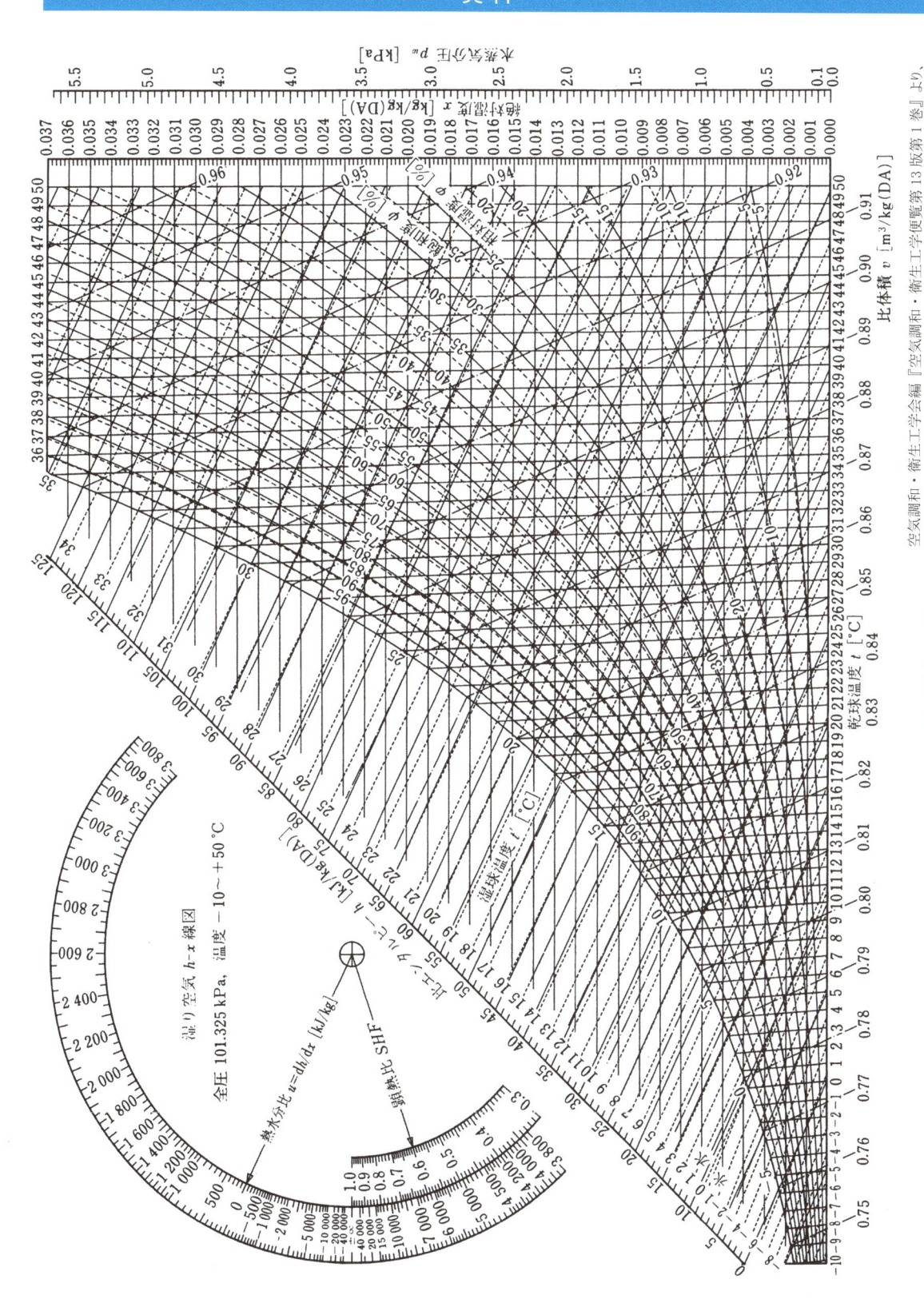

湿り空気線図

索引

数字、欧文

- 2NM ……… 102
- 300hPa 面 ……… 150
- 500hPa 面 ……… 150
- 700hPa 面 ……… 150
- 850hPa 面 ……… 150
- ADPI ……… 100
- AFW ……… 18
- AMeDAS ……… 152
- ASTER ……… 156
- A 特性 ……… 140
- BEE ……… 164
- BEI ……… 58
- BIL ……… 160
- BIP ……… 160
- BL 法 ……… 158
- BREEAM ……… 164
- Brunt-Philipps の式 ……… 89
- BSQ ……… 160
- CASBEE ……… 164
- CCIC ……… 46,52
- CC 法 ……… 158
- cd ……… 28
- cd/m^2 ……… 28
- CFD ……… 94,122
- CIE ……… 46
- CIE 表色系 ……… 46
- clo ……… 96
- COP ……… 58
- Crank-Nicolson 法 ……… 86,90
- DA ……… 66
- dB（A） ……… 138,140
- DI ……… 100
- DNS ……… 122
- DN 値 ……… 160
- Dr 値 ……… 132
- EDT ……… 100
- EL ……… 149
- ENSO ……… 162
- ET* ……… 98
- ETM+ ……… 156
- FHF32 型蛍光灯 ……… 34
- fortran90 ……… 160
- GBTool ……… 164
- GCP ……… 158
- GeoEye ……… 156
- Google 航空写真 ……… 156
- GWP ……… 164
- Hardy&DuBois 提案の 7 点法 ……… 102
- HCHO ……… 116
- HFC ……… 164
- HID ランプ ……… 30
- HIP ……… 154
- HRG ……… 156
- Hygroscopic 領域 ……… 92
- IKONOS ……… 156
- ISODATA 法 ……… 158
- J/s ……… 56
- JIS ……… 50
- K（ケルビン）……… 56
- k-ε 2 方程式モデル ……… 123
- K 値 ……… 56
- K 平均法 ……… 158
- LA ……… 140
- L_{Aeq} ……… 140
- LANDSAT ……… 156
- LCL ……… 149
- LED ……… 30
- LEED ……… 164
- LES ……… 122,123
- LFC ……… 149
- light well ……… 40
- lm ……… 28
- Low-E ガラス ……… 20
- Lr 値 ……… 132
- lx ……… 28
- met ……… 96
- MRT ……… 96
- NCS 表色系 ……… 46
- NC 曲線 ……… 140
- NDVI ……… 160
- NN 法 ……… 158
- NS 方程式 ……… 122
- NS 方程式群 ……… 122
- ODP ……… 164
- OT ……… 98
- PCCS ……… 46
- PMV ……… 98
- PNL ……… 140
- PPD ……… 98,102
- ppm ……… 108
- Q 値 ……… 56
- RANS ……… 122
- RGB 表色系 ……… 46
- rlx ……… 28
- safety color ……… 50
- safety marking ……… 50
- safety sign ……… 50
- SAT ……… 62
- SC 値 ……… 16
- SET* ……… 98
- SF_6 ……… 118
- SHF ……… 66
- SPOT ……… 156
- TVOC ……… 116
- T 値 ……… 132
- U 字管マノメーター ……… 120
- U_A 値 ……… 56,57
- VOC ……… 116
- VOCs ……… 118
- W ……… 56
- WBGT ……… 100
- WECPNL ……… 140
- Wexler-Hyland 式 ……… 80,89
- WorldView-3 ……… 156
- XYZ 表色系 ……… 46

あ

- アイリングの式 ……… 136
- アスマン乾湿式湿度計 ……… 70
- 圧力損失 ……… 120
- 孔あき板 ……… 134
- 亜熱帯ジェット気流 ……… 149
- アブニーシフト ……… 52
- アメダス ……… 22,152
- アルバート・ヘンリー・マンセル ……… 44
- アンサンブル和 ……… 84
- 暗順応 ……… 26

暗所視……26	オノマトペ表現……128	寒色系……48
安全色彩……50	オプシン……26	慣性小領域……123
安全色……50	オホーツク海……146	間接昼光率……38
安全標識……50	オルソ補正……158	乾燥断熱線……149
安全マーキング……50	音圧……126	寒帯前線ジェット気流……149
安定条件……90	音響出力……126,138	カンデラ……28
イエロー……44	温湿度……70	カンデラ毎平方メートル……28
椅座安静状態……96	音速……126	寒冷渦……144
一次エネルギー……58	温帯低気圧……148	気圧の尾根……150
一酸化炭素……116	温度差換気……110,114	気圧の谷……150
一酸化炭素中毒……116	温度センサー……70	気温減率……148
色温度……30,32	温度変動……76	機械排煙……115
色の恒常性……48	温熱環境の6要素……96	幾何補正……158
色の三属性……44,48		気象データ……152
陰解法……86	**か**	気象予報士……166
ウィンドシア……152	カーテン……18,64	気象レーダー……152
ウィンド・プロファイラ……152	開口面積……110	基調色……50
内断熱……68	回折……126	起電力……70
うるささ指数……140	外皮平均熱貫流率……56,57	輝度……28
運動量保存の式……122	開放型燃焼器具……106	揮発性有機化合物……116,118
雲量……22	海洋気象台……152	ギブスの自由エネルギー……92
エアフローウィンドウ……18	化学ポテンシャル……92	気密性能……119
エアロゾル……152	拡散項……122	逆二乗の法則……28
永久日影……10	拡張アメダス気象データ……22	吸音……134
エクセルギー……93	カクテルパーティ効果……130	吸音率……134
エネルギー管理士……93	量……42	吸音力……136
エネルギー散逸領域……123	可視光線……26,44	キュービックコンボリューション法……158
エネルギー保持領域……123	加湿……66	境界条件……88
エネルギー密度……136	可照時間……8	共感覚……54
エルニーニョ現象……162	ガストレーサー法……118	教師あり分類……158
エルニーニョ・南方振動……162	可聴範囲……126	教師なし分類……158
円形ダクト……120	カビ……68	局所温冷感……100
演色性……30,32	加法混色……44	極地風……124
演色評価数……30,32	カラーオーダーシステム……44,46	局部照明……36
エンタルピー……92	カラニッシュ……24	極偏東風……124,148
鉛直面直達日射……14	乾き空気……66	許容濃度……116
煙突効果……115	換気回数……108,112	距離減衰……138
エントロピー……93	換気効率……106	均時差……8
オーニング……18	乾球温度……66	均質回路の法則……70
オクターブバンド……140	環境性能……164	均斉度……36
オストワルト表色系……46	環境負荷……164	空気清浄機……113
オゾン層破壊……164	換気量……108,113	空気余命……106
オゾン層破壊係数……164	管区気象台……152	空気齢……106
音の三属性……126	桿状体……26	クールチューブ……115
音の強さ……126	寒色……48	屈折……126

クラスタリング……158	サーミスタ温度計……70	自動配色……52
クリュイトフの効果……32	サーモカップル……70	視認性……48
クルーゾフの効果……32	サーモグラフィ……156	シバリング……96,102
グレア……36	サーモパイル……70	島日影……10
グロス容積率……58	最近隣法……158	湿り空気線図……66,68,167
クロマ……44	採光……40	シャープ……18
蛍光灯……30	最適残響時間……136	遮音……132
傾度風……148	ザイデル式……108,112,118	遮音等級……132
夏至……8	彩度……44	ジャッド……50
血流……96,102	最尤法……158	周期定常解……76,80
結露……64	サウンドスケープ……128	終日日射量……12
結露判定……68	サウンドマップ……128	終日日影……10
ケルビン……56	差分化……92	自由対流高度……149
建築環境総合性能評価システム……164	差分式……84,89	秋分……8
建築物省エネ法……58	作用温度……98	重力加速度……110
顕熱比……66	残響……136	重力換気……111
顕熱量……66	残響時間……136	ジュール毎秒……56
減法混色……44	三次元畳み込み補間法……158	受熱量……12
コア……102	3次元レーダー解析システム……156	順応……26
コインシデンス効果……132	産熱……96,102	春分……8
高輝度放電ランプ……30	シアン……44	省エネルギー基準……58
光井……40	シェード……18	省エネルギー法……58
合成……138	ジェット気流……150	状態変化……66
光井度……40	シェル……102	状態方程式……93
高層天気図……150	紫外線……30	照度……28
光束……28	時間進行……72	照度基準……36
光束発散度……28	色差……46	照度計算……34
光束法……34	色彩計画……50	情報量解析……142
後退差分……86	色彩調和……50	照明率……34
後退差分法……90	色相……44	照明率表……34
後退色……48	色相移調……52	初期温度……72
光度……28	次世代省エネルギー基準……58	初期照度補正制御……30
ゴールシーク……78,82	自然換気……115	植栽……18
コールドドラフト……100	自然排煙……115	除じん装置……113
呼吸……102	湿球温度……66	暑熱環境……100
国際照明委員会……46	湿球黒球温度……100	人感センサー制御……30
黒体……32	実効放射……14	進出色……48
コリオリ力……124,149	室指数……34	人体熱収支……102
混合換気……106	湿潤域……150	真太陽時……8
混合空気……66	湿潤断熱線……149	振動……140
混色……44	湿数……150	振動規制法……140
コントラスト……50	室容積……108	真御柱……24
	質量保存の式……122	新標準有効温度……98
さ	時定数……72,74	新有効温度……98
サージング……120	自動調光……30	心理的効果……48

170

水蒸気拡散 …………………92	相当隙間面積 ………………118	蓄熱 ……………………96,115
水晶体 …………………………26	送風機 ………………………120	地衡風 ………………………148
錐状体 …………………………26	ソーラーチムニー …………115	地上基準点 …………………158
水平面直達日射 ………………14	測定 ……………………………70	地上低気圧 …………………144
数値計算 ………………………92	側窓 ……………………………40	地上天気図 …………………150
数値流体力学 ……………94,122	外断熱 …………………………68	地層 ……………………………80
スキン ………………………102	粗密波 ………………………126	地中温度 ………………………80
スクリーン ……………………18		地中熱伝導 ……………………80
スケジュール制御 ……………30	た	地表面熱収支 …………………80
すだれ …………………………18	第1種換気方式 ……………106	地表面放射 ……………………14
ストーンサークル ……………24	大気透過率 ……………………14	地方気象台 …………………152
スパイラルバンド …………146	大気放射 ………………………14	地母信仰 ………………………24
スプライン補間 ……………158	大気放射量 ……………………22	着衣量 …………………………96
静圧 …………………………120	第3種換気方式 ……………106	中央標準時 ……………………8
正規化植生指標 ……………160	代謝量 …………………………96	中間金属の法則 ………………70
生成項 ………………………122	体心部 ………………………102	中間圏 ………………………148
成績係数 ………………………58	対数計算 ……………………138	昼光照明 ………………………38
成層圏 ………………………148	代替フロン …………………165	昼光率 …………………………38
生体電流 ……………………104	第2種換気方式 ……………106	昼光連動出力制御 ……………30
清濁感 …………………………48	対比 ……………………………48	中性帯 ………………………110
静電容量型湿度計 ……………70	台風 …………………………146	昼夜等価騒音レベル ………140
セイビンの残響理論 ………136	台風の眼 ……………………146	頂側窓 …………………………40
セイビンの式 ………………136	太陽高度 …………………8,22,76	長波長放射授受量 ……………80
ゼーベック効果 ………………70	太陽信仰 ………………………24	直散分離 ……………………22,76
赤緯 ……………………………8	太陽方位角 ………………8,22,76	直接昼光率 ……………………38
積分 ……………………………86	太陽放射 ………………………89	直達日射 ………………………14
積乱雲 ……………144,148,149,154	第4種換気方式 ……………106	直列合成 ……………………111
設計用全天空照度 ……………38	対流圏 ………………………148	2ノードモデル ……………102
設計用熱伝達率 ………………62	対流項 ………………………122	低音域共鳴透過 ……………132
絶対湿度 ………………………66	対流熱伝達 …………………60,88	抵抗曲線 ……………………120
全圧 …………………………120	対流熱伝達抵抗 ………………60	定常状態 ……………………56,74
線形補間法 …………………158	対流熱伝達率 ………………60,62	ディスプレースメントベンチレーション …107
旋衡風 ………………………148	ダイレクトゲイン …………115	データロガー …………………70
前進差分 ………………………86	ダウンバースト ……………152	デグリーデー …………………58
前進差分法 ……………………90	高窓 ……………………………40	デシベル ……………………138
全天空照度 ……………………38	多項式補間 …………………158	テレコネクション …………162
潜熱量 …………………………66	多孔質材料 …………………134	点音源 ………………………138
全熱量 …………………………66	タスクアンビエント照明 ……36	天空日射 ………………………14
全般照明 ………………………36	ダルシー・ワイスバッハの式 …120	天空率 …………………………22
騒音 …………………………140	暖色 ……………………………48	天窓 ……………………………40
騒音感覚レベル ……………140	暖色系 …………………………48	動圧 …………………………120
騒音源 ………………………138	単層壁 ………………………132	同化 ……………………………48
総合熱伝達率 …………………62	置換換気 ……………………106	等価騒音レベル ……………140
相対湿度 ………………………66	地球温暖化 …………………164	透過損失 ……………………132
相当外気温度 ……………62,76,78	地球温暖化係数 ……………164	等高度線 ……………………150

冬至	熱損失係数	ピーコック
8	56	18
等時間日影線	熱帯夜	ヒートアイランド現象
10	82	154
等ラウドネス曲線	熱伝達	ヒートアイランドポテンシャル
128	60	154
道路交通振動	熱電堆	ヒートブリッジ
140	22,70	64,68
トーン移調	熱電対	比エンタルピー
52	70	66
トーンイントーン	熱伝導	非階層クラスタリング
52	60	158
トーンオントーン	熱伝導抵抗	日影曲線
52	60	10
特定フロン	熱伝導比抵抗	光ダクト
165	84	40
都市環境問題	熱伝導率	光天井
82	60,72,84	40
土地被覆の自動分類	熱物性値	ピクセル
158	84	158
突風	熱平衡式	庇
148	96	18
ドップラーレーダー	熱容量	比視感度曲線
152	68	26
トップライト	熱力学	非常照明
40	93	30
トラフ	熱流	ピストンフロー
150	56	106
ドラフト	熱量	非定常伝熱
100	56	72,80,84,88,90
トレーサーガス	熱割れ	ピトー管
118	20	120
トレーニングデータ	能	比熱
158	142	84
トロンブウォール	濃度	皮膚部
115	108	102
ドン・シャリ音		飛蚊症
128		42
	は	ヒュー
な		44
内部エネルギー	ハーマングリッド	表面結露
92	52	64,74
内部結露	梅雨	表面層
64,68	146	72
鳴き竜	背後空気層	ピラミッド
130	134	24
ナビエ＝ストークス方程式群	ハイサイドライト	ビル風
94,122	40	154
南岸低気圧	排湿	非冷却型センサー
144	108	156
南中高度	配色	フィルタ
8	50	113
ニアレストネイバー法	ハイドロフルオロカーボン	風圧係数
158	164	110
二酸化炭素	排熱	風速増加率
116,165	108	154
日射遮へい係数	バイリニア法	フーリエの熱伝導方程式
16	158	84
日射受熱量	白内障	風量測定法
12	42	118
日射熱取得率	白熱電球	風力換気
16	30	110,114
日照時間	発汗	フェーン現象
8	96,102	144
日照図表	白金抵抗温度計	フェレル循環
10	70	148
日照率	発光ダイオード	不快指数
8	30	100
日本海低気圧	パッシブソーラーシステム	不感蒸泄
144	115	102
日本工業規格	ハドレー循環	複合移動
50	148	92
熱エネルギー拡散	バリュー	複合材料
92	44	62,76
熱拡散率	バルーン	ブシネスク近似
84	18	122
熱貫流抵抗	ハロー	不変点
62	42	52
熱貫流率	ハロゲン電球	不変波長
56	30	52
熱圏	反射日射	不飽和ポテンシャル
148	14	92
熱収支法	板状材料	不満足者率
118	134	98
熱水分比	ハント効果	浮遊微粒子
66	52	118
熱線反射ガラス	半密閉型燃焼器具	浮遊粉じん
20	106	116
	非圧縮性流れ	ブラインド
	122	18

フラッターエコー	130
フラット	18
ブリーズソレイユ	18
プリーツ	18
プルキンエ現象	26
プルキンエシフト	26
フロン	164
分光分布	44
粉じん	113
平均演色評価数	32
平均太陽時	8
平均日射取得率	58
平均放射温度	96
平衡高度	149
並列合成	111
ベゾルトーブリュッケ現象	52
ベネシャンブラインド	18
ヘルソン―ジャッド効果	52
ペルチェ効果	70
ヘルムホルツーコールラウシュ効果	52
ヘルムホルツの自由エネルギー	92
偏西風	124,148
ベンチュリー効果	120
ベンハムのこま	52
貿易風	124,148,162
防湿シート	68
放射授受	89
放射熱伝達	60
放射熱伝達抵抗	60
放射熱伝達率	60,62
放射率	60
放射冷却現象	14
法線面直達日射	14
暴風域	146
飽和効率	66
飽和ポテンシャル	92
ボーエン比	154
北東気流	146
保守率	34
補償式基準接点	70
補色	48
補色対比	48
ホルムアルデヒド	116,118

ま

マイクロボロメータ	156
マスキング効果	130
マスキング量	130
マゼンダ	44
窓面積有効率	38
マリー・シェーファー	128
マルチガスモニタ	119
マルチスペクトル	158
マンセル表色系	44
ミー散乱	42
ミクセル	160
密度	84
密閉型燃焼器具	106
みどりのカーテン	18
ムーディ線図	120
ムーン―スペンサー	50
明順応	26
明所視	26
明度	44
メソスケールの低気圧	146
メタン	165
メタンハイドレート	165
面密度	132
網膜	26
持ち上げ凝結高度	149

や

夜間放射	14
やませ	146
誘目性	48
床暖房	100
ユルゲスの式	88
ユンタ	142
陽解法	86
容積比熱	72
余弦の法則	28
予測不満足者率	102
予測平均温冷感申告	98

ら

ラージエディシミュレーション	122
ライトシェルフ	40
ラウドネスレベル	128
落雷	148
ラジオゾンデ	152
ラドルクス	28
ラニーニャ現象	162
ラプラス変換	90
乱層雲	148,149
乱流	122
乱流エネルギー	123
乱流モデル	94,122
リープマン効果	52
理想気体	93
リッジ	150
立体角	28
リバーブ	136
リモートセンシング	154,156
流量係数	110
隣棟間隔係数	10
ルーバー	18
ルーフポンド	115
ルーメン	28
ルクス	28
冷却型センサー	156
冷暖房負荷	58
レイノルズ平均モデル	122
レイリー散乱	42
連続の式	122
ロールスクリーン	18
六フッ化硫黄	165
ロスビー波	124
露点温度	66,74
ロドプシン	26

参考・引用文献

全章

環境工学教科書研究会『環境工学教科書』彰国社（1997）
辻原万規彦、今村仁美、田中美都『図説 やさしい建築環境』学芸出版社（2009）
垂水弘夫ほか『建築環境学テキスト　熱と空気のデザイン』井上書院（2007）
倉渕隆『初学者の建築講座　建築環境工学』市ヶ谷出版社（2011）
図解住居学編集委員会『住まいの環境』彰国社（1998）
堀越哲美ほか『建築学テキスト 建築環境工学　環境のとらえ方とつくり方を学ぶ』学芸出版社（2009）
日本建築学会編『建築環境工学実験用教材』丸善（2011）
FM推進連絡協議会編『総解説ファシリティマネジメント』日本経済新聞出版社（2010）
日建学院建築設備士教材研究会「2012 建築設備士学科問題解説集」建築資料研究社（2011）
日建学院教材研究会「2012　1級建築士過去問題集チャレンジ7」建築資料研究社（2011）
大庭孝雄『建築設備士120講』学芸出版社（2009）

1章

気象庁Webより「気象等の知識」http://www.jma.go.jp/jma/index.html
NEDO日射量データベース閲覧システムWeb　http://app7.infoc.nedo.go.jp/

2章

くらしとあかりプロジェクト実行委員会編『これからのくらしとあかり』エクスナレッジ（2009）

3章

山中俊夫『色彩学の基礎』文化書房博文社（1999）
西川礼子『色彩検定3級テキスト&問題集』「同　2級テキスト&問題集」成美堂出版（2009）
桜井輝子『カラーコーディネーター3級テキスト&問題集』『同　2級テキスト&問題集』成美堂出版（2012）

4章

為近和彦『ビジュアルアプローチ　熱・統計力学』森北出版（2009）
鈴木彰、藤田重次『統計熱力学の基礎』共立出版（2011）
化学工学会SCE・Net編『熱とエネルギーを科学する』東京電機大学出版局（2011）
D.ハリディ『物理学の基礎　2 波・熱』培風館（2008）
築山光一ほか『ベーシックマスター　物理化学』オーム社（2012）
赤外線技術研究会編『赤外線工学　基礎と応用』オーム社（1991）
「住宅の省エネルギー基準の解説」建築環境・省エネルギー機構（2011）
「改訂拡張デグリーデー表」建築環境・省エネルギー機構（2010）
「住宅の熱環境計画」建築環境・省エネルギー機構（2007）
「建築設備情報インデックス　建築設備士総合講習テキストVer.5」建築設備技術者協会（2011）
佐藤真奈美「建築壁体の熱・湿気性状の解析と防湿設計法に関する研究」神戸大学博士論文（1995）
尾崎明仁「多成分連成系の熱・物質複合移動」日本建築学会第35回熱シンポジウム「湿気研究の実用的展開」pp.51-60、2005
橋本幸博ほか『エネルギー管理士熱分野模範解答集〈平成24年版〉』電気書院（2011）

5章

2009 ASHRAE Handbook-Fundamentals（I-P Edition）、ASHRAE（2009）
A.P.Gagge et al; A standard predictive index of human responce to the thermal environment, ASHRAE Transactions 92（2B）,1986
Hot enironments - Analytical determination and interpretation of thermal stress using calculation of required sweat rate,ISO7933:1989E（1989）

6章

柳瀬眞一郎ほか『乱流のシミュレーション　LESによる数値計算と可視化』森北出版（2010）

梶島岳夫『乱流の数値シミュレーション』養賢堂（2010）
保原充、大宮司久明『数値流体力学―基礎と応用』東京大学出版会（1992）
日野幹雄『流体力学』朝倉書店（2003）
風工学研究所編『ビル風の基礎知識』鹿島出版会（2005）
M.Z.Jacobson; Fundamentals of atmospheric modeling, Cambridge University Press（1999）

7章
五十嵐壽一、山下充康『騒音工学』コロナ社（1989）
日本建築学会編『実務的騒音対策指針』技報堂出版（1994）
日本騒音制御工学会編『地域の音環境計画』技報堂出版（1997）
中川真『サウンドアートのトポス―アートマネジメントの記録から』昭和堂（2007）
小松正史『みんなでできる音のデザイン―身近な空間からはじめる12ステップのワークブック』ナカニシヤ出版（2010）
櫻井進、坂口博樹『音楽と数学の交差』大月書店（2012）
オーディオテクニカ編『音、音、音。音聴く人々』幻冬舎（2012）
佐々木正人『アフォーダンス―新しい認知の理論』岩波書店（2011）

8章
日本リモートセンシング学会編『基礎からわかるリモートセンシング』理工図書（2011）
浅沼市男『実践空間情報論―地理情報システム入門のための―』共立出版（2008）
奈倉理一『画像伝送工学』共立出版（2006）
財団法人資源観測解析センター編『合成開口レーダ（SAR）』財団法人資源観測解析センター（1992）
坂元慶行ほか『情報量統計学』共立出版（2005）
John R. Schott; Remote Sensing -The image chain approach-, Oxford（1997）
A.P.Cracknell;Introduction to Remote Sensing, Taylor & Francis（1991）
「最新気象技術講習会教材」気象業務支援センター（2007）
小倉義光『一般気象学』東京大学出版会（1999）
饒村曜『気象予報士過去問徹底攻略』新星出版社（2010）
日本気象予報士会編『気象予報士ハンドブック』オーム社（2009）
気象予報士試験対策講座編『気象予報士実技試験徹底攻略問題集』ナツメ社（2004）
気象予報士試験研究会編『気象予報士試験精選問題集』成山堂書店（2010）
天気予報技術研究会編『気象予報士試験　模範解答と解説』東京堂出版（2011）
財目かおり『気象予報士かんたん合格ノート』技術評論社（2009）
青木孝『気象・天気のしくみがわかる事典』成美堂出版（2010）
T.R.Oke; Boundary layer climtates -2nd Edition-, Routledge（1987）
新井親夫『Fortran90入門―基礎から再起手続まで―』森北出版（2010）
牛島省『数値計算のためのFortran90/95プログラミング入門』森北出版（2011）
高橋博ほか『雪氷防災　明るい雪国を創るために』白亜書房（1997）
安原昭夫ほか『地球の環境と化学物質』三共出版（2007）
日本リモートセンシング学会 Web: http://www.rssj.or.jp/
気象庁 Web: http://www.jma.go.jp/jma/index.html
JAXA Web: http://www.jaxa.jp/

著者紹介

飯野 秋成（いいの あきなる）

新潟工科大学工学部建築学科教授。建築設備、建築環境工学、建築基礎製図、建築系CG、建築環境設備設計特論（大学院）等の授業を担当。

東京工業大学工学部建築学科卒、同大学院総合理工学研究科社会開発工学専攻修了、博士（工学）。あわせて、大阪芸術大学通信教育部芸術学部音楽学科卒、学士（芸術）。

東京工業大学大学院在学中に開発した、都市熱環境の予測アルゴリズムにより、特許「熱環境の予測方法およびプログラム」(2005)を取得。汎用CAD「VectorWorks」上で動作する屋外熱環境の設計支援ツール「サーモレンダー」（エーアンドエー株式会社）のコア・アルゴリズムに採用されている。

取得資格に、一級建築士、建築設備士、建築設備診断技術者(BELCA)、インテリアプランナー、1級エクステリアプランナー、ファシリティマネジャー、気象予報士、第二種電気工事士、第一種情報処理技術者、福祉住環境コーディネーター2級、ラーニングマップ・アドバイザー（ダイアグラム・アソシエーション）など。

既刊「図とキーワードで学ぶ建築設備」は好評を博している。建築環境工学、省エネルギー手法に関する研究のほか、サウンドスケープ、デザイン論、芸術史、音楽・映像作品の制作に取り組みながら、快適空間の創造に関する新たな研究テーマの開拓を進めている。

図版作成：新潟工科大学大学院
　　　　　「建築環境設備設計演習(2012)」プロジェクトチーム
　　　　　　飯野 秋成・吉澤 梓・白銀 麻里

※当書籍の内容を、YouTube動画でレクチャしています。
「新潟工科大学工学部工学科　環境設備・芸術工学研究室」
https://www.niit.ac.jp/abehtml/iinolab/pg168.html
よりアクセスしてください。

図とキーワードで学ぶ　建築環境工学

2013年5月1日　　第1版第1刷 発行
2022年2月20日　　第1版第2刷 発行

著　者　飯野 秋成
発行者　井口 夏実
発行所　株式会社 学芸出版社
　　　　京都市下京区木津屋橋通西洞院東入　〒600-8216
　　　　tel 075-343-0811　　fax 075-343-0810
　　　　http://www.gakugei-pub.jp
　　　　印刷　オスカーヤマト印刷
　　　　製本　新生製本
　　　　カバーデザイン　KOTO DESIGN Inc. 山本剛史

Ⓒ飯野秋成 2013　Printed in Japan　ISBN 978-4-7615-2552-1

[JCOPY]《(社)出版者著作権管理機構委託出版物》
本書の無断複写（電子化を含む）は著作権法上での例外を除き禁じられています。複写される場合は、そのつど事前に、(社)出版者著作権管理機構（電話 03-5244-5088、FAX 03-5244-5089、e-mail: info@jcopy.or.jp）の許諾を得てください。
また本書を代行業者等の第三者に依頼してスキャンやデジタル化することは、たとえ個人や家庭内での利用でも著作権法違反です。